COACHING

Capa e Projeto Gráfico:
Danilo Scarpa

Diagramação:
Wenderson Silva

Revisão:
Equipe da Editora Ser Mais

Gerente de Projeto:
Gleide Santos

Diretora de Operações:
Alessandra Ksenhuck

Diretora Executiva:
Julyana Rosa

Relacionamento com o cliente:
Claudia Pires

Impressão:
Imprensa da Fé

Dados Internacionais de Catalogação na Publicação (CIP)
(Câmara Brasileira do Livro, SP, BRASIL)

Coaching – Grandes mestres ensinam como estabelecer e alcançar resultados extraordinários na sua vida pessoal e profissional / Coordenação editorial: André Percia e Mauricio Sita – São Paulo: Editora Ser Mais, 2013.

Bibliografia
978-85-63178-30-5

1. Desenvolvimento Pessoal e Profissional. 2. Carreira profissional - Desenvolvimento. 3. Treinamento e Desenvolvimento. 4. Sucesso profissional - Administração I Título.

CDD 158.7

Índices para catálogo sistemático:
1. Desenvolvimento Pessoal e Profissional. 2. Carreira profissional - Desenvolvimento. 3. Treinamento e Desenvolvimento. 4.Sucesso profissional - Administração I.
Editora Ser Mais Ltda
av. Rangel Pestana, 1105, 3º andar – Brás – São Paulo, SP – CEP 03001-000
Fone/fax: (0**11) 2659-0968
Site: www.editorasermais.com.br e-mail: contato@revistasermais.com.br

Índice

Apresentação

Com certeza você já assistiu filmes americanos que têm esportes competitivos como tema.

Lembra da figura do *Coach* (o técnico)? Ele é sempre apresentado como o "responsável" pela reviravolta em uma partida, quando seu time está perdendo, ou de garantir a vitória.

O *Coach* orienta e ajuda a transformar um jogador fraco, mas que tem potencial, no herói do time. Esses filmes mostram em um determinado momento, dezenas de milhares de pessoas num estádio, gritando o nome do jogador.

Ele mostra ao time um plano estratégico, e faz o acompanhamento tático, para que o sonho da vitória seja realizado. Os jogadores, com a autoestima elevada, acreditam que podem chegar lá e excedem no rendimento, usando ao máximo suas competências e habilidades.

Será que isso tudo só se aplica ao esporte? Aplica-se a todos os mortais, e para todas as atividades que exijam competências específicas, para que bons resultados sejam alcançados.

Na vida profissional, o processo de *Coaching* é muito mais amplo do que nos esportes, já que vai muito além dos treinamentos. O *Coaching* desenvolve as pessoas, opera mudanças, e praticamente garante a realização dos objetivos e metas de cada um.

É disso tudo que este livro trata.

Você, meu caro leitor, lerá textos condensados, escritos pelos melhores *Coaches* do Brasil. Perceberá que muitos dos temas abordados serão do seu interesse.

Os livros da Coleção Ser + têm mais uma característica criativa e inovadora. Eles não terminam na última página. Através do site www.editorasermais.com.br você se manterá atualizado, uma vez que todos os livros têm um blog e você poderá interagir com os escritores, ampliar suas análises e discussões, e tirar suas dúvidas.

Agradeço ao André Percia, que é uma referência no *Coaching* brasileiro, pela dedicação em analisar e classificar todos os textos. Sua coordenação editorial garante a qualidade do nosso conteúdo.

Faço um elogio especial a todos os escritores, coautores deste livro. Vocês estão dando uma grande contribuição para a literatura do *Coaching* e para divulgação de seus princípios e ferramentas.

Boa leitura!

Mauricio Sita
Coordenador da Coleção Ser+
Presidente da Editora Ser Mais.

1

Coaching e a neurociência

A evolução da neurociência e o conhecimento acerca do funcionamento do cérebro e dos processos que definem as diferenças comportamentais dos seres humanos possibilitaram avanços também para o *coaching*. Quando uma pessoa processa conscientemente novas ideias, um novo mapa mental é criado, ou seja, novas conexões surgem onde o cérebro foca a atenção. O *neurocoaching* parte deste princípio e trabalha com estratégias e treinamentos cognitivos

Adriana Fellipelli

Adriana Fellipelli

10

Formada em Psicologia, com especialização em Psicanálise e Pós-Graduação em Marketing de Serviços. Em 1988 foi uma das fundadoras da consultoria de Recursos Humanos Saad-Fellipelli, especializada em transição de carreira e desenvolvimento organizacional, adquirida pela Right Management 2000. Em maio de 2008, com 20 anos de experiência na área de consultoria, Adriana inaugurou a Fellipelli Instrumentos de Diagnóstico e Desenvolvimento Organizacional, da qual é Diretora Geral. Foi Adriana quem trouxe o MBTI® *Myers Briggs Type Indicator* para o Brasil, assim como articulou as parcerias formadas com as empresas internacionais CPP, TMS, Birkman, Lockwood Leadership, Veiw Assessments e MHS é a mais recente conquista, dona do EQi 2.0 Instrumento de diagnóstico de Inteligência Emocional. O mais recente chegado à Inteligência Emocional é o EQi 2.0, que mede a Inteligência Emocional e seus impactos nos resultados.

Contatos:
www.fellipelli.com.br
(11) 3956-7100 / 3032-9787

Adriana Fellipelli

São muitas as áreas do conhecimento voltadas para a melhoria da vida humana, seja do ponto de vista da saúde física e mental, do bem-estar social, material e até espiritual. Podemos citar a medicina, a psicologia, a psicanálise, a sociologia, a filosofia, a religião, cada uma com suas inúmeras escolas, linhas e vertentes. O *coaching*, conceito relativamente novo, é um processo que tem como foco o desenvolvimento de habilidades e/ou mudanças de comportamento para obter resultados. Ao propor ao cliente (*coachee*) a busca por se conhecer melhor, com o auxílio de ferramentas como testes psicométricos, que mensuram funções psicológicas e aptidões (habilidade linguística, memória, rapidez de raciocínio, entre outras), e de personalidade, que revelam preferências, o *coach* o auxilia na conquista de metas pessoais ou profissionais que mudam a vida para melhor e levam à autorrealização. O processo, que vai além de promover o autoconhecimento e inclui pôr em prática uma espécie de treinamento e programa de mudanças, é aplicado a indivíduos, mas também a grupos e organizações inteiras. No caso destas organizações, o *coaching* é procurado, por exemplo, em episódios de reestruturação, sucessões, vendas, fusões, para desenvolver lideranças, estruturar equipes e identificar e gerir as competências necessárias para o sucesso do negócio.

11

Os instrumentos psicológicos de avaliação de personalidade utilizados em benefício do trabalho de *coaching* são cada vez mais precisos. Um dos mais conhecidos é o MBTI (*Myers-Briggs Type Indicator*), que identifica 16 tipos psicológicos a partir de quatro preferências pessoais, ou funções do pensamento, identificadas pelo psiquiatra e pensador suíço Carl Gustav Jung (1875-1961). O MBTI Step II vai além de determinar as preferências e aprofunda o autoconhecimento dos participantes quanto às particularidades do seu tipo psicológico. Podemos citar ainda o método Birkman, que avalia dados comportamentais, motivacionais e ocupacionais, auxiliando nas tomadas de decisão sobre carreira; o Prevue Assessments, que ajuda em processos de recrutamento promovendo alinhamentos e *gaps* para funções específicas; o Firo-B (*Fundamental Interpersonal Relations-Behavior*), que mostra como as pessoas interagem profissionalmente e na vida pessoal; o TKI *(Thomas-Kilmann Conflict Mode Instrument)*, que trabalha com cinco estilos de resoluções de conflitos interpessoais; o *Interaction Style*, que identifica estilos de interação e comunicação; o TMP (*Team Management Profile*), que traz à tona preferências individuais em gestão de equipes; e o IPT (Índice de Personalidade de Trabalho) Seleção e Liderança, que avalia características de estilo de trabalho e competências.

Essas ferramentas têm aplicações para os vários tipos de *coaching* criados ao longo do tempo, como o *coaching* voltado para melhoria da performance profissional, para liderança, vida afetiva, finanças pessoais, educação. As metodologias também são variadas, uma vez que o *coaching* é produto multidisciplinar, resultado de uma síntese de diferentes campos do conhecimento. E os profissionais vêm de áreas diversas, as quais acrescentam uma formação específica para se tornar um profissional do *coaching*, de preferência por meio de cursos certificados com o selo mundial da ICF (*The International Coach Federation*), com sede nos Estados Unidos.

Nos últimos anos, a fantástica evolução da neurociência e suas revelações sobre o funcionamento do cérebro e os processos orgânicos que definem os diferentes comportamentos humanos abriram novos horizontes para o *coaching*. O *neurocoaching*, como pode ser chamado o *coaching* com abordagem baseada na neurociência, ganhou força. A favor dessa abordagem pesa o fato de ela contribuir com uma base científica mais sólida para o processo, o que aumenta sua aceitação, por exemplo, pelas organizações empresariais, acostumadas a tomar decisões a partir de informações tangíveis, mensuráveis.

Mas, acima de tudo, os conhecimentos trazidos pela neurociência são revolucionários. O desenvolvimento de tecnologias como a tomografia computadorizada, a ressonância magnética e o eletroencefalograma tornou possível ver imagens detalhadas e registrar o movimento de correntes elétricas do cérebro em funcionamento. Isso revelou, por exemplo, a dinâmica dos circuitos ou mapas cerebrais, que se formam e se modificam a partir de estímulos do ambiente, de novas experiências. Os circuitos gravados se tornam modelos, geralmente inconscientes, que determinam formas de agir e reações emocionais. É quase impossível apagar o que foi gravado, e o cérebro, para poupar energia, tende a usar os mapas e conexões já existentes. Por isso, repetimos padrões de comportamento, e, por isso, é tão difícil mudar.

Quando uma pessoa processa ideias complexas, ela o faz comparando com o seu sistema de conexões mentais que já está ali. Assim, a maioria das conclusões ou tomada de decisões provém de padrões inconscientes, e não de uma ponderação racional. Quando uma nova informação não encontra respostas nos mapas mentais, é necessário um aprendizado, e o cérebro gasta mais energia nesse processo do que no "agir no automático". É um esforço que provoca resistência, pois é preciso mudar um comportamento habitual, uma maneira já arraigada de ver as coisas. É a região do córtex pré-frontal do cérebro, responsável pela conduta racional, pelas funções mais intelectuais, que comanda essa mudança.

Em uma região mais profunda e central do cérebro estão estruturas como os gânglios basais, associados a funções como controle motor, cognição, aprendizado e emoções. Eles integram o sistema límbico, do qual faz parte a amígdala, por exemplo, que dá origem a emoções como medo, irritação, raiva, e o hipotálamo, que cuida de instintos como fome e sede. É preciso atuar nos gânglios basais para gerar novas condutas e comportamentos automáticos. Descobertas recentes da neurociência mostram que isso é possível, já que as conexões neurais, apesar de formadas por pensamentos e emoções enraizados, são flexíveis e podem ser transformados em qualquer momento da vida.

Um novo mapa mental é criado quando, por exemplo, se traz à consciência certos pensamentos, prestando-se atenção neles, ou se tem um *insight*. Novas conexões surgem onde o cérebro foca a atenção. A observação do próprio processo de pensar faz com que o pensamento migre para regiões mais conscientes, o que já causa mudança de hábitos mentais e cria novos circuitos. O *neurocoaching* tem aí um fértil campo de trabalho. Sabe-se agora que, quando se presta atenção consciente a pensamentos desejados e relacionados a metas traçadas, novos circuitos são criados. Mas o que é importante - e nesse ponto a neurociência explica por que o *coaching* funciona ou por que ele é fundamental em um processo de transformação - é que não basta a atenção para mudar. É preciso atenção constante, treino e força de vontade. Manter as conexões recém-estabelecidas causa grande dispêndio de energia, exigindo estímulos extras, como o que costuma ocorrer em um processo de *coaching* no qual o *coachee* realmente se mostra comprometido a mudar a sua conduta.

Neuroliderança

O *neurocoaching*, partindo dos princípios de que o cérebro pode criar novas conexões neurais em qualquer idade e que o comportamento tem origem fisiológica, trabalha com estratégias e treinamentos cognitivos com o objetivo de equilibrar as emoções, corrigir certos comportamentos e estimular outros. O consultor norte-americano David Rock, Ph.D. em neurociência da liderança pela Middlesex University, de Londres, autor de vários livros sobre o tema e cofundador do NeuroLeadership Institute, é um dos pioneiros na aplicação das descobertas da neurociência para o desenvolvimento de líderes, criando o conceito de neuroliderança.

Rock costuma dizer que é possível treinar líderes utilizando o "sistema de freios cerebrais" alojado no córtex pré-frontal, que, como dissemos acima, é a região do cérebro capaz de controlar, pela razão, os impulsos mais primitivos originados no sistema límbico. Ele desenvolveu um programa de treinamento de *coaches* já utilizada com sucesso nas maiores companhias do mundo e que tem como objetivo tanto o *coaching* interno como a formação em *coaching* de seus executivos. Essa metodologia, batizada de *Results Coaching Systems*, divulgada e aplicada com exclusividade por nossa empresa no Brasil, é fortemente embasada nos princípios da neurociência.

É uma abordagem que usa modelos para ajudar os *coaches* a estimular a construção de novos hábitos em seus clientes. O método auxilia as pessoas a encontrar soluções para seus problemas, tomar decisões, definir objetivos e aprender a motivar-se com a aplicação de seu aprendizado. Para o consultor norte-americano, a neurociência prova que o cérebro pede o *coaching* para operar transformações. Segundo ele, a abordagem de *coaching* baseada na neurociência explica muitos dos palpites intuitivos que os *coaches* têm, como o de que, para mudar, é mais importante focar na solução do que esmiuçar o problema.

Nesse ponto, vale enfatizar que, segundo a neurociência, o foco da atenção na solução ou em uma nova ideia muda o cérebro, criando novos circuitos e, consequentemente, altera a maneira como interagimos com o mundo. O *coaching* ajuda as pessoas a mudar mais rapidamente comportamentos automatizados porque treina a habilidade de escolher no que focar a atenção, dentre as várias ideias que emergem na consciência.

Motivação da equipe

Outras descobertas recentes da neurociência põem em cheque alguns paradigmas que nortearam por muito tempo trabalhos realizados no campo de motivação de equipes em ambientes profissionais. Hoje se sabe que, para o cérebro, "ameaças sociais" equivalem em intensidade de sofrimento e em capacidade de desencadear o estresse a ameaças à sobrevivência física. Ou seja, sofrer assédio moral ou não ser tratado com justiça no trabalho pode ser igual, para o cérebro, a sentir fome ou não ter um teto para dormir. Esses dois tipos de ameaça ativam o mesmo centro cerebral, dos impulsos primários.

Com isso, são lançadas dúvidas sobre teorias como a da hierarquia de necessidades de Maslow (Abraham Maslow), também conhecida como pirâmide de Maslow, segundo a qual as necessidades de nível mais baixo, as básicas, como fome, sede, sono, abrigo, devem ser satisfeitas antes das necessidades de nível médio, como amor, afeto, pertencimento a um grupo, e, principalmente, antes das de nível mais alto, no topo da pirâmide, que seriam as relacionadas à realização pessoal.

David Rock e outro neurocientista, Jeffrey Schwartz, propõem um novo modelo para substituir a pirâmide de Maslow, que lista cinco qualidades correspondentes a motivações fundamentais de qualquer ser humano: relação, imparcialidade, certeza, autonomia e *status*. É o modelo RICAS (correspondente ao inglês SCARF, sigla para *status, certainty, autonomy, relatedness e fairness*). Um ambiente de trabalho que promova essas cinco qualidades minimiza respostas a ameaças, o "perigo" sentido pelos integrantes, e maximiza o sentimento de "recompensa". As pesquisas mostram que quando essas necessidades ou algumas delas (o peso da importância de cada uma varia de pessoa para pessoa) não são atendidas, não se consegue pensar criativamente, trabalhar bem em equipe ou tomar a melhor decisão.

Jung e a neurociência

O teste de avaliação de personalidade MBTI, mencionado acima, foi desenvolvido por Katharine Cook Briggs e sua filha Briggs Myers há mais de 60 anos, com base nas teorias de Jung. Segundo o MBTI, há quatro pares opostos, ou dicotomias, de oito maneiras de pensar e agir, que configuram preferências. São elas: extroversão X introversão; sensação X intuição; pensamento X sentimento; e julgamento X percepção. A partir desses quatro pares, são apontados 16 perfis possíveis, o que auxilia no autoconhecimento e conhecimento dos outros.

Pesquisas recentes comprovaram que Jung realmente sabia o que estava fazendo quando postulou a teoria dos oito tipos psicológicos. O professor da UCLA (*University of California, Los Angeles*), Dario Nardi, conseguiu fazer a interseção entre a neurociência e a psicologia e descobriu que pessoas dos 16 diferentes tipos usam seus cérebros de diferentes maneiras. Exames como o eletroencefalograma, que mede a atividade elétrica no neocórtex, mostraram que cada tipo ativa mais determinadas regiões do cérebro que outras, embora o cérebro humano seja único e exiba diferentes preferências mesmo entre pessoas do mesmo tipo. O que antes eram características intuídas e observadas, agora podem ser visualizadas. Regiões diferentes do cérebro "se acendem", por exemplo, em pessoas que fazem escolhas com base em dados concretos e são racionais e nas que decidem respaldadas por valores pessoais e são empáticas; em pessoas metódicas, que buscam o planejamento e o controle das situações e nas que lidam bem com o imprevisto e adaptam-se às mudanças; ou ainda em indivíduos com linha de raciocínio linear e naqueles focalizados no abstrato.

Com base nesses conhecimentos, hoje é mais transparente a forma como cada tipo psicológico age e decide. Consequentemente, ficou mais fácil trabalhar os pontos fortes e fracos e descobrir maneiras de melhorar as competências, a flexibilidade e a produtividade de cada tipo. Se o *coaching* já era uma ferramenta eficaz de aprendizado e transformação, com a neurociência a sua metodologia ganha respaldo científico e se torna ainda mais potente para os objetivos de desenvolvimento humano e alcance das metas sonhadas.

2

Coaching para retenção de talentos: uma estratégia essencial de vantagem competitiva para organizações globais

O *coaching* pode auxiliar a gestão de talentos nas empresas, principalmente favorecendo sua retenção, contribuindo assim de forma duradoura para o desenvolvimento organizacional

Adriana Lombardo

Adriana Lombardo

Consultora, palestrante e *Master Coach*. Administradora de empresas pela Universidade de Brasília – UnB e MBA em Projetos pela Fundação Getúlio Vargas- FGV. Idealizadora das metodologias *Coaching* Transcultural – para apoiar executivos e famílias em mudanças de cidade, estado, país ou contexto organizacional – e de Consultor *Coach* – para elevar o sucesso em projetos de consultoria empresarial. Criadora e editora da "Coaching News", primeira *newsletter* brasileira sobre o tema. Coautora do livro *Master Coaches: técnicas e relatos de mestres do coaching*, Presidente do ICF Brasília Chapter - representação da International Coach Federation de fevereiro de 2009 a março de 2012. Viveu e trabalhou na Indonésia por três anos, além de ter visitado países do Sudeste Asiático, América, Europa e Oceania. Atuou em programas para desenvolvimento de liderança global, gestão de projetos internacionais e assessoramento transcultural. Possui mais de 18 anos de experiência em consultoria empresarial para desenvolvimento humano e organizacional no setor público e privado, no Brasil e no exterior.

Contatos:
www.adrianalombardo.com
blog.adrianalombardo.com
coaching@adrianalombardo.com
(61) 8128-2804
Skype: adrianamslombardo
Twitter: @adrianamslcoach

O fenômeno da globalização vem ampliando as alternativas em fluxos de comércio, investimento e tecnologia, trazendo para o mundo novas oportunidades de negócios e acesso às informações. Aproveitando as modalidades de venda por canais online, produtos e serviços são ofertados e demandados de e para qualquer lugar do mundo. Nesse contexto, a diversidade cultural da força de trabalho vem sendo valorizada e incentivada, principalmente nas grandes empresas que atuam em mercados regionais e globais, a fim de manter a sustentabilidade dos negócios e gerar vantagem competitiva diante da concorrência de outras empresas, dos mais variados setores, estados e países. Por outro lado, ainda existem algumas organizações que não reagem de forma apropriada frente às mudanças, continuando a utilizar modelos obsoletos de organização do trabalho; por consequência, a sustentabilidade institucional fica afetada, pois as operações não evoluem de acordo com as demandas dos clientes, sejam eles internos ou externos.

Para evoluir no seu contexto de atuação, as empresas têm à disposição muito mais que seu capital financeiro. De acordo com as teorias e estudos mais recentes, o que mais pode gerar e agregar valor nos processos, serviços e produtos de qualquer organização é seu próprio "capital humano", constituído pelas pessoas que nela trabalham e por suas competências. Estas competências resultam da integração e combinação variável de conhecimentos, habilidades e atitudes, que podem ser em parte de origem genética e em parte adquiridas e desenvolvidas ao longo das experiências de vida, aprendizado e relacionamento interpessoal, em âmbito familiar, social e profissional. Nesse sentido, considerando-se seu valor, define-se como "talento" (do grego antigo *tálanton*, que denominava o prato da balança para pesagem de metais preciosos) a capacidade de usar com excelência determinadas competências para a realização de atividades humanas.

Especialmente em momentos de grandes pressões externas, identificar, atrair e manter profissionais com determinados talentos no quadro funcional de uma organização pode ser o diferencial para evitar o furacão da crise. Entretanto, além da dificuldade em ter disponibilidade imediata de determinados talentos no quadro funcional, nem sempre os profissionais talentosos, quando disponíveis, estão alocados nas áreas mais críticas da empresa, ou seja, aquelas com potencial para gerar resultados que reduzam o *gap* entre o posicionamento atual e aquele esperado no futuro, de acordo com a missão e visão da própria organização.

Para elevar ao máximo o potencial individual e coletivo do capital humano e atingir as metas de desenvolvimento empresarial é necessário saber "colocar a pessoa certa no lugar certo", identificando a disponibilidade de diversos tipos de talentos e combinando-os da forma mais apropriada no quadro funcional, de acordo com o tipo de resultado desejado. Portanto, é importante entender a "gestão de pessoas" como uma "gestão de talentos", que implica políticas, planos e práticas institucionais para identificar, atrair, desenvolver e reter profissionais com determinados talentos para favorecer o alcance dos resultados esperados. Nesse sentido, o *coaching* pode auxiliar a gestão de talentos nas empresas, principalmente favorecendo sua retenção, contribuindo, assim, de forma duradoura, para o desenvolvimento organizacional.

Com o objetivo de favorecer a implementação de estratégias bem-sucedidas no ambiente corporativo, neste artigo serão descritos, primeiramente, os principais fatores de retenção e afastamento de talentos; em seguida, serão sugeridas opções para construir motivação e confiança nas organizações; e, por fim, será explicado por que o *coaching* pode promover a retenção de talentos.

QUAIS SÃO OS FATORES DE RETENÇÃO OU AFASTAMENTO DE TALENTOS?

Sem dúvida, a oferta de bons salários e benefícios contribui para a permanência de profissionais talentosos, mas existem fatores ainda mais determinantes para gerar motivação, aumentando de forma significativa o diferencial competitivo para retenção de talentos nas empresas, i.e.: políticas internas de valorização do profissional; a utilização de metodologias de trabalho cooperativo; bem como a adoção e valorização de atitudes respeitosas e agregadoras de competências por parte da liderança. Entretanto, para que a gestão de talentos seja eficiente e eficaz, estimular e garantir um alto nível de motivação é tão importante e necessário quanto prevenir e minimizar a desmotivação individual e coletiva.

De forma geral, a desmotivação nas organizações é causada por cinco fatores comuns (Fig. 1), cujos efeitos podem se somar, acelerando a perda ou fuga de talentos: 1) esforços desconectados – gerados pela inapropriada definição e distribuição de cargos e tarefas, ou pela falta de clareza nas regras funcionais; 2) perversidade do sistema – que se manifesta de maneira evidente quando o sofrimento no trabalho causado por superiores hierárquicos e/ou colegas é gerador de doenças físicas ou psicológicas; 3) falhas na comunicação – que ocorrem quando os profissionais não se comunicam com clareza ou presteza; 4) centralização das tarefas – que gera sobrecarga de trabalho para alguns, favorecendo atitudes de inércia e preguiça por parte de outros; 5) injustiça nos procedimentos – que se manifesta ao adotar um tratamento diferenciado, injusto, antiético ou manipulador, que afeta a transparência e eficiência das regras ou políticas institucionais.

Fig. 1 - Principais fatores comuns de desmotivação nas organizações

Os profissionais talentosos podem ser afetados por um ou mais desses fatores de desmotivação e permanecerem estagnados por algum tempo, sem necessariamente deixar o emprego; entretanto, sua produtividade estará comprometida e seu talento subutilizado ou desperdiçado.

CONSTRUIR MOTIVAÇÃO E CONFIANÇA NAS ORGANIZAÇÕES

Tanto a motivação dos empregados pode favorecer o alcance das metas e a superação dos desafios, quanto a desmotivação e a desconfiança podem gerar problemas recorrentes na organização. No entanto, monitorando com regularidade os fatores de desmotivação descritos anteriormente e tomando as medidas corretivas necessárias, é possível transformar ameaças em oportunidades. Dessa maneira, a organização favorece a motivação individual e coletiva, construindo um clima de confiança entre superiores e subordinados.

Alguns líderes e gerentes percebem que, ao apostar no desenvolvimento dos talentos de seus colaboradores, e ao reconhecer seu valor, estão contribuindo de forma determinante para trazer benefícios e inovação para a empresa. Na maioria dos casos em que isso acontece, os empregados gratificam-se com a atitude dos seus superiores e tendem a retribuir com sua lealdade, trabalhando com maior motivação. Por outro lado, muitas vezes os profissionais com maior liderança e talento acabam brilhando de forma isolada e incômoda aos olhos de outros integrantes da equipe. Em organizações que sabem valorizar e aproveitar o talento dos seus membros, a equipe brilha de forma harmoniosa, inclusive quando algumas de suas "estrelas" se destacam por seus "efeitos luminosos". Portanto, é fundamental que líderes e gerentes promovam uma visão sistêmica da organização, a fim de transformar a competição interna que inviabiliza projetos, em cooperação, buscando oportunidades de alianças institucionais e de atuação em redes, para compartilhar competências, criando vínculos entre os talentos e ampliando a capacidade de inovação.

POR QUE UTILIZAR O *COACHING* PARA PROMOVER A RETENÇÃO DE TALENTOS?

Faz parte do papel de qualquer gerente empreender ações voltadas para os resultados desejados, cuidando para que sejam estabelecidas as melhores práticas e condições de trabalho possíveis, administrando os recursos e as ferramentas disponíveis, bem como a diversidade das equipes de trabalho sob sua responsabilidade e as respectivas oportunidades de ampliação e desenvolvimento. No entanto, espera-se da liderança um pouco mais. O líder precisa saber construir elos entre as pessoas, independente da posição hierárquica, articulando relações de trabalho com profissionais de todos os níveis.

O *coaching* permite a aplicação de ferramentas de acordo com as necessidades de cada gestor e dos membros da equipe, lembrando que estas podem estar em constante evolução, acompanhando as demandas dos clientes, usuários e beneficiários externos. Por meio de encontros de *coaching* são criadas várias oportunidades de reflexão e autoquestionamento sobre assuntos de relevância individual e coletiva, de forma coerente com o contexto organizacional.

A aplicação prática do *coaching*, focado principalmente no desenvolvimento de competências de liderança, promove mudanças comportamentais no gerente, fazendo-o atuar além de suas funções rotineiras ou do simples controle de tarefas, tornando-o capaz de perceber a si mesmo, os indivíduos e a equipe, tanto no aspecto pessoal como profissional, promovendo uma maior sinergia e elevando a performance coletiva. O uso de uma comunicação efetiva, desenvolvida a partir de encontros de *coaching*, facilitará a elaboração de questões relevantes para toda a equipe, inclusive no que diz respeito à necessidade de desenvolver programas específicos de capacitação profissional sob medida. Técnicas como *feedback* positivo e *brainstorming*, conhecidas no ambiente corporativo, além das ferramentas utilizadas em programas de *coaching* organizacional, podem servir para construção de soluções coletivas durante as reuniões internas e seus resultados integrarem um diagnóstico global que reflita as reais preferências da equipe.

A fim de promover a retenção, o enfoque em mais de uma estratégia pode se traduzir em vantagem, visto que a aplicação de uma reforça a outra, utilizando ferramentas e técnicas para divulgação e acompanhamento (*intranet, newsletter online*, jornais, mural de convivência, etc.), monitoramento de resultados e impactos (pesquisas de opinião, de imagem e clima organizacional) e ampliação de alcance/multiplicação de efeitos (por meio de palestras motivacionais, oficinas para desenvolvimento de liderança e prêmios para alto desempenho).

Líderes com habilidades de *coaching* têm maior facilidade para motivar os colaboradores e para lidar com subordinados e pares de forma a reduzir os conflitos, respeitar e estimular o potencial de cada um, desenvolver a sinergia da equipe e, naturalmente, aumentar a produtividade. Indivíduos que refletem sobre seus pontos fortes e fracos investem no seu desenvolvimento pessoal e profissional, percebem os valores e as diferenças culturais existentes no grupo, tornam-se mais flexíveis e cocriam um relacionamento harmônico e integrador no ambiente organizacional. A partir dessa abordagem é estabelecido um processo de ganho sistêmico, no qual líderes e liderados descobrem ou redescobrem seus talentos, ampliam sua visão de mundo e desenvolvem uma empresa mais inovadora, criativa, feliz, superando as crises do sistema e mantendo-se no mercado.

O planejamento de estratégias de retenção é apenas um passo na direção de uma gestão de talentos bem-sucedida, mas uma brilhante estratégia conta pouco se a instituição não conseguir transformar os planos em ação. A esse respeito, é importante entender que a implementação de qualquer estratégia envolve atividades diárias e mensais, bem como decisões e ações por parte de várias pessoas. Para implementar a gestão de talentos de forma contínua e permanente, as organizações devem buscar estabelecer a cultura do *coaching* como principal estratégia para alinhar e integrar competências e aspirações individuais com sua missão global, estimulando o constante desenvolvimento coletivo rumo às metas planejadas.

3

As mudanças que o *Coaching* favorece

O *coaching* pode ser aplicado em todas as áreas da vida, seja profissional, pessoal, afetiva, financeira e saúde. O profissional irá auxiliar o cliente a atingir os resultados e objetivos esperados. É uma ferramenta poderosa capaz de ampliar a visão do cliente. Favorece o autoconhecimento, a autoestima e aumenta a capacidade de análise

Adriana Mantana

Adriana Mantana

Graduada em Biologia pela Universidade Estadual de Goiás (UEG). Especialista em Gestão Estratégica de pessoas e Gestão Comercial (IPOG), experiência consolidada em gestão de pessoas, com foco estratégico e comercial em diferentes segmentos de mercado, *Coach* profissional, palestrante, escritora e consultora. Membro da Academia Brasileira de *Coaching* com Certificação Internacional. Proprietária da empresa i9.com Treinamento e *Coaching*. Blogueira, membro e escritora do Diretório de Artigos (Artigonal).

Contatos:
www.novoshabitos.blogspot.com.br
adriana.mantana@brturbo.com.br

O *coaching* é uma metodologia prática e apresenta grande resultado, desde que haja o real comprometimento do cliente (*coachee*) e o acompanhamento de um *coach* qualificado.

Acredito muito em sua eficácia, pois utilizei primeiro em minha própria vida. Com ele consegui eliminar os meus 25 kg em excesso, montei minha empresa e reorganizei toda a minha vida. Passei a ter uma visão diferenciada de todo o processo existencial.

Lembro-me que lutava muito para reduzir o peso, apelava para todas as dietas existentes, nutricionistas e endocrinologistas, mas não conseguia o resultado desejado. Quando conheci o *coaching* e comecei sua utilização, obtive o sucesso, pois com ele tracei o objetivo inicial e onde gostaria de chegar. Obtive o êxito e hoje não ganho mais peso e me mantenho saudável.

O processo leva à reflexão, pois o *coach* (profissional) não fala a solução do problema, mas sim o próprio cliente que resolve a situação. Com perguntas e respostas, o profissional leva o cliente à autoanálise e consegue obter grande sucesso por meio disto.

O profissional possui as ferramentas para chegar junto com o seu cliente ao diagnóstico, traça tarefas e prazos. Após a primeira sessão, existe o acompanhamento que pode tanto ser diário, como semanal. Existe uma variação para cada caso.

Normalmente, um processo de *coaching* possui de 10 a 12 sessões, dependendo da situação ou objetivo que se deseja alcançar.

Existem alguns casos em que o *coaching* não é recomendado, como casos que envolvem psicopatias ou algum tipo de transtorno, pois o *coaching* não é terapia.

A diferença básica é que o *coaching* trabalha com o presente e o futuro, já a terapia normalmente com o passado e o presente. A terapia busca a melhoria do sentimento interno, já o *coaching* trabalha em prol de resultados alcançáveis (metas).

Para que haja sucesso, primeiro é necessário o comprometimento total do cliente, porque a mudança de atitude é dele, então ele deve estar totalmente comprometido em modificar toda a sua história. Segundo, é preciso confiança entre o *coachee* (cliente) e *coach* (profissional), sem isto todo o processo pode ser prejudicado.

Em meus atendimentos, trabalho em locais imparciais, geralmente gosto de ir junto com os meus *coachees* em algum café, ou mesmo em um consultório, onde há mais tranquilidade.

Minha primeira sessão funciona como diagnóstico e assim posso mensurar quantas sessões serão necessárias, além de traçar junto com o cliente metas e tarefas que ele precisa cumprir para que o processo funcione de forma integral.

Quando vejo a satisfação dos meus clientes estampada na face, fico muito feliz, pois vejo que o meu trabalho atingiu a expectativa não só do cliente, mas minha também.

Ser *coach* é fabuloso, pois podemos auxiliar as pessoas em diversas áreas. A abundância pode ser obtida e o profissional facilita o processo, retirando junto com o seu cliente o véu, para que o *coachee* possa ver melhor e agir.

O *coaching* é o processo que atua na atitude do cliente.

Geralmente, as pessoas não conseguem atingir as metas propostas, pois não conseguem organizar uma linha lógica para seguir, não estão motivadas para tal e não possuem a atitude necessária para o sucesso.

Seja em qualquer área, o *coaching* funciona, hoje existe uma vasta gama de profissionais, desde *coach* de noivas até de relacionamento afetivo. O resultado pode ser potencializado.

Muitas vezes a pessoa que vivencia a situação não consegue ver ou sair da situação em que se encontra para a que gostaria de estar. Neste tipo de situação, a contratação de um *professional coach* favorece e potencializa o resultado.

O sucesso pode ser alcançado por quem deseja obtê-lo, mas é preciso vontade, disciplina e determinação. Vence aquele que não desiste e não desanima no meio do caminho. Muitas vezes é preciso respirar fundo, olhar no espelho e enxergar o verdadeiro eu. Dificuldades todos podem passar, a questão crucial é como passar por ela. Ter um *coach* por perto facilita e muito a vida do cliente.

Por que ser 7 se há possibilidade de se chegar a um 10? Superação: esta é a palavra para todos aqueles que desejam e podem ir além.

A força da conservação impede a caminhada, o comodismo, fazer as mesmas coisas. Não ultrapassar os limites. Enfrentar o desconhecido requer força e coragem, caso contrário o ser humano recua e se limita, não investindo nos sonhos e grandes realizações. Tudo é possível, basta ter vontade, disciplina, foco e, principalmente, atitude.

Quais as certezas que temos? Nascemos, morremos e as mudanças irão acontecer independentes de nossa vontade. Então, o ideal é ir em busca desta mudança, fazer acontecer. E um *coach* pode ajudar a encontrar este viés, andar sozinho por estradas desconhecidas é complicado. Nada melhor do que ter um profissional capacitado para tal situação. Ser diferente, se destacar, renovar o ambiente empresarial, pessoal, afetivo, profissional e financeiro. Não há como se contentar com um trabalho mediano. Na era do conhecimento, ser bom já não está sendo uma vantagem, o interessante hoje é ser de ótimo a excelente, utilizando o poder criativo para aumentar o potencial e ter um maior percentual de empregabilidade.

É fato que hoje se tem vagas de trabalho, mas falta a qualificação. Para isto existe o *coach* de carreira, que auxilia o profissional neste tipo de situação.

Não faz parte da natureza humana não desejar ser ou ter mais. Quantas vezes vejo pessoas totalmente perdidas sem um norte, uma direção e objetivos de curto, médio e longo prazo. O papel do *coach* é atuar em situações semelhantes, onde não se sabe aonde se quer chegar.

São as pessoas que se deixam levar pela vida, vivem reclamando e não tomam uma atitude para mudar a trajetória atual. Isto não resolve nada, pois o ambiente piora e a situação tende a ficar cada vez mais agravada. Aceitar que as mudanças são positivas e desejar que elas aconteçam faz parte de uma vida de sucesso.

O cenário na atualidade é outro, porque o *coaching* tem crescido dia a dia. Isto, na verdade, é um reflexo das pessoas que buscam o aperfeiçoamento, desejam a mudança, querem ser melhores e bater resultados em todas as áreas da vida.

Vamos aos exemplos práticos de quais áreas o *coaching* favorece, lembrando que o *coaching* tem como cerne o resultado:

Perder peso com qualidade: contrata-se um *coach* de emagrecimento, onde acontecerá primeiro a entrevista, e logo após define-se quantas sessões serão necessárias. O *coach* utiliza todas as ferramentas para tal finalidade, ele acompanha o cliente em todas as etapas, mas não faz a tarefa pelo cliente. Por isto, é necessário o comprometimento total do mesmo, caso contrário, a perda de peso não acontece, nem mesmo com a contratação de um *professional coach*. É preciso vontade, um plano estratégico, com meta diária, semanal e mensal. Com este planejamento em mãos, a ação começa. O resultado é nitidamente percebido e o *coach* e *coachee* saem satisfeitos após o término do processo de *coaching*. Com a utilização de várias ferramentas, o *coach* atua na atitude do cliente, aumentando, desta forma, a motivação do mesmo, quando existe a real vontade de mudar por parte do *coachee*. A questão da perda de peso envolve vários fatores, por isto geralmente um *coach* de emagrecimento trabalha em parceria com um psicólogo e um nutricionista, pois o cliente deve pensar magro, ter vontade e persistência. Além disso, é preciso uma alimentação balanceada e atividade física. O *coach* de emagrecimento atuará junto à atitude do cliente, ou seja, na parte motivacional, porque a causa do aumento de peso geralmente está associada a uma má alimentação e sedentarismo. Existem alguns fatores relacionados a doenças e fatores hereditários, neste caso recomenda-se um acompanhamento de médicos para o diagnóstico da enfermidade e dar prosseguimento ao seu tratamento.

Ascensão profissional: o cliente que deseja receber uma promoção na empresa, para isto contrata um *coach*. Este junto com o seu *coachee* elabora metas e objetivos para atingir o alvo, neste caso, a promoção na empresa. Existe um levantamento, por exemplo, da capacitação profissional, grade acadêmica e análise comportamental utilizando as ferramentas do *coaching*. O resultado e sucesso são obtidos e a satisfação se apresenta em ambos os lados. Chega um momento na carreira da pessoa em que ela chegou ao limite do desenvolvimento. Neste período costuma-se contratar um *coach* para auxiliar na questão da construção desta carreira. Traça-se o objetivo, com metas factíveis para curto, médio e longo prazo. Geralmente, o cliente que contrata os serviços de um profissional tem uma ideia de onde quer chegar, mas não sabe como, então, por meio de perguntas, há o estímulo por parte do *coach* para o seu cliente (*coachee*), para chegar exatamente na resposta que ele (*coachee*) busca. Neste momento, os caminhos são abertos, pois o cliente sabe e constrói junto com o seu *coach* os próximos passos necessários para obter o sucesso almejado.

Relacionamento afetivo: o *coach*, para relacionamentos afetivos, trata esta questão do presente para o futuro e não tem conotação de terapia, pois, conforme falado, o *coaching* não é terapia. Quando existe alguma dificuldade nos relacionamentos, que uma das partes ou mesmo ambas não sabem como resolver, contrata-se um *coach*, que, por meio de metas, objetivos e tarefas previamente solicitadas em sessão, aborda a questão da melhoria da convivência e entendimento, sempre visando o resultado, que é uma melhor qualidade da relação afetiva. Assim como as outras áreas da vida de uma pessoa, o *coach* apresenta grande eficácia também para relacionamentos afetivos, o profissional consegue estimular o pensamento criativo e, o principal, a atitude do cliente no sentido da melhoria efetiva, rumo ao objetivo que é melhorar o relacionamento afetivo. Com o comprometimento total do cliente, os resultados aparecem de forma significativa.

Saúde financeira: o *coach* financeiro auxilia o cliente com relação as suas finanças, trançando metas e objetivos com o cliente. A meta principal é checar onde o cliente deseja chegar e como fará isto, ou seja, um passo a passo deve ser feito com a utilização das ferramentas que um coach profissional utiliza. Consegue-se então recuperar a saúde financeira e produzir riqueza, pois o que se tem observado é a questão da organização e disciplina para atingir o objetivo que normalmente está correlacionado com dívida feita pelo cliente, o que muitas vezes impede o crescimento de seu patrimônio.

Administração do tempo: o *coach* administrador do tempo irá proporcionar ao cliente mais qualidade de vida, pois junto com o *coachee* irá checar a agenda diária, para ver o que pode ser melhorado. Utiliza-se as várias ferramentas do *coach* profissional, os resultados são notáveis quando há o comprometimento do cliente com relação ao objetivo, que é ter mais tempo para fazer o que mais deseja, normalmente envolve-se tempo para si e para família. O *coach* irá auxiliar o cliente na questão de desacelerar o passo do dia a dia, na questão da produtividade e, por consequência, na própria felicidade do cliente.

Falar em público: o *coach* de oratória auxilia o cliente na questão do falar em público com excelência. Ferramentas e métodos são utilizados e, após a conclusão de todo o processo, o cliente fala melhor e tem uma postura voltada para o público em qualquer tipo de ambiente. O *coach* atua na atitude do *coachee* e favorece a melhoria neste aspecto. Vários clientes nos procuram para obter resultados nesta área. Com o comprometimento integral do mesmo, ele consegue obter grandes resultados e alavancar a carreira, pois passa a ter uma melhor desenvoltura em reuniões com a empresa e clientes.

A primeira sessão é de diagnóstico e pode ser realizada presencialmente ou a distância. Hoje o acesso à internet facilita muito o atendimento a distância. Grandes executivos que não possuem tempo para fazer o deslocamento, ou o *coach* está em outra cidade, utiliza-se o telefone, Skype, MSN e outras ferramentas via web. Depois que a sessão é feita, o *coach* deve acompanhar o seu cliente, e checar se ele tem realizado as tarefas propostas e como está o nível de motivação do *coachee*.

Se durante o acompanhamento o *coach* perceber que o *coachee* não tem realizado as tarefas, o contrato pode ser reincidido, pois durante todo o processo do *coaching* existe a necessidade do comprometimento total do cliente com os objetivos traçados, caso contrário, o resultado não é alcançado.

O *coaching*, portanto, é uma metodologia prática voltada para resultados, qualquer tipo de situação em que o objetivo é alcançar um resultado, o *professional coach* poderá ser acionado para auxiliar pessoas e empresas.

4

Atitude - O DNA dos Vencedores

Meu objetivo com esse capítulo é levar até você uma compreensão sobre a verdadeira força de uma pessoa, uma força que pode definir o rumo da sua vida para o sucesso e felicidade. Essa força é a ATITUDE . A atitude está presente no DNA dos vencedores. Eu tenho excelentes notícias. Você tem ATITUDE em abundância dentro de você, certamente ela faz parte do seu DNA. Nesse capítulo você poderá aprender como usá-la para realizar as coisas que até hoje você achava impossível de serem feitas

Alan Fernandes

Alan Fernandes

Master Coach e Treinador Transformacional; Formado pela Sociedade Brasileira de Coaching, Metaforum Internacional, especializado pessoalmente por Robert Dilts (EUA) em *generative coaching systemic*; formado em programação neurolinguística sendo *trainer* e *master practitioner* em PNL; formado em administração de empresas e gestão de pessoas pela Universidade Paulista. Possui mais de sete anos de experiência, especialista em *business coaching*, inteligência social, vendas, PNL e treinamento de transformação humana. Ministra cursos e treinamentos de alta performance para empresas e clientes individuais. Atende individualmente como *personal coach* de performance profissional e como treinador transformacional individual de pessoas que desejam ser o melhor que podem ser na vida. Pesquisador e escritor de assuntos ligados ao aumento de performance e transformação humana. Presidente do Instituto Global Trainer. Presidente da ABPCI - Associação Brasileira de PNL, Coaching e Inteligência Emocional.

Contatos:
www.globaltrainer.com.br / www.abpci.com.br
alan@globaltrainer.com.br/diretoria@abpci.com.br/alancoach@hotmail.com
(12) 3029-2766 / (12) 8145-1073

Desde quando iniciei minha carreira de *coach* e treinador transformacional de pessoas e empresas, empenhei-me com todas minhas forças para adquirir cada vez mais conhecimento, para proporcionar a meus clientes possibilidades para o alcance dos seus objetivos e uma mudança verdadeiramente positiva e duradoura. Minha missão é ajudar o maior número de pessoas a descobrirem que podem realizar seus sonhos, que elas podem ser quem sempre sonharam ser.

Durante meus estudos e pesquisas, tive a oportunidade de adquirir vários conhecimentos extraordinários, que mudaram a minha vida e a vida de muitos dos meus clientes. Esse conhecimento, ao ser aplicado por você, pode transformar pensamentos e sonhos em realidade.

Hoje estou aqui para lhe transmitir uma pequena fração desses conhecimentos, decidi escrever sobre aquilo que fez a grande diferença para mim e para muitas outras pessoas alcançarem seus objetivos e sonhos. São ideias e conceitos adquiridos em séculos de experiência acumulada, percebidos pelas mentes mais brilhantes que já passaram por esse mundo. A partir do momento que você terminar de ler esses conceitos e ideias, você entrará para um grupo seleto de aproximadamente 5% da população mundial, pessoas que escolheram acreditar nos seus sonhos e decidiram adquirir o conhecimento necessário para transformá-los em realidade. O simples fato de você estar lendo esse livro significa que você está entrando para esse grupo. Parabéns!

O que acha de encontrar sua verdadeira força para realizar qualquer coisa em sua vida?

O que acha de ser a melhor pessoa que você pode ser?

Eu acredito firmemente que você pode fazer isso, como acredito que o que você está respirando nesse momento seja ar.

O que acha de ficar consciente de um conhecimento possibilitador, e usufruir de todos os benefícios e das infinitas possibilidades para realização dos seus sonhos pessoais e profissionais?

Atitude! A grande força do ser humano

Quando eu tinha aproximadamente seis anos de idade, minha família e eu estávamos em nosso carro, como de costume, estava com a mão para fora para sentir a força do vento, quando olhei pela janela e avistei um lindo carro passando ao nosso lado. Nesse momento eu disse:

- Que carro bonito! Quero ter um desses quando crescer.

Então meus pais disseram-me algo que mudou a minha vida:

- Quando você crescer, para ter um carro desses, precisará arrumar um bom trabalho e ter sucesso.

Naquele momento senti uma grande vontade de ser uma pessoa de sucesso, apesar de ainda não entender ao certo o que a palavra sucesso significava, mas senti que alcançaria os meus sonhos. Senti em mim uma força, uma energia, uma vontade, que me movimentou por toda a minha vida, e ainda me movimenta em direção aos meus sonhos. Anos mais tarde, descobri que estava sendo guiado pela minha ATITUDE.

A ATITUDE nos leva para a compreensão sobre a verdadeira força de uma pessoa, uma força que pode definir o rumo da sua vida para a felicidade, e que na sua falta, para uma vida dura e de poucas realizações.

Hoje eu posso afirmar com toda certeza: o sucesso é previsível! Qualquer pessoa de qualquer classe social, de qualquer lugar do mundo, que viva em qualquer contexto favorável ou desfavorável de vida. Pode ter sucesso! O sucesso é pragmático como uma receita de bolo a ser seguida e o principal ingrediente dessa receita é ATITUDE!

A atitude pode ser entendida como "a energia que antecede o verbo", é próprio de um verbo em nossa linguagem evocar um processo, isto é, o desenrolar de eventos para os quais podemos identificar seu início e fim, demonstrar uma ação. A atitude nada mais é do que uma espécie de energia interna do ser humano que o leva para ação. Para fazer acontecer aquilo que ele deseja ter como resultado. Atitude é ação! Atitude é fazer!

O que acha de fortalecer essa energia e começar a alcançar seus objetivos e sonhos agora?

Vamos lá?

Atitude de estar no controle da própria mente, vida, felicidade e sucesso.

No fundo, todo ser humano tem o conhecimento daquilo que pode lhe fazer feliz. Mas são poucos aqueles que têm a atitude de colocar esse conhecimento em prática para atingir essa vitória.

Anos atrás ouvi uma história que todo ser humano nasce com dois pacotes dourados dentro de si, e podemos escolher com qual iremos ficar. O primeiro é para aqueles que escolheram tomar posse da própria mente e, consequentemente, da própria vida, dentro desse pacote estão os seguintes presentes divinos do criador: saúde física e mental, um trabalho que ama, amor, alegria, tranquilidade, prosperidade financeira, união e plenitude. O segundo é para aqueles que escolheram negligenciar a atitude de tomar posse da própria mente e vida, dentro desse pacote estão as consequências dessa escolha: Medo, amargura, doenças, frustração, inveja, um trabalho árduo que odeia, pobreza financeira, tristeza e incompletude.

Tomar posse da própria mente e vida é uma das atitudes mais importantes para qualquer pessoa que queira ser verdadeiramente feliz.

Gostaria de lhe fazer algumas perguntas.

Quem é o responsável por sua felicidade e sucesso? Talvez tenha respondido que é você mesmo. Isso sempre esteve claro para você?

Quantas vezes foi negligente em relação a pensar que sua felicidade e sucesso estavam nas mãos dos outros?

Quantas vezes ficou esperando alguém tomar uma atitude por você em relação a um problema, ou desafio que surgiu na sua vida?

Você, em algum momento, ou talvez atualmente, espera alguém agir para ter o que sonha?

Você, por acaso, tem o hábito de reclamar para as pessoas das coisas que lhe fazem se sentir insatisfeito, esperando que elas se sensibilizem e entrem em ação fazendo algo para que se sinta mais satisfeito ou reconhecido?

Essas perguntas trazem para nossa consciência se estamos realmente no controle da nossa própria vida e, consequentemente, da nossa felicidade.

Em minhas pesquisas e atendimentos como *coach*, ficou muito claro que um dos maiores motivos de infelicidade e insucesso das pessoas está ligado intimamente com o fato de não tomarem posse da sua própria mente e da sua própria vida. Na maior parte do tempo estão esperando alguém fazer o que elas deveriam fazer, ou acham que as outras pessoas são as culpadas por ainda não terem conseguido.

É comum ouvirmos pessoas dizendo no seu dia a dia algo do tipo:

É impossível para mim realizar meus sonhos, pois não nasci em uma família com muitas posses!

Eu jamais conseguirei me formar na faculdade, afinal meus pais não podem pagar!

Eu sempre quis trabalhar e ter uma carreira de sucesso, mas meu marido nunca vai deixar!

Eu não consegui um bom emprego, pois sempre estudei em escola pública!

Meus pais nunca me incentivaram a ser uma pessoa de grande sucesso, sempre me disseram que eu deveria ser "humilde", pois quem tem muito dinheiro fica mesquinho!

Eu tenho esse trabalho por que me sustenta, todos dizem que se eu seguisse meu sonho de ser artista acabaria passando fome, pois isso requer muita sorte!

Eu sempre sonhei me formar em filosofia, mas minha família disse para estudar engenharia!

O mais engraçado de tudo isso, é que a maioria das pessoas acredita que isso é uma verdade imutável, é assim e sempre será. Pensam que nunca poderão mudar. Dessa forma, começam a cometer um dos maiores erros das suas vidas.

Quando somos negligentes em tomar posse da nossa própria vida, corremos um alto risco, perto de 99,9%, de não sermos verdadeiramente felizes. Você terá que torcer para as pessoas agirem por você, além de fazerem aquilo que realmente você gostaria que fizessem, isso pode ou não acontecer. Na maioria das vezes não acontece.

Em minhas palestras e seminários o que mais vejo, são pessoas que estão apenas seguindo o fluxo do seu atual contexto, estão apenas no piloto automático da vida, parecem um barco a vela sem leme no mar da sua existência, esperando que a maré as levem para uma ilha tropical, porém, podem acabar batendo nos rochedos de uma ilha vulcânica se não decidirem ter a ATITUDE de tomar o controle do leme.

Uma vez atendi um jovem rapaz que estava passando por momentos difíceis, não aguentava mais o seu atual trabalho, odiava a pós-graduação que estava fazendo, estava quase sendo demitido por seu comportamento no trabalho.

Quando estávamos falando sobre objetivos, perguntei a ele o que ele queria para sua própria vida, o que realmente iria proporcionar-lhe felicidade. Então ele começou a falar algumas metas que não estavam muito distante do que ele já estava fazendo no momento. Ao relatar sua metas, ficou evidente a falta de entusiasmo, o entusiasmo é um indicador se você está onde deveria estar e faz o que gostaria de fazer, então repeti a pergunta. É para eu dizer o que realmente quero, de verdade mesmo? Perguntou-me ele. Sim, é exatamente isso que precisamos saber! Eu respondi. Então ele suspirou profundamente, seus olhos brilharam, um belo sorriso foi formado em seu rosto, e começou a falar suas verdadeiras metas e objetivos, que, sem me surpreender, eram completamente diferentes dos ditos anteriormente.

Em outro caso, atendia um diretor de uma empresa com faturamento milionário, o mesmo era extremamente inteligente, tinha uma formação acadêmica vasta e encontrava-se em uma situação financeira muito boa. Mas, por algum motivo, não se sentia feliz nem satisfeito, sentia-se incompleto e inquieto. Ele me dizia que há muito tempo os finais de semana eram insuportáveis para ele, parecia que nada tinha mais sabor, nem mesmo ficar com sua esposa e filho. Realmente ele estava em uma situação muito ruim. Em uma das nossas sessões de *coaching* falávamos sobre nossos verdadeiros sonhos, ele tentou escapar de todas as maneiras, mas quando o fiz lembrar daquilo que ele realmente queria para sua vida, o mesmo entrou em prantos de choro. Nesse momento ele percebeu que estava muito distante de seus verdadeiros sonhos, de seu verdadeiro legado, essa constatação foi muito dolorida para ele. Mas essa dor foi o início de uma nova vida, pois não importa onde e quando você esta, sempre é tempo de recomeçar, a vida é agora. Ele teve a ATITUDE de tomar posse de sua vida, e começou a mudar tudo o que tinha que ser mudado para se sentir verdadeiramente feliz, a última vez que nos vimos ele já havia colocado em prática muitas coisas, até mesmo estava para mudar de profissão, estava se sentindo muito tranquilo e os finais de semana voltaram a ser divertidos com sua família.

Esses são dois casos dentre milhões de casos no mundo. O âmago da questão aqui, é o triste fato que a maioria das pessoas não se sentem no direito de sonhar seus verdadeiros sonhos, muito menos de realizar aquilo que está tão profundamente ligado com seu ser e com sua felicidade. A maioria das pessoas parecem ter engolido uma pílula do "padrão automático" que a sociedade ou grupo social em que vivem julgam ser correto. Dessa forma, deixam de lado o que realmente as faria felizes. Escolhem seguir o fluxo, afinal, é muito mais fácil e cômodo.

Para vencer na vida, para ser tão feliz quanto quiser ser, para alcançar o sucesso que desejar, não tenha dúvida. É se tornar o piloto da nave da sua vida. Como dizia um grande pensador: "Torne-se o dono da sua vida, o capitão do seu destino."

Uma vez me fiz uma pergunta que mudou a minha vida, e agora ao você ler essa mesma pergunta, ela também pode mudar a sua.

Se nesse momento você estivesse com 90 anos de idade, e estivesse vivendo os últimos 5 minutos da sua vida, fazendo uma autorreflexão. O que você verdadeiramente gostaria de ter feito?

Essa é uma pergunta extremamente poderosa, realmente se imagine bem velhinho agora, deitado em uma cama e pense em sua resposta.

Ao fazer isso, certamente você terá uma ideia muito mais precisa, em relação às coisas que realmente quer fazer na sua vida para ser feliz.

Se percebeu que está no caminho certo, excelente! Continue firmemente. Entretanto, se percebeu que não está, excelente também! Pois não importa o que tenha acontecido ou como levou sua vida até o momento. O que realmente importa agora é o que você vai escolher fazer de hoje em diante para ser a pessoa que sempre quis ser, para ser verdadeiramente feliz. A escolha é sua e o momento é agora!

Ferramenta para seu sucesso:

1- Tenha atitude de controlar sua mente e sua vida. Escolha ser uma pessoa de sucesso. Diga a si mesmo: eu sou um ser humano fantástico, algo superior me deu a vida e, para agradecer, devo fazer dela uma vida feliz, sendo o melhor ser humano que posso ser;

2- Decida realizar seus sonhos, faça um plano por escrito daquilo que você quer realizar para a sua vida. Deixe esse plano específico e o coloque onde possa ver com frequência;

3- Utilize ou busque o conhecimento necessário para realizar esse plano;

4- Faça uma memória de futuro, visualizando-se diariamente sendo o "eu" dos seus sonhos, já tendo alcançado seus verdadeiros objetivos. Observe como você age, como fala e o que fez e faz para ter realizado o seu sonho. Anote os padrões de estratégias e ações que observou e aja no agora como se você já fosse essa pessoa.

5

Entendendo o princípio da relação humana para alcançar resultados surpreendentes

Alcançar resultados surpreendentes é a convocação do sucesso, é a ressonância da competência, é a obra de ser mais

Alexandre Assis

Alexandre Assis

Bacharel em Administração com Habilitação em Comércio Exterior pela Universidade Norte do Paraná, Pós-graduado em Controladoria e Finanças pela PUC-PR e Pós-graduando em Direito Empresarial pela UEL. Cursou MBA Internacional em Gestão Empresarial pela FGV/ISAE, participou de cursos de desenvolvimento no exterior – *COLLEGE OF BUSINESS* – OHIO UNIVERSITY, USA, 2008, –*UNIVERSITY OF CALIFORNIA, BERKELEY,* USA, 2008. Certificado pelo Instituto Brasileiro de Coaching, 2012, como *Professional & Self Coaching* e *Behavioral Analyst*, reconhecido internacionalmente pela: *European Coaching Association* (ECA); *Global Coaching Community* (GCC), International *Association of Coaching Institutes e Metaforum International.* Experiente profissional em gestão de negócios e consultor em Reestruturação Organizacional e Recuperação Empresarial, atuando também como Perito Judicial. Atualmente é Diretor Executivo do Instituto AGIR, exercendo as funções de *Master Consultant, Coach* e Analista comportamental.

Contato:
alexandre@iagir.com.br

Alexandre Assis

O artigo propõe uma discussão quanto à relação do indivíduo no contexto histórico da vida e na busca por estabelecer atos que almejam o melhor resultado através da multiplicação. Pretende mostrar um tema pouco explorado, sobre as nuances pertinentes às várias controvérsias que invocam a relação do indivíduo, inicialmente com ele mesmo, para tomar a melhor decisão. A relação examinada ficou a mérito do ponto de vista do indivíduo em suas diversas afinidades, em gerar competência pela decisão de seus atos. Para tal, explorou-se a busca pelo início das relações humanas, desde a criação do ser, pela ótica do criacionismo, bem como a complexidade da energia, emanada na concepção do indivíduo pelo Criador. Discorrendo as relações necessárias na visão do Ser, Ter e Fazer. Por fim, pode-se perceber que a necessidade de conhecer o "eu" é condição imprescindível para geração de resultados surpreendentes.

O princípio

Em tese, o princípio da relação humana é multiplicar. Esta condição, quando analisada como um fato gerador de consequências pela busca de resultados, pode seguir por duas vertentes: a do bem ou a do mal. Estas vertentes que conceitualmente são separadas pela película da razão, quando rompida pelo desejo em realizar um ato, deixa em evidência o conceito do que é certo ou errado, teorizando o ato pela ética, o que leva o indivíduo à sensibilização de escolha pelo caminho a seguir. Neste contexto, desejo não é ato. Desejo é a expressão de sentimento e ato é a condição de realizar. Então, se a multiplicação de atos gera resultado, este resultado é a pura expressão do "Ser", "Ter" e "Fazer".

Para elucidar esta afirmação, vejamos a Santíssima Trindade. O Pai "é" porque nele está o princípio e o fim. O Filho "tem" porque lhe foi dado poder. O Espírito Santo "faz" porque se manifesta no indivíduo. Em outra análise, o ser humano, que sinergicamente é composto de Corpo, Alma e Espírito, tem a seguinte relação: o Corpo "tem" porque lhe foi dado vida, a Alma "faz" porque se manifesta no consciente e o Espírito "é" porque direciona, como a bússola do caminho.

Os dois exemplos, mesmo que muito próximos em sua matéria, fica evidente quanto a necessidade de haver elementos diferentes para a geração de ato, cada qual com seu respectivo peso.

A energia

A vida, que energiza cada um dos seres humanos, vem do Criador. Fazendo uma análise nas escrituras, conforme apresentado em Gênesis capítulo 2, versículo 7, onde diz "então o Senhor Deus formou o homem do pó da terra e soprou em suas narinas o fôlego de vida, e o homem se tornou um ser vivente", esta canalização de energia foi dada de graça, logo, passa a ser de responsabilidade individual, inclusive sobre a geração dos resultados de seus atos, haja vista que o ser humano tem livre arbítrio, o que o torna capaz de realizar. Neste contexto, cabe observar que todas as coisas lhe são lícitas, mas nem todas lhe convém, todas as coisas lhe são lícitas, mas não pode deixar-se ser dominado por elas, conforme descrito no livro de 1 Coríntios, capítulo 6, versículo 12.

O crescimento

Ainda sob a ótica das escrituras, no livro de Jeremias, capítulo 3, versículo 16, diz "... quando vocês aumentarem e se multiplicarem na Terra ....", o verbo multiplicar é apresentado de forma marcante, descrevendo a relação humana como princípio do crescimento no "ser", "ter" e "fazer". Ser correto, Ter razão e Fazer o certo, ou não, são ações imperativas do desejo de cada indivíduo. Estes atos, praticados nas relações humanas, desencadeiam múltiplas reações, atraindo os mesmos desejos e, por vezes, contraditórios, tudo escorado sob cada ponto de vista. É neste ambiente que surge a relação de troca, que é precedida pelo argumento do bem ou do mal, conforme a percepção de cada indivíduo, que avalia no consciente (alma) e no subconsciente (espírito) se retém ou deixa ir, mas, se impera conflito, revela que não existe alinhamento entre a alma e espírito. Logo, não gera multiplicação, crescimento, e sim, erro, falha. Todavia, se retém, é porque é bom, e se deixa ir, mal não fará.

Aceitação

A relação humana, quando realçada pelo desejo de "ser aceito", de "ser reconhecido" e "ser amado", categoriza o indivíduo ao nível de quem não está seguro de si, inclusive, remetendo ao fato de que este indivíduo não reconhece a existência dos próprios potenciais, vivendo a expectativa de que os reflexos de suas escolhas sejam sinais de aprovação, se está "sendo", "tendo" ou "fazendo" adequadamente o caminho escolhido, tornando sua espera um processo longo, desgastante, frustrante e de baixo aproveitamento. Logo, se o indivíduo sente-se seguro de seus atos, a expectativa de aceitação passa a ser o menos importante no cenário existente, pois as reações conexas com a realidade do momento tornam-se agentes multiplicadores dos seus atos, provocando a melhor troca de resultados entre os indivíduos, tornando a energia de cada um exponencialmente positiva e alcançando sinergicamente o melhor resultado.

Nas relações humanas, os indivíduos buscam o melhor resultado e, neste contexto, resultado é gerar conquistas, materiais e/ou emocionais. Guardadas as devidas proporções entre o bem e o mal, dada a perspectiva de cada indivíduo, é o resultado que todos os seres humanos buscam. E, nesta busca, a envergadura de cada indivíduo em estabelecer e alcançar resultados extraordinários está pautada no conhecimento disponível. Em tese, objetivos são inerentes a cada indivíduo, pois está diretamente relacionado com o desejo, mas, para organizar e planejar, é necessário agregar competências que, resumidamente, é saber fazer aquilo que precisa ser feito e fazer. E para fazer, indiscutivelmente, é necessário "ser" e "ter", ou seja, ser conhecedor dos seus limites e ter disciplina para aprender e fazer. A lógica neste parágrafo, mesmo que propensa à retórica, retrata no contra ponto da inércia a ação necessária à realização do desejo, e a realização do desejo é ato, e ato gera resultado.

O "instrumentalizar"

O indivíduo para ser conhecedor dos seus limites, saber até onde pode ir e atuar no cenário que participa, é imprescindível que conheça o seu "eu", sua identidade, que deve ser clara para si. Para alcançar este entendimento é necessário que sejam realizados alguns procedimentos de autopercepção. Um deles é a utilização de questionamentos, cujas respostas, primordialmente, devem ser objetivas para não gerar instabilidade conceitual e conseguir se posicionar, em saber quem é, qual o motivo de sua existência, o que quer, qual o seu sonho, quais seus objetivos e quais são seus valores. As respostas servirão como instrumentos balizadores, dando clareza a respeito do ser, tornando a interação com o ambiente mais segura para si.

Ser conhecedor de seus limites, por si, não agrega valor, mas, se somado ao "ter", gera a combustão necessária para o "fazer". Neste contexto, o "ter" está relacionado com a disciplina em "ter conhecimento" e disciplina em "ter ordem", ambos necessários para a realização de um ato. E, ao considerar que o conhecimento está para estratégia, assim como ordem está para planejamento, objetivamente, a estratégia traduz "o que fazer" e o planejamento "como e quando fazer". Logo, a utilização desta combinação trará clareza quanto a utilização necessária do tempo e a utilização do menor custo com maior aproveitamento em fazer o que, consequentemente, trará ao conjunto de atos o melhor resultado.

Ao clarificar a importância do conhecimento e da ordem através do Planejamento Estratégico, os ponto de melhor percepção para servirem de balizadores, na decisão em "o que fazer", "como fazer" e "quando fazer", está na definição da Visão, Missão e Valores de cada indivíduo, pois cabe a cada um definir qual a sua visão de vida, ou seja, qual o seu sonho de ser e, na sequência desta definição, é imprescindível que seja estabelecida a missão que deverá responder com clareza qual o objetivo a ser alcançado, para que, quando alcançado, viva a plenitude daquilo que era sonho. Para estabelecer uma conduta adequada na rota pelo objetivo, a definição dos valores é de alta relevância, pois servirão como pilares norteadores para que a condição do ser não se macule pelo caminho. Então, a decisão de escolha pelo "que, quando e como" alcançará a assertividade no contexto em tela, almejando os melhores atos, com a expectativa de um resultado surpreendente.

A evidência

A multiplicação de atos na busca pelos resultados surpreendentes deve ser monitorada constantemente. Esta monitoração é primordial para que ações desconexas não interfiram no caminho dos atos que almejam o objetivo. Ocorre que estas ações podem, por vezes, serem geradas pelo próprio indivíduo, dada a ansiedade consciente em alcançar de forma imediata a realização do desejo. A busca pelo autocontrole é primordial neste momento, e uma forma de estabelecer este controle está em realizar um simples exercício que comumente é utilizado no teatro, quando, na realização do ensaio, os atores seguem a seguinte regra: "prestar atenção nos detalhes, imaginar a cena e perguntar ao texto". Trazendo este exercício para a busca do autocontrole fica relativamente assim:

Prestar atenção nos detalhes - consiste em observar a situação do momento, verificar de forma contundente as possibilidades se o determinado ato tem força suficiente para realizar, se o ambiente esta preparado para o ato e se a comunicação para realização do ato está clara, limpa, sem ruídos, sem interferências, sem poluição, descontaminada.

Imaginar a cena - consiste em analisar se as opções disponíveis de ambientes agregam valor ao ato, criando mentalmente possíveis cenários com a relatividade pertinente a oportunidades e ameaças;

forças e fraquezas.

Perguntar ao texto - este aspecto deve gerar questionamentos tácitos, ao ponto de que as respostas levem o interlocutor, que pode ser o próprio indivíduo, à percepção da necessária obtenção do equilíbrio seguindo uma linha de perguntas relacionadas ao ponto em questão, que no caso da ansiedade podem seguir em:

Considerando que o ambiente está preparado para a realização do determinado ato, as ações necessárias para tal ato foram cumpridas fielmente?

O fato da ansiedade estar em evidência irá colaborar para a obtenção do resultado?

A ansiedade é um agente de estresse?

Com o estresse, a produtividade diminui?

Estes aspectos, quando observados no contexto apresentado, tendem a levar o indivíduo à percepção da necessidade em não valorizar a ansiedade e, então, alcançar o resultado a seu tempo, ficando livre para realização de outras ações direcionadas a outros atos pela busca do melhor resultado.

O resultado

O indivíduo, ao idealizar uma linha de raciocínio para seguir na busca por resultados surpreendentes, obedecendo o princípio da relação humana, teoricamente identificará a seguinte fórmula:

EU * ATOS (DESEJO+CONHECIMENTO+PLANEJAMENTO+AÇÃO) = **RESULTADO SURPREENDENTE**

Esta fórmula, quando utilizada dentro dos padrões aceitos pela sociedade comum, onde a importância do indivíduo fica em evidência, os resultados geram reflexos sinérgicos, transformando-o em um agente potencializador do que é bom, tornando a multiforme beleza da vida em largas vias para realização pessoal através da troca entre os indivíduos.

Então, a multiplicação de atos nos relacionamentos humanos, quando gerados para o bem comum, gera resultados surpreendentes.

6

Coaching – Transforme-Se No Ator Principal Da Sua Vida

Você, com a correria do dia a dia, não consegue pensar no que realmente tem importância na sua vida. Seus sonhos se transformaram em desculpas veladas. Os responsáveis pelos seus insucessos são a falta de tempo, de sorte, de dinheiro, de motivação, de reconhecimento, de, de, de, de e de. Deixe de ser coadjuvante e assuma sua vida, de verdade e com intensidade! A única pessoa capaz de provocar mudanças em você é você mesmo. Reflita se realmente deseja mudar e se quer ter novos resultados. O processo de *coaching* só trará mudanças para aqueles que realmente a desejarem

Alexandre Damiani

Alexandre Damiani

Formado em Administração de Empresas, *Executive and Corporate Coaching* pela Netprofit com certificação internacional da CAC – Center Advanced Coaching (USA), Formado pelo Instituto DSOP de educação financeira, como Educador Financeiro, Pós-graduado em Recursos Humanos e Pós-graduado em Planejamento Estratégico Empresarial.
Palestrante e Traineer atuante pelo Atelier do Saber, ABEFIN (Associação Brasileira de Educadores Financeiros), DSOP (Instituto DSOP de Educação Financeira) e pela Netprofit, ministrando palestras e treinamentos em grandes empresas como: Prefeituras de Itapevi, Jandira, São Paulo, Franco da Rocha e Ribeirão Preto, Ticket, TAM, Locaweb, Victory, CIEE, Beneficência Portuguesa, Trídea, B2W e em diversos Colégios, Faculdades e Universidades.
Fundador do projeto social "Você Amanhã", ministrando palestras sobre mercado de trabalho para alunos da rede pública de São Paulo, Santo André e São Caetano, onde mais de 5.000 alunos participaram destes eventos.
Atualmente, diretor regional da Netprofit Luhal.

Contatos:
alexandre@netprofitbrasil.com.br
alexandre@luhal.com.br
(11) 99914-1414

Alexandre Damiani

"Cada sonho que você deixa para trás, é um pedaço do seu futuro que deixa de existir".
Steve Jobs

Antes da leitura deste capítulo lhe desafio a uma reflexão sobre sua vida. Pegue uma folha de papel e divida em seis quadrados. Em cada um deles, deverá escrever o que é muito importante para você, assim, visualizará o conjunto do que tem de maisprecioso. Coloque-os aleatoriamente à sua frente. Agora, assumindo o papel da vida, que aos poucos o afasta do que lhe é importante, pegue um dos quadrados e amasse. Isso não mais faz parte de sua vida. Escolha mais um e amasse. Temagora quatro quadrados e, por injunções da vida, deverá escolher e amassar mais dois. Restam na sua frente apenas dois quadrados, e deverá decidir de qual abrirá mão e qual deles permanecerá com você. Amasse aquele do qual decidiu abrir mão,e ficará com o que escolheu comosendo o que é o mais importante em sua vida.

Como foi fazer esse exercício? Muitos tiveram dificuldades para escolher e outros sentiram a dor da perda de algo que amam muito.

Reescreva numa outra folha, agora por ordem de importância,primeiro o que considera mais importante e por último o menos importante.Feito isso, avalie de 0% a 100% o quanto tem se dedicado de forma efetiva, para o que elegeu como importantes para você.

Com esse exercício deve ter percebido que é coadjuvante em sua própria vida e como deixa de dar atenção para o que realmente é importante para você. Com o processo de *coaching* será capaz de obter resultados extraordinários e passará a ser o protagonista de sua vida, o que, sozinho,não conseguiria.

É importante entender o que é um processo de *coaching*. Temos várias definições, mas gosto de usar uma analogia para que possa ficar bem claro. Quantas promessas você já fez olhando para o espelho e que não cumpriu? Pois bem, esse será o papel do coach, fazer você cumprir promessas, pois ele estará do seu lado para que isso aconteça.

O processo de *coaching* tem como principal objetivo trazer foco para sua vida pessoal, profissional e financeira, trabalhando fortemente com duas premissas. A primeira diz que se você não tem propósitos bem definidos na vida, estará fadado ao fracasso e a segunda baseia-se no fato de que se você não está preparado para estar fora da mediocridade, estará fadado ao fracasso. Cabe aqui lembrar que mediocridade é estar na média. Escolha ser acima da média, escolha ser uma pessoa de alto desempenho.

Suas metas e seus objetivos devem estar relacionados com o que considera importante em sua vida, mas, muitas vezes, por não terem claro suas prioridades, marcham em direção oposta às suas reais intenções.

No campo profissional vamos quebrar o paradigma de que o sucesso está diretamente relacionado ao grau de instrução. Com certeza você conhece pessoas que estudaram em renomadasuniversidades enão atuam na sua área de formação e também conhece pessoas que tiveram pouco acesso à educação formal,porém, com muito sucesso profissional. Não estou dizendo que o estudo seja irrelevante, mas quero apenas lembrá-lo de que não existe uma fórmula mágica para o sucesso.

Para obter sucesso, você deve, em primeiro lugar, conhecer muito bem a profissão que vai escolher, pois seria muito triste se escolhesse algo que não o fizesse feliz. Não dê ouvidos quando disserem para você trabalhar naquilo que gosta, mas ouça quando te orientarem para aprender todos os dias a gostar do que faz. Independente do que escolher, depois de levantar todas as informações possíveis sobre esse trabalho, procure descobrir quais são as competências necessárias para que atue com excelência e também conhecer modelos de sucesso na área de atuação que você pretende trilhar. Descubra os caminhos que foram percorridos, quais foram os maiores desafios, as maiores derrotas e, principalmente, descubra quais foram as maiores conquistas.

Outro paradigma é que existem determinadas profissões e áreas do conhecimento que proporcionam sucesso profissional, reconhecimento pessoal e dinheiro, muito dinheiro. Se fizer um teste relacionando dez profissões que considera de sucesso, com certeza terá em sua lista, médico, engenheiro, advogado entre outros. Isso também não é uma verdade absoluta. Apresento dois casosfantásticos para exemplificar com mais propriedade.

Casode um cabeleireiro. Seu primeiro emprego foi emum famoso salão de beleza fazendo limpeza. Ganhava pouco, trabalhava muito e aguentava a forte pressão desses chefes, que se consideravam verdadeiros artistas.Com o tempo descobriu que esses profissionais eram mesmo artistas e decidiu que seria como eles. Investiu em cursos e formação no exterior e hoje trabalha em um dos maiores salões de São Paulo. Não cobra menos que R$ 300,00 o corte de cabelo, tem sua agenda repleta desegunda à sexta-feira, atende de quatro a seis clientes por dia,e suarenda médiaé de R$ 40.000,00 mensais.

O segundo caso é de um pintor de paredes. Especializou-se em casas de todos os tamanhos e portes, mas focou-se na classe média. Atualmente, seu time tem treze pessoas, nas quais ele confia tanto na mão de obra quanto na rapidez da entrega. Somente a mão de obra para pintura de uma casa de porte médio, por dentro e por fora, custaaproximadamente R$ 3.000,00. Seu faturamento pessoal líquido gira em torno de R$ 22.000,00 mensais.

Durante a entrevista, ambosafirmaram que passaram mais de dez anos de suas vidas trabalhando de 12 a 16 horas por dia, e em muitos casos, aos sábados, domingos e feriados.

O sucesso pode ser interpretado de diversas maneiras. Os que têm suas carreiras bem planejadas e ganham abaixo dos R$ 3.000,00 mensais, os que mudam de emprego ou trabalho de dois em dois anos, ou os que ficam na mesma empresa a vida toda. Todos podem, sim, ser considerados sucessos.Escolha que tipo de sucesso quer para você.

Independente do que escolher, atente-se também às relações sociais, pois corrobora sua ascensão profissional. Preocupe-se em plantar rosas no jardim de sua vida. Minha mãe, Ana Lopes Pombal, sempre me dizia, "plante rosas no caminho que percorreres, pois com certeza passará novamente por ele. Se forem plantadas e bem cultivadas terás rosas em sua passagem, porém, se plantar e esquecer-se de regar, terás somente espinhos". Com estas sábias palavras, queria dizer que as pessoas estão cada vez mais individualistasvivendo relacionamentos superficiais, sem criar vínculos afetivos.

Atente-se para estabelecer relações sinceras, transparentes e sólidas com sua rede de contatos. Faça-se presente sempre, não deixando que as pessoas se esqueçam de você. Dizer ou enviar palavras de conforto, amizade e humor, estar atento às datas comemorativas, ser prestativo quando solicitado, são gestos que aproximam e mantêm as pessoas que conhecemos por perto. Sua rede de contatos serve para dar e recebere, em algum momento, poderá ser de extrema importância para você.

Aconteceu comigo. Desligar-me de um projeto e sem perspectivas de novas opções causava em mim preocupação com meu futuro profissional. Decidi então apelar para minha rede de contatos, ora convidando, ora me oferecendo para um café, a fim de atualizar-me no ramo de atuação de cada um deles.

Naquele mês, tomei mais de 20 cafés com "amigos" de trabalho que amealhei ao longo de minha trajetória profissional, porque sempre deixei as portas abertas por onde passei – lembrem-se da metáfora do jardim – e, no final do mês, havia recebido três convites de trabalho, sendo que um deles instigou-me a dar o grande passo em minha carreira profissional.

Muitas pessoas ficam enviando milhares de e-mails com seus currículos para empresas, mas se esquecem das dezenas de pessoas que conhecem e poderiam ajudá-las se ao menos soubessem de suas pretensões, necessidades e qualidades.

Se você hoje está bem empregado, sugiro que fique sempre atento em manter ativos seus contatos e que, de tempos em tempos, teste a sua empregabilidade.

Se hoje você está desempregado é hora de "tomar alguns cafezinhos", lembrando-se de que a mensagem que deverá ficar é a de interesse de ganho mútuo e jamais a de interesse próprio, sem ser aquela pessoa com quem você não gostaria de tomar um café. Poderá ter boas surpresas! Surpresas boas também na área financeira se tiver a ousadia de mudar a forma com que encara e trata o dinheiro.

Algumas pessoas ainda insistem em dizer que não, mas afirmo categoricamente que o dinheiro é importante na vida porque somente através dele adquirimos o que precisamos e desejamos. Quero dizer com isso, que o dinheiro é apenas um meio e nunca pode ser considerado um fim. Jamais faça dele um fim, pois se fizer isso, se tornará seu escravo.

O coach financeiro tem como objetivo fazer com que seu *coachee* aprenda a se relacionar com o dinheiro de forma prazerosa e saudável.

Para nos alicerçar de maneira metodológica, utilizo a Metodologia DSOP de Educação Financeira que traz um novo conceito de estilo de vida e de visão sobre finanças. As letras DSOP significam: Diagnosticar – Sonhar – Orçar – Poupar.

DIAGNOSTICAR – Como e onde você gasta cada centavo do seu dinheiro?

Diagnosticar, na Metodologia DSOP, significa investigar como está sua situação financeira, onde e como gasta cada centavo de seu dinheiro.

Faça um teste. Nos próximos 30 dias anote, item por item, tudo que você gastar. Por exemplo,uma página para transporte, outra para água,outra para filho, etc. Deverá persistir para entender que isso é de extrema importância para encontrar seu equilíbrio financeiro.

SONHAR - Você vive para pagar contas ou para realizar sonhos?

Na Metodologia DSOP os sonhos são divididos em três: Sonhos de Curto Prazo, Sonhos de Médio Prazo e Sonhos de Longo Prazo. Verifique em seu diagnóstico o quanto você conseguirá poupar e faça o carnê dos seus Sonhos, cujo valor poderá ser diferente para cada sonho. O Diagnóstico financeiro não é para se tornar "mão de vaca" e sim para que foque em realizar sonhos e não em pagar dívidas. Basta fazer escolhas, entre o sonho verdadeiro e uma compra por impulso.

ORÇAR - Se você não mais recebesse seus rendimentos, por quanto tempo manteria seu atual padrão de vida? (Reinaldo Domingos, Terapia Financeira)

Diferente do orçamento comum que nos diz para pagar as contas, e se sobrar algo eu realizo sonhos, primeiro realizo os sonhos e depois pago as despesas. Calma, não quis dizer para deixar de pagar as contas, mas ter o controle de suas contas, baseadas nos sonhos que você quer realizar. Primeiro você tira o que vai poupar para os sonhos, e o dinheiro restante, se planeja para pagar as contas e passar o mês. Não se apegue ao fato de ganhar pouco ou muito, o que deve ser feito é diagnosticar sua situação, encarar os fatos, tomar decisões e agir. Viva uma vida simples e realize grandes sonhos.

POUPAR – De grão em grão a galinha enche o papo (dito popular).

Você poupa para quê mesmo? A maioria das pessoas poupa para prevenir-se de algum infortúnio. Mude seu modo de pensar investindo nos seus sonhos assim como investe nos estudos, no trabalho e nas relações sociais. Não importa o valor, o importante é começar. Comece com um cofrinho guardando de moeda em moeda e, quando menos esperar, seu cofrinho estará cheio.

Você tem agora conhecimento para refletir sobre se a direção que tomou é o caminho certo para onde deseja chegar.

Finalizo meu capítulo convidando-o a equilibrar-se antes que a vidatire um a um o que é importante para você; lembrando-o de agendar convites para cafezinhos e fornecendo ferramentas para investir em seus sonhos e ser feliz!

7

Coaching de relações interpessoais e interprofissionais

O que está oculto nas desafiadoras situações que envolvem os contatos entre os profissionais nas organizações de trabalho? É a questão fundamental do diálogo que este artigo se propõe a iniciar com o leitor

Aluísio Yashimek

Aluísio Yashimek

Master Coach, Treinador de Líderes. Palestrante criador da *Preach-music*, fusão da Música com a Oratória. Escritor, poeta, músico e arqueiro. Livros publicados: *Espiral e História da Educação Brasileira: o ensino agrotécnico*. Administrador, especialista em Gestão Empresarial e Hospitalar. Psicanalista. Pós-graduado em Psicologia. Mestre em Educação Tecnológica e Doutorando em História da Educação Médica.

Para início de conversa...

No universo das organizações de trabalho desta segunda década do Século XXI, há três constatações absolutamente inequívocas: a sobrecarga de trabalho, a tensão crescente gerada pela busca da performance profissional e o desafio de humanizar as relações em harmonia com a conquista de resultados.

A percepção do tempo biológico em dessintonia com a velocidade das tecnologias de informações parece ser a raiz da ruptura doentia com a necessidade básica de pertencimento à raça humana. Resistindo instintivamente ao processo de desumanização que parece ser avassalador, o atual cidadão do mundo globalizado revela sua insatisfação com algo que se apresenta como grave ameaça à sua essência: a destruição do espírito humano.

Quanto mais os computadores são aperfeiçoados e as inteligências artificiais deixam de ser somente argumentos da ficção para povoar a realidade, tanto mais os profissionais e, porque não dizer, as novas gerações que estão se preparando para debutar no mundo do trabalho, se mostram mais tensas pela cultura do aperfeiçoamento sem limites que é disseminada. Numa palavra: uma certa obrigatoriedade de conquistar sucesso a todo custo e a sensação de não estar dedicando tempo a si e ao que dá sentido à sua vida.

Líderes de organizações produtivas vivenciam o drama de um mercado amadurecido, fatiado, no qual não são admitidas falhas quando se trata de obter resultados que se circunscrevem nos atos de determinar objetivos e metas, entregando-se, em seguida, à selvagem conquista do que foi planejado. Entretanto, isso é parte do seu desafio, afinal, sua empresa é formada pelas pessoas e elas necessitam mais do que metas de produtividade. Pessoas têm sede de relacionamento com seus semelhantes.

É esse o cenário de atuação do Coach profissional. Compreender o seu tempo, interagir com seu momento histórico e estabelecer uma relação facilitadora de aprendizagem são um conjunto de necessidades absolutamente urgentes para esse apoiador de projetos de vida que é o Coach.

As organizações de trabalho são visivelmente organismos vivos e, portanto, carregam todas as características inerentes aos processos da vida: nascimento, crescimento, reprodução, adoecimento, envelhecimento, longevidade, cruzamentos e movimentos.

O que um Coach Profissional pode oferecer para o aperfeiçoamento dos processos de humanização das organizações de trabalho?

A primeira atitude do *Coach* é aquela instigadora da construção de respostas e atitudes por parte dos seus clientes, dos seus *coachees*. A segunda é a compreensão, acompanhada de prática coerente, dos vários estágios dos processos de mudança pelos quais passam, inevitavelmente, as organizações.

Da primeira atitude nascem as ferramentas representadas pelas perguntas transformadoras. Aquelas cuja qualidade e eficiência mobilizadora do pensamento e do sentimento engravidam o *coachee* de motivação para construir suas respostas e decisões acerca das posições e das ações que irá adotar para que o universo das relações interpessoais e interprofissionais seja o grande apoio para a conquista dos resultados tangíveis e intangíveis.

Um Coach pode oferecer uma visão mais ampliada em substituição ao estreito horizonte em que se encontram sufocadas as pessoas que convivem no cotidiano profissional, mas também, uma profunda e real percepção do grau de felicidade que se manifesta na organização de trabalho.

Dessa forma de atuar e perscrutar o pantanoso desafio das relações interpessoais e interprofissionais é que o *professional coach* terá a inspiração para acender a chama do entusiasmo no *coachee* que, por sua vez, buscará dentro de si as respostas e as tomadas de decisões sobre que tipo de envolvimento pretende estabelecer com seus semelhantes sem perder o foco na importância dos resultados.

Pode o Coach oferecer seu exemplo de profissional investigativo, positivamente curioso e decidido a fazer da história de sua vida e atuação, na qualidade de apoiador e servidor da humanidade, um convite para que outros profissionais façam o mesmo por si mesmos e pelas demais pessoas com as quais convivem. O Coach concretiza isso nas sessões que desenha e executa com equipes e no atendimento individual.

Um Coach pode, também, oferecer sua atitude de profunda confiança no ser humano. Assim, a humanização da convivência se torna mais do que uma convenção dos tempos atuais, mas um valor que isola o perigo da maquinização das pessoas. Isso é uma grande realização: proteger o espírito humano de ataques que o colocam sob a grave ameaça de ser arrancado das pessoas.

Um Coach com uma leitura profunda da vida e de seus processos, pode trazer para a realidade uma nova consciência que percebe a grandiosidade do poder de uma equipe se comparada com o estreito universo daqueles que se isolam nos "himalaias corporativos" e adotam a pose caricatural dos gurus que – para determinadas situações ou desafios – não sabem outra coisa que não seja entoar o mantra do conformismo numa realidade que avança com velocidade gigantesca rumo a um futuro que, ultimamente, tem chegado muito mais rapidamente.

Um Coach verdadeiramente comprometido com uma filosofia de vida integral oferece, por meio de suas atitudes congruentes e de suas práticas profissionais, o estímulo para que as pessoas reflitam sobre felicidade, prazer e alegria de viver.

Sem romper com sua vida profissional, o ser humano sabe e sente que não é só de trabalho que necessita, mas de integração profunda com a natureza, com a percepção do tempo que flui e com as relações pessoais nos diferentes contextos sociais.

Um Coach integral oferece, com o uso das melhores ferramentas para o autoconhecimento, a oportunidade para que sejam abertas outras janelas na vida das pessoas para que percebam a si e ao mundo com outros olhares, com novas perspectivas. Um Coach oferece humanidade, com todas as imperfeições e com todas as virtudes que essa postura existencial possa conter. É um inabalável servidor da humanidade que, mais do que ser o conjunto das pessoas que habitam o Planeta Terra, é um estado a ser alcançado e totalmente desenvolvido por todas as pessoas. O que é, afinal, ser plenamente humano, humanizado em um mundo cada vez mais volátil, veloz e descartável?

Em que medida as relações interpessoais influenciam a vida de uma equipe de trabalho?

Os gestores, administradores, gerentes, líderes, enfim, conhecem muito bem os impactos da qualidade das relações interpessoais no trabalho. Isso acaba trazendo uma nova forma de olhar para o comportamento humano: em que medida somos, de fato, racionais e o quanto somos movidos pela emoção? Que respondam os líderes...

Um processo de *coaching* específico para relações interpessoais e interprofissionais pode incluir os seguintes passos: primeiramente, a alta administração apresenta ao coach quais habilidades que considera importantes desenvolver em seus liderados, por meio do *coaching* de equipes. Ao mesmo tempo, ocupantes de posições estratégicas de liderança realizam o processo de *coaching* para aperfeiçoar o autoconhecimento e as competências para as relações pessoais. E, dentro dessa dinâmica global, realizam-se encontros com os demais profissionais da organização para vivenciar e implementar a cultura de *coaching*.

A aplicação dessa metodologia independe do tamanho da organização. Relações humanas são desafiadoras e, paradoxalmente, potencializadoras de resultados em todas as culturas e em quaisquer tipos de negócios. O fator humano pede cuidados especiais e a melhor e mais eficiente tecnologia é a oferecida pelo cultura de *coaching*. É inteligente e criativa porque desperta no ser humano o que ele tem de melhor para ser colocado a serviço da construção de um mundo mais feliz, mais pleno de oportunidades. Com essa visão alargada, há possibilidade de alinhamento dos sonhos pessoais com os objetivos da organização. Feita essa parte pelo processo de *coaching*, a organização fica mais leve, mais fluida, empoderada para circular com mais eficiência no mercado em que interage. Nunca é demais destacar que o momento atual exige a desenvoltura, a leveza e a capacidade para voar das organizações.

Para dar uma pausa à conversa...

O resgate de sua autoimagem, da sua autoestima e da sua alegria de viver é a tríade fundamental para que os profissionais das mais diversificadas formações ou experiências, idades, crenças e culturas redescubram que são seres humanos e que isso basta para a realização da sua obra e que isso marcará suas existências diante da posteridade, das suas famílias, das suas organizações, dos seus países, do legado que deixarão para as gerações que estão chegando.

O *coaching* de relações interpessoais e interprofissionais é uma síntese do que há de mais avançado para que as pessoas reconquistem seu poder de Ser, transcendendo, portanto, esse cenário que as estimula a viver fora de si, longe do seu centro, distantes da sua verdadeira natureza: felizes, realizadoras e prósperas!

8

PROGRAMA STARTUP
Uma Carreira de Sucesso

O Programa entrega a chave para uma carreira duradoura e de excelência baseado na gestão focada nas pessoas, desenvolvendo potenciais e recursos para indivíduos, famílias e organizações. Ajuda a promover uma consciência maior, equilíbrio e sustentabilidade nos negócios, ambiente de trabalho, na vida pessoal e profissional e em sociedade. Auxiliando pessoas a serem conscientes, eficientes e livres para realizar sua missão e propósito no mundo

Ana Paula Pacheco Clemente Sanchez & Gustavo A. Sanchez da Cruz

Ana Paula Pacheco Clemente Sanchez, Gustavo A. Sanchez da Cruz

Diretora Executiva da Sanchez e Clemente Ltda, *Master Coach Trainer, Master Coach, Business & Executive Coaching, Professional & Self Coach* certificada pela ECA e GCC e pelo BCI e pelo ICC e pelo Metaforum Internacional (MI). Idealizadora, fundadora e vice-presidente da Associação Brasileira de Coaches para Coaches – ABRACOACHES. Coordenadora de cursos de pós-graduação na PUC Minas, Centro Universitário UNA, Centro Universitário Izabela Hendrix. Coautora do livro Bioética: velhas barreiras, novas fronteiras. Organizadora e autora dos livros Bioética e Educação; Bioética no início da vida: dilemas pensados de forma transdisciplinar; Bioética: um olhar transdisciplinar sobre os dilemas do mundo contemporâneo.

Contatos:
www.anapaulaclemente.com.br
contato@anapaulaclemente.com.br
(31) 8884-0206

Diretor de Negócios da Sanchez e Clemente Ltda; MBA em Gestão de Negócios, Professional & Self Coach, pela ECA e GCC, *Coach* Executivo e de negócios, Idealizador, fundador e tesoureiro da Associação Brasileira de Coaches para Coaches – ABRACOACHES, Coautor do livro Bioética: velhas barreiras, novas fronteiras, Consultor, Educador, Professor de pós-graduação, Palestrante em Excelência no Atendimento a Clientes, Palestrante Sucesso Financeiro: Pense Grande Seja Grande; Como Criar uma Carreira de Sucesso. Membro da Câmara Técnica de Bioética do Conselho Regional de Medicina de Minas Gerais (CRMMG).

Contatos:
www.sanchezeclemente.com.br / gustavosanchezcoach.blogspot.com.br
contato@sanchezeclemente.com.br
(31) 8863-9898

Ana Paula Pacheco Clemente Sanchez & Gustavo A. Sanchez da Cruz

"Nada lhe posso dar que já não exista em você mesmo. Não posso abrir-lhe outro mundo de imagens, além daquele que há em sua própria alma. Nada lhe posso dar a não ser a oportunidade, o impulso, a chave. Eu o ajudarei a tornar visível o seu próprio mundo, e isso é tudo."
(Hermann Hesse)

Nosso trabalho baseia-se na visão holística do SER, fundamentado no *Coaching* Ontológico visando à harmonia e tem como objetivo reintegrar o indivíduo consigo mesmo, com a família e com a organização por meio do autoconhecimento e desenvolvimento de sua plenitude. A experiência docente em cursos de graduação e pós-graduação, e a atuação como Professional Training, mostra a existência de um *GAP* entre a formação acadêmica e a prática profissional. Em geral as instituições de ensino adotam uma metodologia generalista de formação profissional por meio de uma gama de disciplinas, em que os saberes são reforçados por conteúdos programáticos preocupados com o conhecimento e formação, mas não com uma conexão entre as diferentes áreas, transdisciplinaridade, nem com a realidade apresentada pelo mercado de trabalho que exige dos profissionais cada vez mais uma visão 360°, uma visão holística priorizando competência técnica, inteligência relacional e principalmente resiliência profissional. Esta metodologia vem sendo alterada como forma de adequação às novas condições de mercado e educação, mas ainda é um processo lento e que busca a forma ideal. Instituições visionárias e que contam com uma gestão educacional mais eficiente têm obtido melhores resultados, porém ainda há muito a ser feito. Ainda educa-se profissionais do futuro com metodologias do passado.

Por outro lado, existe a necessidade das empresas em atrair os melhores profissionais com capacidade de adaptação (resilientes) e geração de resultados contínuos, num ambiente altamente competitivo e de transformações. A psicóloga Ane Araujo (2011) apresenta o século XXI como a era da hipermudança:

"O mundo torna-se mais volátil, incerto, complexo e ambíguo. Um mundo de mudanças tão rápidas e intensas que tornam a experiência humana cada vez mais dramática. Dramática no sentido original do grego, de ação. Dramática também quer dizer experiências emocionalmente impactantes".

Dessa forma, o programa *Startup* vem com a proposta de sanar este *GAP* para que o profissional que está sendo formado ou que finalizou sua formação possa obter melhores resultados na sua carreira, por meio da criação de condições de planejar, organizar, implementar, analisar os resultados e projetar ações agora e no futuro. Desenvolver competência por meio de um autoconhecimento, aquisição de habilidades interpessoais e mudança para uma atitude proativa voltada para resultados, dentro dos preceitos do *Coaching* como processo de transformação do comportamento por meio de metas e resultados.

O principal objetivo do programa *Startup* é o *empowerment* do profissional para que seja capaz de gerar resultados pessoais e para a organização, de forma a alinhar vida pessoal e desenvolvimento de carreira. Para que estes resultados sejam alcançados o programa é estruturado de forma a mapear as principais características pessoais e profissionais que deverão ser transformadas para que os resultados aconteçam e permaneçam por meio do incentivo a uma educação continuada, em que a prática desses novos saberes pertença a rotina profissional. O resultado a ser obtido é a formação de um líder coach com capacidade de promover alterações nas equipes e no ambiente de trabalho, por meio de uma liderança proativa, tendo como base os preceitos de Joel Barker (1992) que define o papel do líder como:

> *"Gerenciar dentro de paradigmas relacionados à padrões de excelência, prazos, sistemas de avaliações, entre outros. E liderar entre paradigmas facilitando a melhoria do desempenho durante alterações de paradigmas como: promoções,alterações de cargos gerenciais, conflitos internos de equipes, ou seja, situações que pedem respostas de um novo patamar".*

Ao longo dos processos e atendimentos realizados com os mais diferentes *Coachees* e nas mais diferentes áreas, desenvolvendo programas de *life coaching, executive e business coaching*, detectou-se que havia grande dificuldade por parte dos *coachees* em estabelecer e manter o foco na meta desejada, muitas vezes definindo metas que dependiam de terceiros para que fossem concretizadas. Dessa forma, o foco surgia como fonte de ativação e também como a principal barreira na obtenção dos resultados por parte dos clientes. A partir dessa constatação foi desenvolvida uma nova abordagem que pudesse traduzir em áreas e etapas como o "foco" interfere nas ações e resultados, quais as principais características e áreas ativam crenças que possibilitam uma ação transformacional ou ativam um bloqueio de desenvolvimento.

Com base nestes fatores e pensamento foi criado um método de avaliação utilizando as letras como formação de uma nova visão do significado da palavra foco. O objetivo é que o *Coachee* possa perceber e alterar uma atitude por meio da avaliação da sua realidade e comportamento, sendo mais uma forma de empowerment capaz de acelerar o processo de resultados. Esta avaliação permite que sejam analisadas tanto ações pessoais como profissionais, fragmentando e reordenando pensamentos e atitudes, que dizem às condições de Crer, Planejar, Agir e realizar Propósito; as quais permitem um sucesso real das metas e objetivos no processo de *Coaching*.

Na percepção por parte do *Coachee*, faz-se necessária a criação de condições de planejamento, formulação de questionamentos e estratégias, exercer a vivência com ações práticas assegurando que o aprendizado possa atuar como vetor de mudanças e transformações, com isto podemos representar o processo através do ciclo

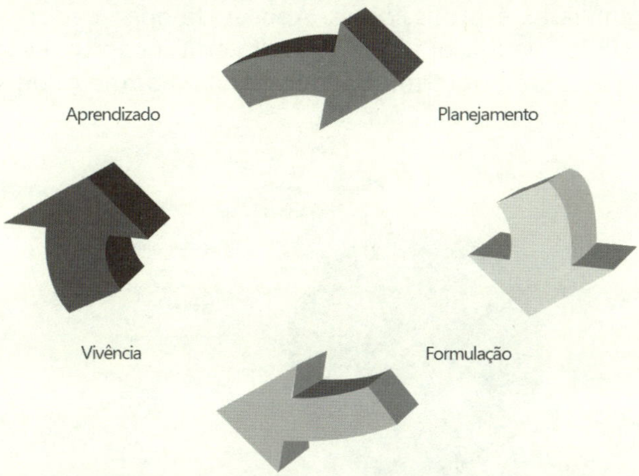

de **Planejamento, Formulação, Vivência e Aprendizado (PFVA).**

Sendo assim, a palavra foco passa a ser visualizada como o método **F.O.C.O.** de avaliação de preparação e ação. Podendo ser entendido como a junção das capacidades de Força de Vontade; Organização; Comprometimento e Objetivo.

A **Força de vontade** é a capacidade que cada um tem de agir mesmo diante das dificuldades e dos questionamentos, é acreditar e ter fé em nós mesmos de que somos capazes, ou seja, está diretamente ligada às crenças e valores de merecimento, procrastinação e mobilização para a ação. Ter consciência de que o que se quer é o que merece e não permitir que situações ou circunstância o impeçam de realizar, e por fim seguir os passos necessários para alcançar a realização almejada.

A **Organização** diz respeito aos fatores de tempo, recursos (financeiros e materiais) e principalmente recursos internos e as competências (conhecimento, habilidade e atitude), que farão com que o processo possa acontecer de forma estruturada, consciente e responsável.

O **Comprometimento**, por sua vez, nos mostra que temos ações a serem efetivadas, prazos a serem cumpridos e necessitamos de uma manutenção da força de vontade, da organização, do compromisso e do objetivo a ser alcançado, esta capacidade deve ser permanentemente avaliada. O compromisso pessoal e intransferível de saber o que deseja e ter motivação para sair da zona de conforto.

O **Objetivo**, o mais importante, correspondente aos aspectos pessoais, familiares e profissionais. Apesar de aparecer em último é avaliado de forma inicial tendo o valor central como ativação do processo, este fator é determinado em geral na primeira ou segunda sessão do programa de *Coaching*.

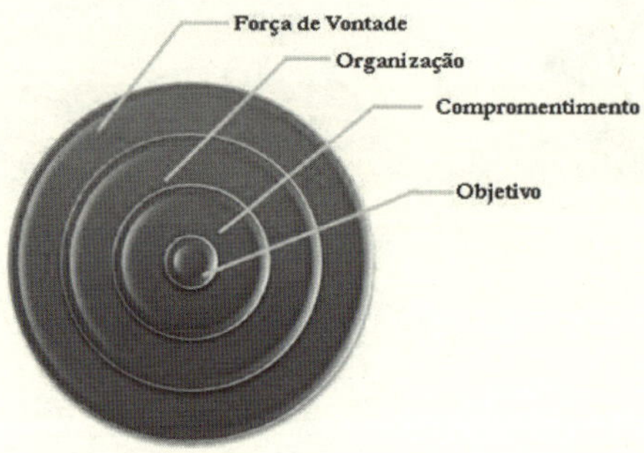

Esta metodologia pode ser representada pela figura:

A Metodologia de Ativação do Programa *Startup* é desenvolvida por meio de uma proposta que foi concebida para possibilitar ao *Coachee* alinhar as competências ativadoras de um profissional mais seguro e confiante, explorando a sua natureza e valores criando um plano estratégico de ação com vistas a possibilitar sua inserção no mercado de trabalho, com foco em um plano de carreira de 5 (cinco) anos.

- Autoconhecimento;
- Plano de metas e resultados;
- Liderança;
- Plano de Carreira.

O escopo do programa é realizado em 10 (dez) sessões com duração de 90 (noventa) minutos onde o *Coachee* de forma vivencial explora cada um dos pilares e define uma ação de transformação ou fortalecimento dos seus talentos e competências diretamente ligados à meta e ao objetivo definido. O autoconhecimento desperta no *Coachee* a visão de seus valores, crenças e comportamentos, os quais determinam seu estado atual e que podem alavancar ou impossibilitar seu progresso. A mensuração e o *feedback* acompanham todo o processo como sinalizador de que as realizações dependem de como ele se vê e se relaciona com a profissão, partindo então para a criação de um plano de metas e resultados a ser alcançados em três etapas distintas. Os primeiros resultados deverão ser percebidos durante a realização do processo, quais os resultados que serão alcançados no período de 6 (seis) meses posteriores ao processo e por fim a meta e resultado para os próximos 5 (cinco) anos. A liderança é entendida como fator primordial de ativação, que determina a capacidade de comprometimento do *Coachee* com sua profissão e com os seus objetivos, além do fato de ser uma competência essencial na atualidade.

O *empowerment* do *Coachee* e a nova postura voltada para uma liderança baseada em princípios de *coaching* retomam referenciais que visam à autonomia do sujeito em realizar suas escolhas de forma a contribuir para o melhor desenvolvimento de sua equipe valorizando as competências e habilidades e propondo ajustes baseados em prioridades de demandas e perfis profissionais mais adequados a cada função. O líder *coach* após o programa tem como facilitador as tomadas de decisões assertivas tendo em vista a gestão do tempo voltada para os valores centrais das pessoas e da organização. Uma gestão focada nas pessoas traz benefícios e evita malefícios proporcionados pelo ofício, como doenças ocupacionais que acometem funcionários, evitando assim absenteísmos e diminuindo os riscos de doenças ocupacionais.

A validação do programa faz-se ao longo do processo e após o mesmo com a supervisão do *coachee* e o projeto empresarial aplicado, que é uma opção para aquele *Coachee* que já está no mercado de trabalho e quer fortalecer a prática do gestor *coach*, tornando-se mais resiliente de forma a adaptar as adversidades que surgem ao longo das mudanças propostas. Os encontros iniciais são realizados em grupo e posteriormente os demais são trabalhados de forma individual facilitando o acompanhamento de cada *coachee* em sua demanda específica.

A importância do *coach group* nos encontros iniciais reforça a troca de experiências e vivências e facilita a utilização de ferramentas de *coaching* já conhecidas na área administrativa como a matriz de gestão de mudanças, a análise SWOT e o PDCA. As tendências do mercado de trabalho apontam para a intensificação da busca por profissionais cada vez mais competentes, atualizados e preparados para atuar nas organizações. Nesse contexto, os temas empregabilidade, empreendedorismo e desenvolvimento profissional são recorrentes, pois se relacionam com a realidade de todo e qualquer profissional. Para ser inserido no mercado de trabalho, é importante que o profissional tenha consciência de suas verdadeiras competências e habilidades e saiba desenvolvê-las durante sua trajetória. A questão é que não basta apenas ter um diploma, a empregabilidade exige mais do que isso.

O profissional que tem competências e habilidades diversas é capaz de atuar em qualquer ambiente organizacional, proporcionando mudança e visão renovada, sendo valorizado por isso. Na visão de Minarelli (1995), os seis pilares que sustentam a empregabilidade são a adequação vocacional, competência profissional, idoneidade, saúde física e mental, reserva financeira e fontes alternativas e relacionamentos. A união de todos eles, de forma articulada e coesa, dá segurança ao profissional e lhe confere empregabilidade, isto é, a capacidade de gerar trabalho, de trabalhar e ganhar.

Consciente da importância de abordar o desenvolvimento profissional, a virtude da coragem se faz necessária ao longo do programa *Startup*, pois este aponta novas possibilidades, existentes além do nosso olhar, por vezes amadores. Faz-nos quebrar paradigmas, faz-nos conhecer outras ciências e a possibilidade de trilharmos, harmoniosamente, caminhos até então reduto exclusivo de alguns saberes.

O mundo está globalizado, na verdade sempre foi, nós apenas estamos o enxergando como ele é: de todos e para todos. Este movimento constante da vida nos mostra a importância de mudar, de sair do estado de inércia ou de acomodação. Exige nova postura, nova atitude, busca novas formas de compreender as injustiças, revisa conceitos, faz-se necessário desconstruir para reconstruir com outro olhar, muito mais amplo, muito mais sábio. O programa desenvolvendo potenciais e recursos nos indivíduos, nas famílias e nas organizações nos ensina que entre os diferentes não há espaços vazios. Há boas possibilidades. Poder olhar para si mesmo e deixar cair suas máscaras, tornar – se autêntico e doar o melhor de si para melhorar a vida do outro. Poder contar as horas com as batidas do coração e não sermos escravos do tempo nem sequestrados por ele. Saber que cada dia é o último e que todos os dias perdemos alguma coisa muito importante nos faz viver o instante e descobrir que em cada momento é possível ser feliz precisando somente se entregar, doar-se por completo, a cada momento, estar por inteiro em cada ação, em cada situação e ter o privilégio de viver plenamente cada segundo que nos foi ofertado nessa vida.

9

Sementes do Amanhã – *Coaching* e *Mentoring*

Gerando mudanças individuais e ampliação da visão social para o estabelecimento do conceito de sociedade sustentável, baseada no cultivo de valores humanos em prol da formação de um novo paradigma social constituído a partir do Cuidado Prestado com as crianças e jovens

Ana Teresa Gomes

Ana Teresa Gomes

Formada na área de produção pela UFRPE, practitioner em PNL, arteterapeuta, sócia fundadora da associação pernambucana de arteterapia e terapeuta floral. Coach e Mentor ISOR®. Mãe com propósito. Idealizadora dos programas "Sementes do Amanhã - Coaching e Mentoring" para educação consciente dos filhos, "Coaching para a Mulher Mãe e Musa", "Nasce uma Mãe", "Mandalas: O Caminho Interior" e "Autoestima: O Despertar da Primavera". Especializações em programas comportamentais, práticas de vida sustentável, dinâmicas de grupo e tecnologias do trabalho comunitário. Voluntária em programas de estudos e pesquisas em psicologia social, programas assistenciais e grupos de apoio à criança e ao adolescente. Experiência em atendimentos individuais e grupos desde 1998. Atua como *Coach* com tecnologias integradas e oferece assistência às mães pós-parto. Ministra cursos e palestras in company. Estudiosa de filosofias orientais e Membro da Sociedade Brasileira de Eubiose.

Contatos:
www.anateresagomes.com
https://www.facebook.com/holisticacoaching

Ana Teresa Gomes

"Spess Messis in Semine – A esperança da colheita reside na semente."
Henrique José de Souza

Este projeto é dedicado às crianças e jovens, entretanto, de forma indireta. De fato, seu foco está orientado para as pessoas adultas que amam, educam, cuidam e convivem com crianças. A essas pessoas adultas chamaremos de pais, muitos dos quais serão, inclusive, os pais biológicos. Nossa abordagem traz o conceito de Educação Consciente e fundamenta-se na mais simples das leis naturais: a relação de causa e efeito. O mundo de hoje é formado pelas crianças de ontem e o mundo de amanhã será o reflexo das crianças que educamos agora. Neste sentido, é razoável que a orientação de crianças seja realizada não só para um bem-estar no presente, mas também com uma visão de futuro. É importante mencionar que não se trata de um projeto pedagógico, embora possa servir de inspiração para tal. Adiantamos que o termo educação está aqui empregado em um sentido mais amplo, como suporte para a ideia de formação de pessoas sob o ponto de vista ético, cujo caráter equilibrado seja o reflexo do uso de valores humanos, tais como amor, respeito, cooperação e tolerância em seu cotidiano.

A sociedade contemporânea vive uma crise de valores que se manifesta sob as mais diferentes formas. A cultura do "ter" prevalece sobre a do "ser" e isso parece desencadear consequências perversas. A violência generalizada, o uso de drogas, a corrupção, o consumo exagerado, a falta de ética, a cultura de levar vantagem, o desrespeito ambiental, a falta de tempo, o estresse crônico e o descaso com o próximo são apenas alguns exemplos do comportamento humano atual. Estamos criando nossos filhos nesse mundo e, certamente, não é por acaso que algumas crianças da atualidade começam a apresentar quadros precoces de doenças psíquicas e físicas como depressão, hipertensão, obesidade e outras complicações infantis. Que adultos estamos formando? Para onde estamos caminhando? Qual o uso que estamos fazendo das nossas capacidades mentais e emocionais? Estas são perguntas, no mínimo, razoáveis diante deste cenário de feições caóticas.

Vivemos também novos tempos e novas formas de organização familiar e profissional. Por isso, precisamos estar atentos aos impactos que a dinâmica da vida moderna pode causar na educação das crianças. Muitas pessoas desejam ter ou adotar filhos, mas, ao mesmo tempo, precisam se ausentar de suas casas para trabalhar e cuidar de suas vidas profissionais. Diante disso, mais do que nunca, faz-se necessária uma atenção permanente às atitudes e aos tipos de dedicação que podemos ter durante as horas que temos disponíveis para estar com nossos pequenos. Em grande parte, nossas crianças são o resultado do tempo que dedicamos a elas. Por isso, não importa necessariamente a quantidade, mas sim a qualidade dos momentos que passamos com nossos filhos.

Dentre os inúmeros aprendizados vivenciados ao longo dos anos que tenho dedicado à educação dos meus filhos e à manutenção da família, um, em particular, considero de extrema importância. É algo que chamo de "o poder da presença". Esse poder aplica-se a todos os aspectos da vida infantil e refere-se à nossa capacidade pessoal de estar presente no mais completo sentido da expressão. É uma atitude mental-emocional consciente do adulto que faz com que a criança sinta-se verdadeiramente acompanhada, amada, aceita, orientada, confiante e feliz. Essa atitude favorece o desenvolvimento de uma saúde mental e emocional e pode ser exercida em qualquer lugar e em qualquer momento. Acredito que uma das principais bases da estrutura emocional de uma criança está em sentir-se envolvida por este campo de acolhimento consciente. Os pais têm o poder de gerar um clima favorável ou desfavorável ao bom desenvolvimento dos filhos. Os recém-nascidos, por exemplo, alimentam-se fisicamente pelo aleitamento, mas, em níveis mais sutis, nutrem-se desse algo imponderável que é transmitido por seus primeiros responsáveis emocionais. Podemos dar mais atenção a isso. Podemos nos colocar como aprendizes de nossos filhos, no sentido de aprender a ler nas entrelinhas de suas falas e comportamentos. Esse é um bom começo. Podemos também exercitar o amor que prepara para a vida, buscando sempre o equilíbrio entre os limites e o carinho. Podemos, ainda, procurar ter lucidez e clareza de intenções sobre o que queremos com cada ação e cada palavra. Isso exige muita vigilância de nossa parte.

A formação de uma nova sociedade mental e emocionalmente mais equilibrada depende do nosso grau de comprometimento com as crianças e com os jovens dentro das famílias e das escolas. O desgaste instalado em nossa sociedade é um desgaste resultante da falta de uso dos valores humanos em nosso dia a dia. O que deixaremos como base humana para esses pequenos para que eles possam viver e conviver com saúde emocional e mental? Qual a herança psíquica e ética que pretendemos deixar? Como estamos orientando esses pequenos seres ávidos por conhecimento, pesquisadores por excelência, aprendizes por natureza? O amanhã de uma sociedade renovada está nas mãos daqueles que estiverem dispostos a vislumbrar esse futuro e agir conscientemente em sua direção.

O momento é favorável para geração de novas perspectivas de mudança. Afinal, apesar do cenário caótico mencionado anteriormente, existe hoje, por outro lado, um visível movimento para o desenvolvimento sustentável do planeta. Existe uma preocupação com a manutenção da vida na Terra sob o ponto de vista biológico. Vemos grandes iniciativas para educação ambiental, preservação das espécies, limpeza de ambientes poluídos, reciclagem, reflorestamento e uso racional dos recursos naturais. De certo modo, as pessoas estão buscando alguma forma de conexão com a natureza primordial da qual fazemos parte e pela qual somos corresponsáveis. Podemos, então, transportar esse modelo de sustentabilidade para nossa vida pessoal e para o modelo de sociedade que podemos ajudar a construir, a partir de nós mesmos e de nossas crianças. Somos responsáveis pela sustentabilidade do planeta, mas também pelo equilíbrio e evolução de nossa própria espécie. Aliás, o equilíbrio e a evolução parecem ser características intrínsecas à natureza e, consequentemente, também a nós. Os avanços científicos e tecnológicos que presenciamos não deixam dúvida que usamos nossas faculdades racionais para realizar feitos grandiosos. Temos a razão e a vontade ao nosso dispor, entretanto, na maioria das vezes, não incluímos entre esses feitos grandiosos o planejamento de uma sociedade melhor, no sentido do equilíbrio mental-emocional já mencionado. Precisamos refletir seriamente sobre algumas questões.

Existem duas perguntas de crucial importância para os pais ou, como dissemos, para os adultos que cuidam de crianças. Uma delas é: quais são os valores que estamos transmitindo aos nossos filhos? Esta pergunta leva-nos a refletir sobre qual o tipo de sociedade que, a médio e longo prazo, estamos ajudando a construir. De fato, somos coautores dessa formação de humanidade e é altamente desejável que tomemos posse consciente dessa responsabilidade. Entretanto, a própria aceitação desta coautoria depende da resposta à outra pergunta ainda mais fundamental: quais são nossos próprios valores? Somente é possível transmitir aquilo que temos consciência que possuímos. Esta questão está estreitamente relacionada à visão que temos sobre o mundo, sobre a vida e sobre nós mesmos. Além disso, passa, principalmente, pelos valores que nos foram transmitidos pelos adultos que nos educaram.

O projeto "Sementes do Amanhã – *Coaching* e *Mentoring*" foca-se em dois aspectos complementares:

a) Conscientização dos adultos sobre si próprios: definição da sua visão de mundo, autoestima, comprometimento e valores;

b) Educação consciente e com propósito: orientação desses adultos sobre procedimentos no Cuidado Prestadio com crianças e jovens, ou seja, na orientação de crianças para que elas sejam felizes no presente e realizadas no futuro.

Gerar um clima favorável ao bom desenvolvimento das crianças depende do efeito conjunto desses dois aspectos citados, pois a forma mais simples de amar e cuidar de uma criança é aplicar tudo que aprendemos para amar a nós mesmos. Em outras palavras, é fundamental aplicar os nossos comportamentos de autoestima na relação com essa criança. Afinal, apenas somos capazes de suprir as necessidades de alguém quando também estamos preenchidos. Ocorre que, em muitos casos, não temos preparo para isso, pois, infelizmente, não fomos ensinados a nos amar.

Contudo, a boa notícia é que autoestima se aprende. Além disso, buscar uma visão aprofundada sobre nós mesmos, através do autoconhecimento, torna-nos mais atentos às nossas ações e necessidades. Ao entrar no caminho para identificar o que verdadeiramente precisamos e como estamos suprindo as nossas próprias carências, obtemos uma visão mais clara sobre a tarefa de cuidar do outro e percebemos que esse cuidado adquire um novo significado. O caminho que nos leva ao comprometimento com o outro passa pelo comprometimento consigo próprio e isso nos acrescenta em autoestima e interesse social. A essência do Cuidado Prestadio está em sentir-se comprometido e feliz com o pleno desenvolvimento e bem-estar do outro.

A Declaração Universal dos Direitos Humanos define os valores essenciais à vida e remete às responsabilidades que se deve ter, não apenas com os outros seres humanos, mas também consigo próprio. Esses valores eternos formam uma base sólida para compor um caráter equilibrado e o nosso trabalho inspira-se nesses valores para estabelecer suas ações práticas. Neste projeto, a orientação dos adultos é comprometida com o conceito de aceitação, tanto do outro como de si próprio. Ao reconhecer os recursos que cada um possui, a aceitação aponta possíveis saídas e facilita a ocorrência de mudanças. Dessa forma, "Sementes do Amanhã – Coaching e Mentoring" favorece a troca de experiências, trabalhando de forma personalizada de acordo com o panorama de vida e as possibilidades de cada um. Com isso, instrumentaliza para a mudança de atitude e de comportamento a favor da qualidade de vida presente e futura focada na educação consciente das crianças e jovens do Brasil e do mundo.

10

Resultados Extraordinários – Na Vida Como No Esporte

Qual a relação entre o esporte e a vida pessoal?
Quais as lições que um atleta pode nos ensinar para sermos vencedores na vida e nos negócios?

André Franco

André Franco

Life & Performance Coach, Palestrante, Programas especiais de alto desempenho e qualidade de vida para executivos, atores e atletas de alto rendimento, *Certified Professional & Líder Coach* (SBC), Especializado em Gestão da Qualidade de Vida na Empresa (UNICAMP), Graduado em Educação Física (UNIMEP), Membro da Sociedade Brasileira de Coaching.

Contatos:
www.andrefranco.com.br
contato@andrefranco.com.br
(11)7866-5002 / Nextel ID:82*16635

A grande motivação do ser humano é a busca por melhores resultados em sua vida pessoal e profissional. O mundo globalizado faz com que sejamos cada vez mais competitivos e os desafios se apresentam maiores e constantes. Assim, enquanto os vencedores se destacam, pouco resta aos que não atingem bons resultados. Por isso, não basta sermos bons, temos que ser melhores a cada dia.
O esporte nos ensina que não existem atalhos para o sucesso. Planejar, treinar, superar limites, competir e aprender com as vitórias e derrotas faz parte do dia a dia de um vencedor. As lições e experiências vivenciadas por atletas de alto rendimento podem nos ajudar a ter um melhor desempenho em nossa vida. A seguir veremos cinco etapas associadas aos resultados extraordinários obtidos por atletas vencedores:

As 5 etapas para atingir Resultados Extraordinários:

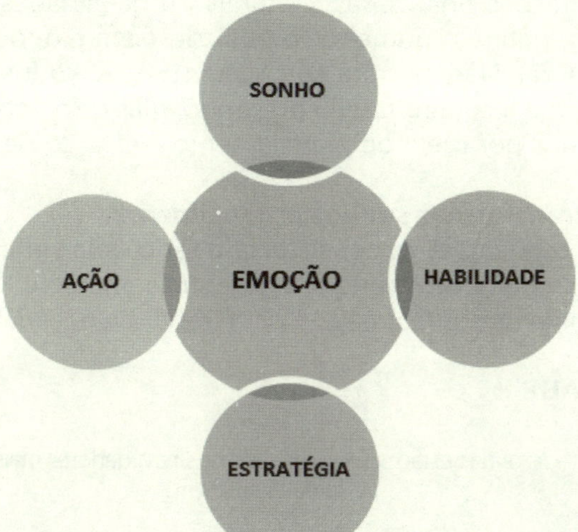

1. Sonho
2. Habilidade
3. Estratégia
4. Ação
5. Emoção

1- SONHO

"O desejo é o ponto de partida para todas as conquistas"
(Napoleon Hill)

Qual é o seu grande sonho? Todo atleta tem ao menos um grande sonho. A partir dele, uma história de realizações e conquistas é construída. Saber onde quer chegar é o primeiro passo para iniciar uma jornada de sucesso. Um vencedor define o que realmente deseja para sua vida e tem a capacidade de transformar sonhos em objetivos estimulantes e desafiadores. Grandes atletas antes de serem ídolos, foram fãs e se inspiraram em ícones de sua modalidade. Conhecer a trajetória das pessoas de sucesso permite avaliar as melhores opções antes de entrar em ação. Saber qual caminho a percorrer encurta o tempo para atingir bons resultados, evitando desviar-se do foco. Vencedores não se limitam a sonhar tendo como referência seus recursos atuais, ou seja, quando sonham não pensam em suas limitações financeiras, culturais ou habilidades disponíveis no momento, definem primeiro "o que" desejam e depois planejam o "como" realizar. Não se trata de possuir possuir todos os recursos necessários para a concretização do sonho, mas de acreditar que podem adquiri-los por meio de planejamento e esforço pessoal.

Dicas para transformar sonhos em realidade:

- Decida o que você quer ser, fazer e ter na sua vida;
- Defina exatamente o que deseja a curto, médio e longo prazo;
- Determine um prazo realista para iniciar e concluir cada etapa.

2- HABILIDADE

"Os ventos e as ondas estão sempre do lado dos navegadores mais competentes"
(Edward Gibbon)

Quais são os recursos necessários? O atleta vencedor reconhece o quanto a falta ou déficit de uma determinada habilidade pode prejudicar seu desempenho ou impedir seus bons resultados e procura adquiri-la o mais rápido possível. Ele sabe que dom e talento não são suficientes para garantir as vitórias e que é necessário treinar muito para desenvolver competências e obter cada conquista. Viajar, ficar longe de casa, dos amigos, da família e treinar diariamente cumprindo rígidas regras faz parte do processo. Muitas vezes, fazer algo em que não sinta prazer momentâneo como acordar cedo ou treinar uma determinada habilidade pode ser decisivo para alcançar os resultados desejados a longo prazo. É fundamental ter muito claro o que precisa ser feito para conquistar suas metas e estar disposto a pagar o preço necessário para ter o que deseja. Sonhos são feitos de escolhas e toda escolha faz a diferença na realização dos seus objetivos.

Dicas para aumentar seu desempenho:

- Levante quais são as competências e habilidades necessárias para atingir seu objetivo;
- Defina as pessoas que farão parte dessa jornada;
- Pague o preço necessário para realizar seus sonhos.

3- ESTRATÉGIA

"Se você não sabe aonde quer chegar, qualquer caminho serve"
(extraído da fábula: "Alice no País das Maravilhas")

Qual o caminho a percorrer? Após definir o que realmente deseja, o atleta começa a planejar sua trajetória rumo ao pódio. Assim como nas empresas, esse profissional desenvolve um verdadeiro plano de carreira. Determinar as competições que deve participar e elaborar um plano estratégico permite integrar as tarefas e concentrar suas forças nas principais provas. Na vida gastamos muito tempo, energia e dinheiro em atividades que geram pouco ou nenhum resultado que seja relevante para atingir nossas metas. Pessoas de sucesso focam em atividades que estão alinhadas aos seus objetivos finais. Se preparar, estudar os adversários, reconhecer o território e adaptar-se ao ambiente faz parte de cada vitória. Não existe atalho para o sucesso e para ser um vitorioso é necessário realizar cada etapa com o máximo empenho. Um atleta vencedor comemora sempre os bons resultados e cada conquista significa uma fase concluída, como se fosse placas indicando que está no caminho certo.

Dicas para definir uma estratégia vencedora:

- Anote as etapas a serem realizadas no início, meio e fim do objetivo;
- Determine como, por quem e quando vai ser feito cada tarefa;
- Estabeleça as evidências que indicarão que você está no caminho certo.

4- AÇÃO

"Nós somos aquilo que fazemos repetidamente. Excelência, então, não é um modo de agir, mas um hábito" (Aristóteles)

Como transformar sonhos em realidade? Entrar em ação é a chave para construir uma vida de sucesso profissional ou pessoal. De nada adianta termos grandes sonhos, habilidades e uma excelente estratégia se não colocarmos em prática nossas ideias. O atleta faz o que deve ser feito, não procrastina e vive cada momento intensamente, agindo efetivamente hoje, o que trará bons resultados amanhã. Os vencedores treinam como se estivessem competindo e mantêm uma consistência impressionante para conseguir aquilo que planejaram. Quanto mais se empenharem na preparação, melhores serão os resultados nas competições. Para obter um ritmo constante e resultados duradouros é necessária extrema disciplina e consistência em suas ações. Em muitas competições, o nível técnico e tático entre as equipes e indivíduos são tão equilibrados que vencem aqueles que erram menos frente às oportunidades. Atletas experientes sabem que pequenos detalhes tem grandes impactos no resultado final e podem determinar vitórias ou derrotas. Pessoas de sucesso assumem a responsabilidade e o controle de suas ações e tem claro que os resultados, sejam eles positivos ou não, geram aprendizados que permitem a melhoria continua de seu desempenho.

Dicas para entrar em ação:

- Pense nos ganhos e benefícios de realizar seu objetivo;
- Avalie o que você perde se não entrar em ação;
- Aprenda com os resultados e melhore sempre.

5- EMOÇÃO

"Quanto mais alto seu nível de energia, mais eficiente seu corpo. Quanto mais eficiente o seu corpo, melhor você se sentirá e mais você utilizará seu talento para produzir resultados extraordinários"
(Anthony Robbins)

Como conseguir resultados extraordinários? Assumir riscos, lidar com o medo, pressões e manter o controle de suas ações é o grande desafio de quem deseja conquistar mais na vida e nos negócios. Para vencer é necessário adaptar-se às exigências de cada momento e manter o controle dos seus estados emocionais. O controle do estado emocional é a capacidade de gerenciar seus pensamentos, sentimentos e atitudes para enfrentar as dificuldades e retomar rapidamente o equilíbrio, sem perder o nível de eficácia, energia e vitalidade. Na carreira ou na vida pessoal, a coragem é uma das principais virtudes encontradas nas pessoas de sucesso. Não estamos falando aqui de atitudes inconsequentes, estamos falando de coragem para tomar decisões e enfrentar os obstáculos que surgirão durante sua jornada. Assim como qualquer profissional de sucesso, o atleta de alto rendimento assume os riscos e aprende a lidar com as vitórias e derrotas que certamente ocorrerão em sua vida. Pessoas vencedoras não interpretam derrotas como fracassos, transformando cada resultado em uma oportunidade de aprendizagem para ser melhor a cada dia. Seja no esporte, na vida pessoal ou profissional, para alcançar o sucesso é fundamental controlar as emoções nos momentos críticos e decisivos e atuar com eficiência mesmo diante de pressões. Obtém os melhores resultados as pessoas com mais resiliência e que sabem superar as adversidades sem serem afetadas de modo negativo ou permanente, mantendo atitudes positivas com foco nos seus objetivos.

Dicas para ter estado emocional favorável eficaz:

- Seja realista e perceba as oportunidades nas adversidades;
- Lembre-se dos momentos que você já superou e venceu outros desafios;
- Treine muito e confie no seu preparo.

Acredite em você! Sonhe, desenhe seu futuro, entre em ação e pague o preço necessário para realizar seus sonhos. Saiba que ganhar e perder faz parte da jornada. Celebre suas vitórias e aprenda com suas derrotas. Curta o caminho, viva com intensidade o momento presente e colherá resultados extraordinários na sua vida.

"Melhor do que alcançar seus sonhos é ir além"
(André Franco)

Acesse o site andrefranco.com.br e veja dicas para conquistar ainda mais na sua vida!

11

Técnica/ Processo de Coaching "André Percia" Para Relacionamentos

Este processo de *Coaching* de Relacionamentos ou técnica tem como objetivo fazer o cliente considerar sistemicamente e trabalhar importantes aspectos de um dado relacionamento. Este pode ser familiar, afetivo, afetivo-sexual, profissional, comunitário, com pessoas ou grupos

André Percia

André Percia

Psicólogo clínico e hipnoterapeuta com formação internacional em *Coaching*. Practitioner, *Master Trainer* em PNL e MBA em Gestão Pela Qualidade na UFF. Ministra cursos e palestras no Brasil e no exterior.

Contatos:
www.youtube.com/Andrepercia
apercia@terra.com.br

Existe flexibilidade para trabalhar com indução, com psicogeografia e âncoras espaciais, constelações com pessoas ou bonecos/objetos ou da forma mais ecológica relacionamentos, familiar, afetivo-sexual, profissional, comunitário, com pessoas ou grupos. O treinamento e as formações do *coach* vão determinar o que pode ser feito, e um *coach* pode fazer de inúmeras maneiras diferentes.

Num Ciclo de *Coaching*, cada etapa pode funcionar como uma sessão de *coaching*. Ou seja, 11 sessões de *coaching* de relacionamentos. Tarefas de *coaching* podem ser trabalhadas em cada etapa e pode-se imaginar o processo como uma caminhada, uma jornada.

PROCESSO DE COACHING SUPER SIMPLIFICADO

Leve em consideração esta sequência ao desenvolver o processo:

1 – Sessão para ENTREVISTA INICIAL

2 – Explorar, trabalhar e definir a META DO COACHING de relacionamentos

3 – Estruturar um PLANO DE AÇÃO para aplicar este ciclo em parceria com o cliente

4 – Execução do PROCESSO DE COACHING

5 – CONSOLIDAÇÃO para manter e ampliar resultados

6 – FECHAMENTO DO CICLO

CICLO DE COACHING A.N.D.R.E. P.E.R.C.I.A.

PRIMEIRO CICLO:

AMOR ATUAL

Significa o ESTADO ATUAL do relacionamento. O vínculo afetivo. O vínculo entre humanos. Humanos têm aspectos cognitivos, afetivos e relacionais. Como estão esses aspectos nesta relação considerada? Qual a repercussão considerando o sistema, o Jogo Interno e o Jogo Externo? Quais as implicações nos Níveis Neurológicos? Qual a Sinestesia e as somatizações? Qual a Intenção Positiva das partes e do sistema?

Aqui pode-se trabalhar a LINHA DO TEMPO e associar o cliente ao ESTADO DESEJADO e depois de uma META POSIÇÃO , fazer uma ANÁLISE CONTRASTIVA para a percepção das diferenças. Voltar ao ESTADO ATUAL e continuar. Pode-se fazer uma análise dos níveis neurológicos do Estado Atual e contrastar com as do Estado Desejado nesta etapa.

Pode-se fazer a primeira BOA FORMULAÇÃO DE OBJETIVOS para o processo de *coaching* e a técnica ATRAVESSANDO A FRONTEIRA. O

TETRALEMA também é interessante, especialmente quando a pessoa não sabe direito para onde ir.

NUTRIÇÃO

Como está a dinâmica das relações? Quem está dando, quem está recebendo, quem sente que falta alguma coisa? Além das pessoas consideradas, como o Sistema está nutrido e configurado? O *Coach* pode fazer o cliente buscar EXPERIÊNCIAS DE REFERÊNCIA de boa nutrição e de quando/como nutriu positivamente relacionamentos. Pode fazer uma SEGUNDA PELE dos recursos e ancorá-los, trazendo-os para o momento atual onde a nutrição é necessária. Pode-se buscar experiências de referencia sobre Sistemas bem Nutridos e trazer os recursos para o Sistema atual.

DESEJO

Quais são os desejos envolvidos? Quais as intenções positivas dos desejos? Pode-se fazer o reenquadramento em seis passos e reenquadramentos em geral.

Quem deseja o quê? Pode-se inclusive, com tempo, fazer a técnica das Posições Perceptuais. O que o Sistema deseja? Quem trabalha com constelações pode considerar a ancestralidade e as consequências sistêmicas em várias gerações.

RECURSOS

Quais recursos estão sendo utilizados? Quais recursos as pessoas envolvidas e o sistema estão usando? Quais recursos existem mas ainda não estão sendo utilizados? Aqui pode-se utilizar transposição de submodalidades e buscar recursos em muitas situações e trazê-los para a situação atual (processo). O *Coach* pode explorar dependendo da situação inúmeros recursos e recursos em geral. Pode-se aplicar o Metamodelo IV e aglutinar estratégias de recursos que se completam.

EMOÇÃO

Quais as emoções envolvidas? Quais as intenções positivas das emoções? Quem sente o quê? Quem quer sentir o quê? Quem mais no sistema sente o quê? Quais são emoções congruentes e consistentes com o Estado Desejado?

O *coach* pode acessar tanto emoções positivas congruentes e ancorá-las neste momento como estratégias para administrar emoções que já funcionaram antes, adaptando-as.

Mentores são bem-vindos também.

SEGUNDO CICLO:

Fazer uma revisão do processo do ciclo 1 "André" e avaliar o processamento até o momento, o que já se percebe de diferente e o que precisa ser feito num segundo ciclo "Percia". Pode-se revisitar o Estado Desejado para perceber se algo muda sobre o que se quer com o trabalho feito até agora. Após reflexão sobre o que foi feito até então, iniciamos o segundo ciclo "Percia":

PERDÃO E PERMISSÃO

Existe a necessidade de perdão para a outra pessoa? Existe necessidade de Perdão Sistêmico na ancestralidade ou em situações semelhantes onde ficou algo mal resolvido com alguém? O cliente precisa ser perdoado ou dar perdão?

Analise com o cliente se ele está "em paz" consigo nesta busca, se há congruência interna e resolva qualquer incongruência com INTEGRAÇÃO DE PARTES, SQUASH VISUAL ou qualquer outra técnica de PNL ou *Coaching* que integre ou trabalhe conflitos.

Podemos usar a técnica do perdão da PNL e o *Reimprinting* se necessário. Na constelação sistêmica, muitas vezes, é necessário ficar em paz com as figuras parentais, gerações e antepassados, quem trabalha neste viés pode complementar o trabalho nesta linha percebendo a necessidade.

ENRIQUECIMENTO

Que outros elementos podem enriquecer o caminho? Que mais pode agregar valores e experiências para gerar crescimento, desenvolvimento, distinções e recursos?

Pode-se usar aqui a Estratégia Disney e outras sobre criatividade e busca de recursos, além de vivencias e experiências. Muitas tarefas e experiências de *coaching* exploratórias podem ser geradas.

A técnica de Dilts de Longevidade também é bastante útil aqui.

RECURSOS ADICIONAIS

Nesta caminhada o que aconteceu? O que já se transformou?

Quais as experiências acumuladas? Quais os *insights*? Pode-se fazer Teste Muscular e outras aferições e se perceber o que acontece aqui. Que outros recursos são importantes para os envolvidos e o sistema? Pode-se trabalhar aqui experiências com arquétipos diversos e agregar experiências sobre recursos. Também as técnicas da PNL da Terceira Geração integrando as mentes SOMÁTICAS, DE CAMPO E COGNITIVA.

CAMPO E SISTEMA MAIS SAUDÁVEL

Como está a saúde do sistema? E das pessoas envolvidas?

Várias técnicas de PNL e saúde podem ser aplicadas de acordo com as necessidades. Arquétipos de saúde podem ser trabalhados, exercícios de integração com a sombra e âncoras. Limpar tudo que ainda houver de saúde e dinamizar estados e processos saudáveis. Metáforas terapêuticas, hipnose, DHE, NHR e muitas coisas podem ser agregadas.

Várias coisas processadas podem ganhar uma checagem ecológica e ajustes ecológicos e sistêmicos aqui são bastante importantes.

IMPLANTAÇÃO DE AÇÕES CONCRETAS

O que as pessoas envolvidas e o sistema necessitam? Pode-se trabalhar a Boa Formulação de Objetivos e inúmeros recursos para se realinhar com as metas e com o Estado Desejado levando em consideração os processamentos.

AMOR TRANSFORMADO NO ESTADO DESEJADO

O que acontece com as pessoas envolvidas e com o sistema? Quão mais perto ou longe está o Estado Desejado? Quais os trabalhos ainda necessários para isso? O que pode ser celebrado, o que está bom e o que precisa ainda ser trabalhado? Como dar continuidade e sustentabilidade ao processo? Quais rituais podem ser feitos para fechar o ciclo?

AGREDEÇO AO MEU MESTRE BERND ISERT POR TER ME INSPIRADO E PROVOCADO A PENSAR NUMA TÉCNICA QUE ENVOLVESSE O MEU NOME.

Para aprender mais sobre as sugestões dada em cada etapa, leia o livro indicado na bibliografia ou consulte as palestras e vídeos no canal: www.youtube.com/Andrepercia

Referência:

PERCIA, A. 2012. COACHING, MISSÃO E SUPERAÇÃO. EDITORA SER MAIS, SÃO PAULO, SP

12

Nichos em *Coaching!* Como escolher?

No Brasil, o *Coaching* vem crescendo em níveis surpreendentes, tanto em empresas como no desenvolvimento de pessoas, principalmente devido aos excelentes resultados

Angela Torii

Angela Torii

Master Coach - CAC - Center for Advanced Coaching -2012.
Researcher in Learning & Teaching English desde 1980.
Personal & Professional Coach – SBC - São Paulo –2008.
Especialização – Psicologia: Transpessoal- Brasília–1998 a 1999.
Especialização – Psicologia: Análise das Transações Pessoais, Guaratinguetá-SP–1985 a 1987.
PNL- Programação Neurolinguística -1985.
Tradutora e Intérprete, Rio de Janeiro - 1982 a 1984.
Aperfeiçoamento em Conversação de Língua Inglesa, IBEU - SP –1970.

Contato:
www.angelatorii.com
angelatorii@gmail.com

O *Coaching*, por atuar e contribuir diretamente na mudança e desenvolvimento do comportamento humano; colaborar diretamente na melhoria das relações e convívio; por ser um processo de mudança de alta aplicabilidade e resultados imediatos; destaca-se cada vez mais no mercado.

As empresas, dos mais variados níveis e setores, estão investindo muito para que seus líderes e gestores melhorem o seu desempenho e o de suas equipes. Elas ganham quando os resultados aparecem com agilidade e, ganha também quem se submete a um processo de *Coaching*.

Para atender a essa demanda, um grande número de pessoas está se capacitando e oferecendo seus serviços de *Coaching*, pois há um amplo mercado a ser explorado.

Porém o *Coaching* é muito abrangente e, para ter Sucesso, o Coach, deve **escolher um nicho** e se aperfeiçoar para **Ser** um diferencial e, **Tornar-se** uma referência na sua área de atuação.

Dentre os diversos nichos de *Coaching*, os mais conhecidos são:

1. *Life Coach;*
2. Executive Coach;
3. Leader Coach;
4. Carrier Coach;
5. Organizational Coach;
6. Financial Coach

No entanto, há um Mercado enorme a ser explorado:

- estudantes que ainda não sabem que faculdade ou profis são seguir;
- profissionais liberais que querem alavancar seus negócios;
- pessoas que necessitam desenvolver habilidades e competências;
- pessoas que necessitam fazer planejamentos para atingir metas pessoais e profissionais;
- pessoas que querem aumentar seus rendimentos;
- pessoas que necessitam emagrecer;
- profissionais do esporte que desejam bater recordes.

A profissão Coach é hoje uma atividade imprescindível à promoção do desenvolvimento humano e uma atividade a ser realizada com profissionais de todas as áreas, pois todos têm sempre algum tipo de conflito, obstáculo ou crise a superar:

- Esportistas, artistas, políticos, médicos, instrutores, executivos, entre outros;

E então... **Como escolher um nicho?**

Primeiramente, para você ser um bom Coach precisa gostar de trabalhar com pessoas.

O *Coaching* é um trabalho de ajuda e o Coach é a outra "cabeça pensante" que por meio de ferramentas e insigths, ajuda o cliente a ter mais clareza sobre si mesmo, sobre o que quer resolver e se motivar a agir para alcançar o objetivo final.

Então é necessário que você, Coach, se pergunte e busque dentro de você mesmo a resposta para essas perguntas:

1. **Qual é a minha força / o meu diferencial?**
Como sempre gostei de estudar e aprender, comecei a pesquisar o que poderia facilitar o aluno a não passar por esta dificuldade e esse tornou-se o meu grande desafio. Foi um longo caminho de estudo e pesquisas em cima de métodos, psicologia, neurolinguística, entre outros, que pudessem me ajudar, a melhor ajudar, os meus alunos.

2. **O que eu aprendi, na resolução de meus problemas pessoais que pode ser de ajuda?**
Todos nós passamos por momentos difíceis e conseguimos superar!

3. **O que eu sei e tenho de melhor para oferecer ao meu cliente?**
Todos nós temos algo em que nos destacamos e fazemos com facilidade!

Vou exemplificar com as minhas escolhas.

English Coaching é o meu nicho principal e ***Coaching* de Relacionamento**, como *Life Coach*.

1 - Qual é a minha força / o meu diferencial?

Ensinar inglês para quem precisa ou quer ter fluência nesse idioma e tem dificuldade, com resultados efetivos e num menor tempo.

Por que este é o meu diferencial?

Porque quando terminei meu curso de inglês, fui convidada para dar aulas de português para as esposas dos engenheiros americanos que estavam vindo para o Brasil ajudar na instalação da Fábrica da

Ford Motor da cidade de Taubaté, no interior de São Paulo.

Esse primeiro contato com o nativo da língua inglesa causa um impacto muito grande para quem, que como eu, só tinha tido contato com brasileiros que falavam esse idioma.

Com o meu contato diário, durante os dois anos seguintes, tive que lançar mão de vários artifícios para entender o que elas diziam, na velocidade habitual, e algumas vezes, de me fazer entender.

Como sempre gostei de estudar e aprender, comecei a pesquisar o que poderia facilitar o aluno a não passar por esta dificuldade e esse se tornou o meu grande desafio. Foi um longo caminho de estudo e pesquisas em cima de métodos, psicologia, neurolinguística, entre outros, que pudessem me subsidiar a ajudar melhor os meus alunos.

Quando fiz o meu treinamento em PPS – Personal & Professional Coach, aprendi novas ferramentas que facilitaram muito o meu trabalho, com resultados ainda mais eficazes.

2 - O que eu aprendi, na resolução de meus problemas pessoais, que pode ser de ajuda?

O meu outro nicho de trabalho, *Coaching* de Relacionamento, também foi escolhido por eu ter desenvolvido muito a busca de caminhos que me trouxessem mais harmonia em minha vida e nos meus relacionamentos com: pais, irmãos, filhos, marido, amigos, alunos, colegas de trabalho, superiores.

Eu sempre era procurada, tanto por meus amigos como alunos, fora do horário de trabalho, para pedir orientação para problemas que estavam tendo em casa, no trabalho, e novamente, as ferramentas do *Coaching* hoje, tornaram a minha ajuda muito mais eficaz.

3 - O que eu sei e tenho de melhor para oferecer ao meu cliente?

Eu gosto de ensinar inglês e ajudo a quem quer e precisa ter fluência nesse idioma, e tem dificuldade em resolver essa pendência com sucesso;

Eu consigo ajudar o meu *coachee* a clarear o seu problema de relacionamento, levando-o a sair da vítima e a assumir a sua responsabilidade na solução deste problema, em apenas quatro sessões.

Coach, não escolha seu nicho pensando apenas qual deles lhe trará mais dinheiro, pois isso é muito relativo! Escolha sim, o nicho que lhe trará mais satisfação pessoal, pois sempre que fazemos o que gostamos, fazemos com facilidade e prazer, e o dinheiro vem como consequência.

Coach:

Você possui habilidades e talentos especiais e outras pessoas podem se beneficiar deles. As coisas que você sabe fazer bem são as coisas que lhe dão prazer, desafiam a sua criatividade e a sua intuição. São essas coisas que o levam a aprender, a experimentar, a perseverar e a crescer. Elas lhe dão satisfação e um real sentimento de conquista.

Não importa qual é a sua especialidade.

_ Exerça-a!

Você têm dons?

_ Use-os em tudo o que já vem fazendo, onde quer que você esteja, qualquer que seja o contexto e, será bem-sucedido!

Contribua de maneira única!

Deixe fluir o poder e a satisfação que já são parte de você!

O resultado?

Muito SUCESSO!!!

13

A NOVA DINÂMICA DO SUCESSO PESSOAL E PROFISSIONAL

A Nova Dinâmica do Sucesso, baseada em PNL e no *Coaching*, leva em consideração os aspectos do ser humano e traz a possibilidade de avaliação, reflexão e desenvolvimento do equilíbrio das áreas da vida: lazer, intelecto, saúde, vida financeira, amigos e família, trabalho e carreira, espiritualidade e amor, com uma poderosa: PMAG = PREFERÊNCIAS » METAS » AÇÃO » GRATIDÃO para obter o sucesso pessoal

Antônio Carlos Soares Pereira

Antônio Carlos Soares Pereira

Palestrante, Instrutor e *Coach* Corporativo. Mestre em Administração com ênfase em Relações de Poder e Dinâmica das Organizações, graduado em Administração de Empresas, pós-graduado em Gerenciamento de Pequenos Negócios e Desenvolvimento Cooperativista. Practitioner em PNL - Programação Neurolinguística, *Professional Coach* com certificação internacional pelo BCI - Behavioral Coaching Institute. Diretor Executivo da ACTA Soluções Empresariais, credenciada no SEBRAE-MG e do IDEHN – Instituto de Desenvolvimento Humano e Negócios com *coaching* corporativo e treinamentos em vários estados brasileiros. Sócio-diretor da G6 Empreendimentos Imobiliários Ltda. Professor de pós-graduação. Idealizador, diretor e apresentador dos Programas Atitude Para o Sucesso. Rotariano. Presidente da ONG Centro Social e Artesanal para Crianças e Adolescentes em Risco Social.

Contatos:
www.admantonioc.wix.com/principal
adm.antonioc@ig.com.br
(38) 9986-4140 / (38)9161-7222

Tenho percebido em todos os meus trabalhos que, cada vez mais, as pessoas vêm buscando resultados melhores na vida, mas, para isso, percorrem o caminho da ansiedade, estresse, impaciência, tristeza e, na maioria das vezes, não sabem lidar com a frustração. Se a felicidade tem de estar na jornada, ao caminhar, essa fica penosa e incompleta.

Vale ressaltar que minha formação como Mestre em administração na área de relações de poder e dinâmica das organizações, PNL – Programação Neurolinguística e *Behavioral Coaching* forma a base desse trabalho, mas, é claro, com uma visão crítica vivencial da prática que tenho desenvolvido em minha carreira pessoal e profissional.

O que move o ser humano

A busca por mais do que temos ou do que somos hoje vem causando malefícios emocionais a todos os envolvidos nessa "correria". Daí vem a maioria das doenças psíquicas. Além disso, muitas pessoas ainda estão presas a âncoras negativas do passado e que interferem nas reações do presente. A reação vem devido ao que chamamos de gatilho inconsciente da lembrança e, assim, geram comportamentos, sensações físicas e emocionais que nos fazem sofrer e nos desequilibrar emocional e fisicamente.

Para essa busca pelo sucesso há somente duas coisas que motivam o ser humano: buscar prazer e evitar sofrimento. Nós vivemos em prol delas, normalmente uma de cada vez. Pode haver pessoas, por exemplo, que são mais competitivas, trabalham mais, correm mais, se comprometem mais e o motivo central pode ser pelo medo de perder o emprego. Para evitar esse sofrimento, sendo que outras pessoas podem ter os mesmos comportamentos e o motivo principal pode ser uma promoção dentro da empresa, demonstram que estão motivadas pelo prazer da conquista.

Após essa colocação já começo com algumas provocações e reflexões importantes.

Suas decisões são motivadas mais pela busca do prazer ou para evitar o sofrimento?

Como (COMO?) você se sente mais energizado, envolvido, motivado e comprometido? Você prefere sentir o prazer da conquista ou, na verdade, o que te estimula mais é o medo de sofrer não conseguindo?

Sei que a grande maioria das pessoas terá uma tendência a responder pelo prazer, o que pode ser um autoengano. É preciso uma autoanálise mais criteriosa, pois os motivos muitas vezes são inconscientes.

Análise E Desenvolvimento Do Equilíbrio Das Áreas Da Vida

Muitas vezes temos uma meta mais importante e o custo disso é a aplicação de energia e tempo exagerados em uma meta que contempla somente uma área da vida. Mesmo que essa área seja importante, não te faz enxergar que pode estar perdendo em outra área também importante. Gosto de usar um exemplo dos profissionais de fotografia: quando vamos fotografar um objeto em um cenário, ao

focar o objeto, o cenário fica desfocado. Se focarmos no cenário, o objeto desfocará. Muitas vezes um empresário, por exemplo, define uma meta de crescimento da empresa em 30% no ano e, para isso,

trabalha 14 horas por dia. Sim, talvez seja o necessário para se atingir aquilo que foi estabelecido. Mas quais as outras áreas da vida também ou mais importantes foram desfocadas, esquecidas, terceirizadas?

Quais os tipos de problemas se pode ter com filhos, família, relação conjugal, social, saúde física e espiritual?

Portanto, o que proponho é uma definição multifocal das metas, quer dizer, uma avaliação das suas áreas e a definição de focos nas áreas mais prioritárias e, assim, estabelecer as ações e comportamentos necessários ao equilíbrio para a tão procurada qualidade de vida.

Trago agora uma análise que fazemos no processo de *coaching*, tanto no *coaching* de vida, quanto no *coaching* empresarial. Sugiro que sejam pontuadas as áreas da vida: lazer, intelecto, saúde, vida

financeira, amigos e família, trabalho e carreira, espiritualidade e amor. Isso lhe trará uma visão mais clara das áreas que você precisa determinar mais metas e buscar o equilíbrio.

Então vamos lá, pontue numa escala de 0 a 10 as seguintes áreas de sua vida e responda às respectivas perguntas:

1- Lazer ( ): o que você precisa fazer que lhe dá prazer, que lhe traga satisfação, que relaxa, diverte ou "recarrega as suas energias"? O que te impede de buscar? Quais desculpas costuma usar? O que é preciso começar a fazer de início?

2- Intelecto ( ): quais são as atividades que precisam ser realizadas para o seu desenvolvimento intelectual? Quais são os cursos, leituras, estudos que propiciarão crescimento e desenvolvimento? Onde pode buscar? Qual o primeiro passo? Quando será?

3- Saúde ( ): pouco lembrada nos dias hoje, mas é o que sustenta nossa vida. O que você precisa parar de fazer que atrapalha sua saúde? O que você precisa começar a fazer e/ou continuar para melhorá-la? Quando vai marcar sua próxima avaliação médica? Como você quer se sentir? Como você pode mostrar que vai buscar melhorar nessa área?

4- Vida financeira ( ): como você fará para analisar a suficiência dos seus rendimentos em relação às suas despesas? Como você saberá que está bem ou não nessa área? Como deve estar para que você se sinta mais satisfeito? O que você precisa começar a fazer para melhorar nessa área? Onde vai aprender?

5- Amigos e família ( ): como você pode buscar mais equilíbrio nessa área? Quais relacionamentos devem ser retomados? Quais pessoas precisam da sua atenção, mas que ainda não tem feito? O que precisa relevar para estar e se sentir bem com os outros? Quais os problemas com as pessoas que mais te incomodam e que precisa resolver logo? Quando? Como se planejará para essa área? Quais as pessoas que precisa dizer algo de bom que ainda não disse? Quem você precisa perdoar? Como demonstrará que perdoou? O que você precisa fazer diferente para mostrar que quer estar bem com a outra pessoa? O que as pessoas que te amam esperam de você que pode atender?

6- Trabalho e carreira ( ): como você saberá que estará satisfeito com sua a atividade profissional? O que você gostaria de fazer, mas que ainda não fez e que já pode começar a fazer? Onde quer chegar? Que tipo de esforço precisará fazer? Com quem precisa contar? Como pode deixar claro seus interesses e metas? O que precisa desenvolver? Quais os comportamentos precisa ter? Como serão desenvolvidos?

7- Espiritualidade ( ): quando você sente aquela paz interior? O que te faz sentir uma ligação com Deus? O que precisa começar a fazer para sua consciência ficar mais tranquila em relação a essa área? Quais as suas crenças que te fazem progredir? Como podes reforçá-las? Onde você precisa ir para se sentir mais próximo de Deus? Que tipo de problema precisará da ajuda divina? O que você não vê saída que precisa se despreocupar e entregar nas mãos de Deus? Quem precisa das suas orações? Como a paz espiritual poderá te acalmar no dia a dia?

8- Amor ( ): o que você precisa resgatar ou fortalecer? O que você já fez ou que nunca fez, mas que se você fizesse daria uma aquecida na relação amorosa? O que você precisa relevar para aceitar mais a outra pessoa? O que você precisa mudar no seu comportamento que ajudaria? O que você pode começar fazendo para que a pessoa sinta seu interesse? O que precisa estar acontecendo para você sentir que evoluiu nessa área?

É bem desafiador, não é mesmo? Mas vale a pena! Pessoas com as quais eu trabalho começam a enxergar sua vida e a se enxergar de uma forma completa, favorecendo a harmonização com ações concretas e resultados importantes. A qualidade de vida pode estar em um equilíbrio ou, no mínimo, na busca por esse equilíbrio. Você também pode ajudar outras pessoas a buscarem esse equilíbrio.

Lembre-se de alguém que precisaria destas perguntas e reflexões que você está fazendo agora. Uma boa forma de ensinar é mostrar seu próprio exemplo, de como tem feito para buscar o equilíbrio e, o principal, não dizer como a pessoa que quer ajudar deve fazer, mas sim fazer as mesmas perguntas deste texto, para que ache as suas próprias respostas.

O ciclo da Nova Dinâmica do Sucesso - PMAG

Vale a pena avançarmos em mais uma ferramenta para a Nova Dinâmica do Sucesso Pessoal e Profissional de análise e definição de ações que chamo de ciclo de PMAG - PREFERÊNCIAS » META » AÇÃO » GRATIDÃO. Os profissionais de PNL e *Coaching* utilizam ferramentas e modelagens que organizam e apoiam seus clientes para a busca da realização das metas. O processo de *Coaching* ajuda a pessoa a perceber sua realidade, definir sua meta, traçar alternativas, estratégias e comportamentos necessários para cumpri-los por meio de ações concretas, com acompanhamento dos resultados.

Nesse sentido, a Nova Dinâmica do Sucesso Pessoal e Profissional é fortalecida com o ciclo PMAG: PREFERÊNCIAS » META » AÇÃO » GRATIDÃO.

É uma fórmula que muitas pessoas têm encontrado para alcançar o sucesso e a satisfação pessoal em qualquer área da vida. Como já notou até aqui, as perguntas são o diferencial para qualquer início de mudança, pois gera reflexão, novas respostas e novas ações. Costumamos dizer que "uma pergunta gera um pensamento, esse pensamento gera um comportamento, e esse comportamento repetido vira um hábito". Se você acredita que pode, já é o início da sua nova jornada. Atitude de fazer já mudará seu resultado. Então pense no que pode ganhar com isso? Comece escrevendo as respostas e já sentirá alguma diferença. O importante é saber o que precisa fazer e começar a fazer.

Uma dica importante é determinar pontos de monitoramento. Quer dizer, como você saberá que está indo no caminho certo e que já evoluiu? Definir datas de avaliação antes do prazo final pode ser um ponto de monitoramento. Determinar a data e um percentual de cumprimento da meta também.

Então vamos lá, reflita e determine ações importantes seguindo o ciclo PMAG, com os questionamentos que segue em cada área do ciclo.

A primeira parte do Ciclo é PREFERÊNCIAS.

É o comportamento, muitas vezes inconsciente, de preferir uma pessoa ou uma coisa ao invés de outra.

Então, o que vale ou tem mais significado para você? O que e como você gosta de fazer as coisas? O que te faz sentir bem? Como você gosta de interagir com as pessoas? De qual preferência você recebe reclamações? O que você acredita ser bom mudar? O que você precisa respeitar mais em você? O que você precisa respeitar mais nas outras pessoas? O que precisa fazer para atender mais suas preferências nas áreas da vida? O que te atrapalha? O que te ajuda? O que de negativo você ainda está apegado? Quais os medos, rancores e culpas? O que te traz mais confiança? O que te faz gostar mais em uma pessoa e não em outra? O que seria bom se você passasse a gostar? O que poderia se dedicar mais para aprender a gostar? Quando começamos a identificar e aceitar nossas preferências, passamos a procurar aquilo que nos faz ter uma qualidade de vida e respeitar as preferências das outras pessoas. O que te impede de começar a pensar nisso?

A segunda é META.

É aquilo que você determina que quer, um objetivo realizável.

Qual meta te faz acordar mais cedo, trabalhar um pouco mais, se dedicar ainda mais para que ela aconteça? Qual meta precisa ter? O que é preciso fazer para pensar em pelo menos uma meta? O que precisa parar de acreditar para avançar na direção da meta? Faz parte das suas preferências? O que estás disposto a perder, gastar, ou investir para sua concretização? Quais as ações? Como planejar? O que tenho a ganhar com a meta atingida? Como estarei me sentindo com a realização? Qual o tempo necessário para atingir? Com quem você poderá contar? Quem poderá te ajudar? Como você pediria? O que você ofereceria em troca? Quais as ações para a realização? Como acompanhará para saber se está no caminho certo? São as respostas a estas questões que deixarão sua meta mais clara e atingível?

A terceira é a AÇÃO.

É Fazer acontecer.

Daí gero novas reflexões que deverão ser escritas. Qual o primeiro passo? O que deves começar fazendo? O que pode fazer agora ou, no máximo, amanhã para demonstrar para você mesmo que quer e vai conquistar o que deseja? E o segundo passo? Para quando? O que precisa parar de fazer que ajudará nas ações que lhe darão o resultado? Qual a melhor estratégia? Quais as pessoas que poderá pedir ajuda? Como demonstrará que está sendo persistente? Como saberá que está indo no caminho certo? Quais são os resultados ao longo das ações que demonstraram sua eficiência ou eficácia? Não se esqueça de que a ação é que gera resultados e a ação repetida vira hábito.

A quarta e última parte do Ciclo é a GRATIDÃO.

É o reconhecimento por um benefício recebido, meta atingida, agradecimento.

A quem precisa agradecer por ter lhe ajudado a criar suas preferências? A quem precisa agradecer por ter lhe ajudado a chegar até aqui? Quais são as pessoas para quem precisa dizer da importância no seu resultado ou na sua vida? Numa questão mais espiritual e sobrenatural, como e a quem agradecer? O que você acredita que te ajuda a atingir suas metas? Qual ser espiritual te alimenta de esperança para enfrentar o dia a dia e que precisa ser grato? Quem precisa perdoar para ter gratidão? O que deve perdoar em si e nos outros? A gratidão e o perdão te farão renovar o ciclo de sucesso, se sentindo bem com isso e aumentando sua eficácia na vida.

Portanto, essas quatro questões são capitais para que você busque o sucesso pessoal e profissional, desde um melhor relacionamento em casa, um namoro, casamento, uma viagem, até ser promovido em uma empresa. Utilize essa estratégia e verá que esse ciclo poderá fazer uma revolução em sua vida e na vida das pessoas ao seu redor: PREFERÊNCIAS » METAS » AÇÃO » GRATIDÃO.

Eu tenho certeza que, quando você escrever suas respostas a essas reflexões, você alinhará e equilibrará suas áreas da vida e estará mais próximo do seu sucesso pessoal e profissional.

Então, qual é a nova dinâmica do seu sucesso? Faça acontecer determinando e fazendo rodar o ciclo PMAG = PREFERÊNCIAS » METAS » AÇÃO » GRATIDÃO.

14

Orientação e Eficiência

Em minha jornada como empreendedor e *coach* executivo venho percebendo que indivíduos e organizações costumam identificar e reavaliar seus propósitos e prioridades apenas depois de alguma grande crise ou perda - uma doença, um divórcio, a perda de um emprego ou de um grande contrato. Porém, com o enquadramento adequado, você pode realinhar suas preferências, seus valores e identificar alternativas de solução muito antes das crises que podem vez ou outra surgir

Arnaldo Auad

Arnaldo Auad

106

Empresário no mercado de consultoria e tecnologia da Informação, PNL *Practitioner* formado pela HP Consulting U.S.A.; *Certified Professional Coach* pela Academia Brasileira de Coaching, licenciada pelo BCI – Behavioral Coaching Institute. Possui mais de 20 anos de experiência em consultoria de gestão e implementação de estratégias, processos e sistemas de atendendo várias empresas no Brasil, Argentina, Chile, Colômbia, México e Estados Unidos. Palestrante, Consultor de Gestão, Facilitador de *Workshops* e Treinador especializado em:

- Liderança e empreendedorismo;
- Relacionamento interpessoal;
- Competências gerenciais;
- Marketing de relacionamento;
- Inteligência de negócios.

Contatos:
www.direcaoesentido.com.br
arnaldo.auad@direcaoesentido.com.br
facebook.com/arnaldo.auad
Twi: @direcaoesentido
(11) 4262-0454

Arnaldo Auad

Todos têm certas coisas que são extremamente importantes — realização profissional, por exemplo, vida familiar ou a segurança financeira. Mas quando temos oportunidade de dar um passo atrás e fazer um balanço de nossas ações diárias, podemos notar uma diferença entre as coisas que mais valorizamos e a forma como realmente consumimos nosso tempo e atenção.

Pode ser que identifiquemos uma lacuna ou um abismo, mas, em qualquer caso, este distanciamento levanta questões sobre como podemos gerenciar as diferenças entre nossos valores e nosso comportamento real. A verdade é que muitas organizações e indivíduos bem-sucedidos sentem uma curiosa desconexão entre seus compromissos diários e seus desejos mais profundos, além de uma incapacidade curiosamente semelhante para tomar alguma atitude sobre isso.

Objetivos e Inércia

Nas organizações de qualquer porte e de qualquer mercado é de conhecimento de todo bom administrador que metas e objetivos precisam ser estabelecidos e superados todo o tempo para que a organização possa efetivamente crescer. E somente quando metas são atingidas, há crescimento, desenvolvimento, geração de lucros e prosperidade para todos os que participam dela.

Para indivíduos é igualmente necessário estabelecer metas e cumpri-las de forma semelhante ao que uma organização é capaz de fazer. Mas qual o motivo que torna tão difícil estabelecer metas e objetivos para a vida pessoal?

A resposta pode estar no conceito de inércia. Em síntese, é possível que estejamos executando atividades, nos movimentando, assumindo compromissos e ainda assim estarmos sofrendo ação da inércia em nossos vários papéis. A inércia aqui não está relacionada com a falta de movimento e sim com o fato de que se não fizermos nada para mudar as situações atuais, seus resultados serão sempre os mesmos.

A pedra fundamental aqui é que se analisarmos com cuidado tanto os compromissos que uma organização assume historicamente quanto os compromissos que nós assumimos podemos gerar uma espécie de inércia que dificulta e até impede o atingimento das metas em si, seja por estar parado, inerte ou por estar se movimentando na direção, talvez, errada.

Velocidade e Direção

Examinando detalhadamente as características dos compromissos que assumimos, poderemos perceber que existe uma curiosa lógica que se aplica em nossas vidas pessoais: Os compromissos que mais tomam o nosso tempo são frequentemente resultado de decisões diárias pequenas demais para atrair nossa atenção.

De forma geral, para a maioria de nós o gerenciamento dos compromissos diários lida com o tempo e atenção que dedicamos a eles e precisamos sempre atuar de forma eficiente com os compromissos que temos que cumprir. Preocupamo-nos fundamentalmente com o tempo.

Lidamos fundamentalmente com a velocidade, com o tempo, com o relógio. Permitimos que o relógio nos oriente, nos norteie. Baseamos nossos compromissos e medimos nosso sucesso nele. Preocupamo-nos tanto com os compromissos e como executa-los mais rapidamente que frequentemente esquecemo-nos de nos perguntar se estamos na direção certa.

Há exceções, é claro. No entanto, para a maioria de nós, nossos compromissos mais importantes são resultado de decisões triviais que tomamos sobre como alocar o nosso tempo e atenção de acordo com o relógio. Pelo fato destas decisões serem individualmente pequenas, é fácil perdê-las de vista a longo prazo, e quando o fazemos, criamos uma lacuna que pode crescer lentamente e consistentemente entre o que valorizamos e o que fazemos diariamente.

Orientação

O relógio serve a um propósito extremamente importante e que sempre precisamos estar atentos e valorizar: precisamos de tempo para executar as atividades que nos comprometemos; mas o relógio nunca mostrará a direção correta, apenas ajudará a encontrar a velocidade necessária para chegarmos a um destino.

Por outro lado, quando precisamos nos orientar, estabelecer o caminho e a direção correta a seguir, outro instrumento serve a esse propósito: a Bússola. O ponto chave aqui é que precisamos sim usar o relógio, estabelecer o tempo correto, mas apenas depois que determinarmos a direção correta a seguir com uma bússola que esteja alinhada com nossos propósitos, prioridades e orientação.

Afinal, não importa o quão rápido você possa ir se estiver indo na direção errada. A bem da verdade, se você não sabe para onde está indo, qualquer lugar é o destino, mesmo que não seja o que você desejou e sonhou; ou ainda, qualquer ação, por menor que seja, pode nos levar mais rapidamente para a direção errada, para a conclusão errada, para um descolamento cada vez maior entre o que fazemos e o que valorizamos.

Bússola

A bússola sempre servirá para orientar a rota correta a percorrer mesmo quanto for necessário executar alguns desvios. Sim, nós poderemos alterar a rota em função de circunstâncias que nos fogem ao controle; e se nossa orientação for suficientemente clara e forte, alteraremos apenas a rota, mas nunca o destino das nossas jornadas.

Os pontos-chave aqui são clareza e intensidade. É de fundamental importância que possamos identificar de forma clara, cristalina, o objetivo que temos e quão intensos serão nossos esforços para atingi-lo.

A seguir descreverei cada elemento da bússola que acredito que todos deveriam ter em nossos corações e mentes para que possamos frequentemente observar se estamos indo na direção correta ou se estamos criando um distanciamento entre nossas ações e nossas convicções.

Propósito

O propósito define a razão de existirmos e qual a principal missão na vida que temos e no mundo que vivemos. Nosso proposito precisa ser conhecido e declarado. Normalmente ele é composto principalmente por estes elementos:

Talento

Há uma qualidade comum aos grandes artistas, cientistas, estrelas do esporte, humanistas e empresários bem-sucedidos, é o fato de eles conhecerem seus talentos e se concentrarem neles.

Com muita frequência nós subestimamos as nossas aptidões, nossas habilidades e, por vezes, buscamos comparações com os talentos e habilidades de outros.

Para pessoas passivas e negligentes, não identificar seus talentos ou buscar comparações com os talentos dos outros é uma desculpa excelente para se manterem inertes.

Paixão

É essencial ter paixão para identificar o seu propósito e o motivo é simples: a paixão é a pedra fundamental de qualquer conquista que você possa usufruir. A paixão mantém a chama do propósito e da visão acesas. A paixão lhe dá o foco necessário para suas ações no presente e a energia que você precisará para alcançar a sua visão no futuro.

Visão

Aqui seu objetivo é descrito. A visão indica o que você será e o que estará vivendo e usufruindo ao fim de um prazo razoável.

Para ajudar a elaborar sua visão há alguns pontos a considerar nesse contexto e que podem ser extremamente úteis para elaborar uma visão clara.

Uma das técnicas conhecidas para a definição de objetivos é designada de "SMART":

- *Specific* (específica) – a visão deve ser formulada claramente, sem ambiguidades e facilmente identificada por você;
- *Measurable* (mensurável) - a visão deve ser passível de ser estabelecida de forma a que seja possível de medi-la;
- *Acceptable* (aceitável) - uma visão deve ser aceita por você e ser atraente para você;
- *Realistic* (realista) - uma visão definida deve ser desafiadora, mas passível de ser alcançada;
- *Time-framed* (datada) - uma visão deve ter uma data marcada, finda a qual deve estar alcançada.

Valores

São os princípios orientadores que nós temos e que dirigem todas as nossas ações tanto em bons quanto nos maus momentos.

Alguns valores podem surgir-lhe como necessidades também. No entanto, entre valores e necessidades há uma grande diferença. Um valor é sempre positivo e te motiva a agir, permitindo que você desfrute plenamente sua vida e se desenvolva além de beneficiar outros que estejam ao seu redor.

Seus valores sempre estarão alinhados com suas necessidades, entretanto seus valores são independentes entre si na maioria das vezes.

Prioridades

As prioridades têm relação com as principais atividades que você executará na direção da sua visão. Você poderá ter uma lista extensa de atividades a executar para atingi-la, entretanto apenas algumas serão prioritárias.

Em linhas gerais, tenha em conta que as ações prioritárias serão aquelas que precisarão ser executadas de qualquer modo, em qualquer circunstância, caso contrário sua visão pode parecer cada vez mais distante. Afinal, sem elas toda a rota pode estar comprometida e você submetido à inércia.

Pontos de Controle

Agora que você tem uma visão claramente definida e suas prioridades identificadas, você provavelmente está pronto para iniciar a sua jornada. Aqui é necessário identificar os pontos de controle que você precisará estabelecer e buscar.

Os pontos de controle são como pequenas paradas na sua jornada onde você poderá e deverá comemorar os progressos alcançados até cada ponto. Nesses pontos de controle você poderá se reabastecer de energia e entusiasmo, alinhar a rota e verificar o quanto você já se aproximou da sua visão e fazer algum ajuste que seja necessário.

Compromissos

É possível que você se questione se será capaz de manter o compromisso com sua visão. Provavelmente no passado você já tenha se decepcionado antes até se questionado por que as coisas seriam diferentes com sua visão agora. A resposta pode parecer simples, mas é verdadeira no meu ponto de vista: agora você tem uma visão clara de onde quer chegar o que quer desfrutar quando estiver lá.

O compromisso aqui tem relação direta com o tanto de esforço e comprometimento que você será capaz de colocar para atingir a sua visão mesmo sob circunstancias adversas. Desde que sua visão seja suficientemente forte e verdadeira, seu compromisso com sua visão será sério demais para ser negligenciado.

Comportamento

Você perceberá que a jornada em direção à sua visão não será necessariamente uma linha reta. É possível que você precise se adaptar e talvez mudar seus comportamentos em algum aspecto, criar novos hábitos, substituir outros.

Você precisará ter uma forte convicção de quem você é e o que poderá fazer quando algo surgir no seu caminho. Sua bússola lhe ajudará a identificar o que poderá ser feito em cada passo da sua jornada. Seus comportamentos criarão um ciclo virtuoso e será uma espécie de amalgama que colocará todos os pontos anteriores em rota.

Mudança de Rota Com Suas Próprias Coordenadas

Elaborar a sua própria bússola é um processo exploratório que exigirá esforço para que seja relevante e que possa ser de fato algo que corrija rotas, mas não altere o destino.

É possível que a maioria das pessoas que executem este processo de autoexploração percebam que é relativamente simples identificar seus próprios valores; um pouco mais difícil de analisar é a diferença entre os seus valores e a maneira como realmente se vive no dia a dia, e mais difícil ainda de analisar são as razões para esta diferença. Entretanto, o mais difícil de tudo é fazer algo sobre a lacuna que se abriu entre seus valores e seus compromissos. O desvio de rota de acordo com sua bússola.

Não estou oferecendo regras para fazer ou ressignificar seus compromissos. Essa fórmula não é possível para um processo que é, por sua natureza, altamente particular e depende de circunstâncias individuais.

Mas você pode gerenciar a lacuna entre aquilo que tem valor e o que não tem periódica e sistematicamente reexaminando os seus valores e a maneira como você aloca seus recursos.

Convido você a exercitar a construção e uso da bússola que proponho. Tal exercício pode ajudar-lhe a assumir controle de seus compromissos futuros, da mesma forma que os compromissos passados tomaram controle de você.

15

Como a Vontade e o Querer Podem Otimizar a Inteligência

Desenvolvendo a Autoestima

Cesar David & Valdemir Gabriel

Cesar David & Valdemir Gabriel

Cesar David: Fundador da Coaches Associados. Professional Coach (IBC) certificado internacionalmente pelas GCC e ECA. Consultor de Imagem, Behavioral Analyst e Pós-graduando em Gestão de Pessoas com ênfase em *Coaching*. Publicitário, fotógrafo e designer para Cointreau, Famous Grouse, Toso, Rémy Martin e Jim Beam. Cursou fotografia em Paris. Experiência em liderança e gestão de pessoas. Instrutor de pilotos pela Embraer. Piloto de Aviões, Planadores e construtor.

Contatos:
www.revele-se.com.br
cesar@revele-se.com.br
(12) 9782-5190

Valdemir Gabriel: Fundador da Comprática Consultoria e Coaches Associados. Administrador (CRA 118292); Pós-graduando em Psicodrama; Pós-graduado em Gestão de Projetos. Formado e certificado em *Coaching* de Carreira e *Behavioral Analyst*; Pós-graduando em Terapia de Casais e Famílias; Pós-graduando em Gestão de Pessoas com ênfase em *Coaching*. Formado em PNL; *Executive Coaching* - certificações internacionais pela Global Coaching Community e European Coaching Association.

Contatos:
www.valdemirgabriel.com.br
coach@valdemirgabriel.com.br
(14) 9652-0083

O que podemos considerar mais importante: inteligência ou vontade? E para a nossa autoestima, qual delas devemos considerar? Como a vontade e o querer podem otimizar a inteligência?

Nas empresas ou na sociedade, as relações humanas estão passando por profundas transformações. Novas formas de contato propiciadas pelos avanços tecnológicos deste milênio reforçam o quanto buscamos aceitação e aprovação independentemente do meio em que nos manifestamos, pois queremos ser vistos e aprovados.

A inteligência é uma qualidade bastante aceita e, quando consideramos que nossos próprios atributos são insuficientes para chamar a atenção de alguém, buscamos nos valer dela como mecanismo de compensação. Todos nós queremos estar ao lado de pessoas inteligentes. Com isso queremos nos mostrar assim para atrair mais pessoas para o nosso convívio.

Nos atendimentos de *Coaching* observamos que as pessoas buscam se expandir, e para elas, o ato de ser mais inteligente traduz o que entendem como desenvolvimento.

Descobrir suas novas possibilidades e reencontrar seus próprios recursos é atravessar um rio de uma margem a outra separadas pelo seu estado atual e o estado desejado, que parece impossível de ser alcançado e até então cercado de dúvidas ocultas por águas turvas que impedem uma melhor visão a respeito de onde se quer chegar. Normalmente a pessoa condenaria sair de uma zona de conforto e ir rumo ao incerto, onde ela tem pouca visão do caminho a ser percorrido e menos ainda de seu destino. Essa travessia em busca de seus objetivos é mais um ato de vontade proporcionado pelo querer do que propriamente um ato de inteligência.

A inteligência é importante para as pessoas e, independentemente do tipo de *Coaching* que estão buscando, as expectativas de desenvolvimento intelectual, habilidades verbais e crescimento cognitivo baseiam-se no quanto elas desejam ser aprovadas pelos outros. Priorizam a inteligência como sendo condição para suas demais qualidades. Desta forma, permitem-se as demais características após se reconhecerem como inteligentes.

A transformação que as pessoas tanto buscam não ocorre somente sendo mais inteligentes do que já são ou buscando por isso. A inteligência, por si só, não é suficiente para gerar ação transformadora e nos mover rumo aos nossos objetivos.

Numa associação metafórica, a inteligência seria o farol que ilumina o caminho. No entanto, nem sempre vemos ações condizentes por parte das pessoas que julgamos inteligentes. Muitos de nós até nos perguntamos por que uma determinada pessoa se encontra naquela situação financeira quando nos aparenta ter uma capacidade intelectual superior. Haja vista os superdotados que são brilhantes em algumas áreas, porém limitados em outras questões como, por exemplo, as de relacionamento social.

Não estamos entrando no mérito dos variados tipos de inteligências existentes e apenas considerando a inteligência como um todo.

Os *Coachees* (clientes) são responsáveis pelo esforço de atingir seus objetivos, da disciplina para obter a habilidade desejada e da dedicação para resolverem seus próprios problemas. Tudo isso será mérito próprio do *Coachee* e estará diretamente ligado ao tamanho da sua vontade e do seu querer.

Ver e saber das coisas não serão suficientes sem as ações necessárias para se produzir os movimentos de mudança internos. Só reconhecer a situação não basta. "Só iluminar o caminho não basta". É preciso haver um conjunto de ações, isso sim será capaz de promover o alcance de resultados e o consequente aumento da autoestima. Esse é o momento em que a vontade e o querer são importantes para impelir a pessoa no rumo certo, pois, quando a pessoa realmente quer, criam-se os meios.

Por que será que existem tantas pessoas adormecidas sobre seus próprios talentos e escondem seus dons da sociedade e também de si mesmos? Muitas delas comentam sobre o quanto desejam servir, realizar trabalhos sociais, mas nem todas percebem que se exercessem sua verdadeira vocação já seria uma importante contribuição à sociedade. Ser exemplo de realização pessoal para as outros já é um trabalho social. Essa pessoa estaria fazendo bem a ela própria, em primeiro lugar, extraindo o melhor de si nesse ato de doação e com isso a oferta do seu legítimo dom aos outros seria a manifestação do amor ao próximo ao entregar o seu melhor.

Quantos profissionais existem por aí trabalhando descontentes, os quais poderiam oferecer melhores serviços à sociedade em geral? Será que fazer o que gosta poderia ser considerado como uma contribuição à sociedade? Há que se ter antes uma "vontade" propulsora. Uma vontade autêntica, forte e grandiosa.

Ao apoiar pessoas a se desenvolverem utilizando o *Coaching* - sejam em palestras, cursos, treinamentos ou atendimentos individuais - é possível perceber o quanto a vontade é capaz de gerar o movimento de transformação para se chegar onde pretende. A vontade e o querer são como se fossem o motor.

Quando nos dispomos a caminhar em direção aos nossos objetivos, figurativamente falando, ao colocar o nosso carro na estrada, o farol da inteligência ilumina o trajeto enquanto dirigimos e o motor da vontade faz o carro andar. A vontade sozinha pode ser uma força sem direcionamento.

Você pode ser brilhante, mas, sem a vontade, o querer, você poderá passar sua vida sem direcionar sua capacidade, cobrando-se depois pelo quanto deixou de realizar.

Cada pessoa tem sua própria capacidade e com isso precisa desenvolver uma relação equilibrada entre sua vontade e sua inteligência.

O trabalho de *Coaching* procura fortalecer não só o lado da inteligência, mas também desenvolver a força interior com vontade compatível com a busca pessoal de forma a transformar essa integração em ações.

Aparentar ser possuidor de conhecimento pouco pode contribuir para o real crescimento do *Coachee* se ele não exercer sua missão. Reconhecer dons adormecidos e viver a sua plena capacidade permitirá ser agente de seu próprio meio - sendo causa e não efeito, enfim dono de sua própria vida.

Exercer sua plenitude e dar o exemplo de quem trilha o seu autêntico caminho permite seu crescimento e influencia as outras pessoas a terem a mesma vontade de buscar também as próprias capacidades internas, passando a ser também novos agentes de transformação no meio em que vivem.

A nossa sociedade que fomenta a competição entre as pessoas comunica veladamente que somente aqueles que têm maior condição intelectual é que terão maior chance de vencer. Assim passamos parte do nosso tempo mostrando que somos intelectuais, ouvindo música erudita sem gostar, falando de coisas que não sabemos profundamente e buscando nos mostrar fortes sem a devida naturalidade e autenticidade. Passamos também um bom tempo querendo coisas dos outros por não reconhecermos em nós aquilo que precisamos e emprestando a autoridade que não nos conferimos.

Quando a pessoa se sente incompleta, ela pode achar que o outro é a solução para sua felicidade. Isso se reflete nos relacionamentos, casamentos, nas famílias e na vida profissional. O processo de *Coaching* tem a capacidade de apontar os caminhos onde a pessoa descobre seus recursos, sem atribuir ao outro a responsabilidade.

Uma das frases atribuídas a Einstein, encontrada após sua morte, dizia: -"Einstein quer ser Einstein". Uma das interpretações possíveis: "Uma pedra quer ser uma pedra", pois no idioma alemão, "ein stein" quer dizer "uma pedra". Então foi proposto que ele queria sugerir sua teoria - Para que você faça uma pedra voar, você deverá imprimir nela uma força suficiente para tirá-la de seu estado de inércia.

Enquanto a energia for suficiente, a pedra irá realizar seu voo, porém tão logo essa energia diminua, a pedra inicia uma curva descendente, até que encontre o chão e retorne à sua condição inicial de pedra. Uma pedra quer ser apenas uma pedra. Ela não quer voar. Einstein não falava dele propriamente, mas de toda a energia que se empregaria para que um objeto deixasse sua condição de repouso.

Quanto de nossa vontade imprimimos em nossos projetos de vida?

O quanto estamos dispostos a sair do estado em que estamos e alçar voos inimagináveis?

Será também que não gastamos energia em projetos que não são nossos? Ou será que ficamos satisfeitos somente por iniciar algo que sabemos que não vamos terminar? Será que escolhemos relacionamentos complicados para que não deem mesmo certo e acabem logo? Será que nos tornamos bons iniciadores e abandonamos sonhos pelo meio do caminho?

No processo de *Coaching* as pessoas descobrem que iriam realizar algo não para elas, mas para os outros, pais, companheiro, sociedade e para continuar perto dos amigos. Perdem-se no caminho ao se perceberem sozinhas e abandonadas por aqueles que seguiram seus próprios sonhos, simples, mas verdadeiros. Sentem-se traídas e, ao descobrirem que também traíram a si mesmas, uma lacuna enorme aparece. E essa lacuna ou o vazio interno precisa ser preenchido com algo da mesma proporção.

O processo de *Coaching* permite o preenchimento desse espaço pela própria pessoa e, sendo ela a única responsável, eleva-se também a sua autoestima, conduzindo-a ao estado desejado de forma natural. Graças ao *Coaching* é possível preencher esse espaço de forma duradoura. Os resultados que se observam mostram o quanto essa filosofia de vida transforma as pessoas definitivamente.

Inteligência e vontade são forças interiores que a pessoa desenvolve com o emprego do *Coaching* e é por meio de ações propostas a cada encontro que resultados diferentes poderão ser obtidos. *O profissional de Coaching apoia o aprendizado* de seu cliente *para que ele desenvolva* o objeto de sua necessidade atual sem julgamento e com total sigilo. Esse apoio auxilia o *Coachee* a encontrar seu caminho original para atingir a felicidade e estabelecer o equilíbrio para seu bem-estar nos variados ambientes. Isso traz segurança e a tranquilidade para o *Coachee* (cliente) se tornar realmente quem quer ser, cultivando emoções positivas, abrindo-se para novas possibilidades e novas experiências de vida.

Acreditamos que pessoas mais equilibradas são mais produtivas e tolerantes com elas mesmas e conseguem respeitar o mundo simbólico de seus semelhantes, trazendo harmonia ao ambiente em que vivem. Promovem a alegria, otimismo e esperança profissional e pessoal, desenvolvendo sua qualidade de vida que é tão essencial para o ser humano.

No coachetório, o tapete e as duas poltronas dispostas frente a frente configuram um espaço relacional ou espaço psicogeográfico que pertence ao *Coachee* e entramos nele como convidados sendo um local sagrado onde experiências são relatadas e discutidas com muita emoção. Não há certo nem errado. Existe somente a história de vida do cliente como referência para novos caminhos e possibilidades.

Seja qual for a sua meta, os recursos de que precisa já estão guardados dentro de você. A seriedade do Profissional de *Coaching* em atuar sem críticas, julgamentos e com uma conexão perfeita auxilia o *Coachee* a equilibrar dinâmicas internas como vontade e inteligência gerando ações para desenvolver todo o seu potencial na realização de seus objetivos.

O processo de *Coaching* implica na iniciativa da pessoa em buscar seu próprio crescimento. Esse trabalho depende de um compromisso mútuo entre o cliente e o profissional que só será possível se existir o querer por parte do cliente e, a partir daí, se responsabilizar com o seu crescimento e reconhecer que a vontade de se desenvolver é o primeiro passo inteligente de sua caminhada do estado atual rumo ao estado desejado.

16

O Cérebro e O Processo de *Coaching*

À medida que entendemos como funciona nosso cérebro e como tirá-lo do "piloto automático", o Processo de *Coaching* passa a ser mais efetivo, promovendo mudanças duradouras para o *Coachee*

Clarisse Schmidt &
Ronald Dennis Pantin Filho

Clarisse Schmidt & Ronald Dennis Pantin Filho

122

Clarisse Schmidt - *Executive Coach* pela Sociedade Brasileira de Coaching/SP – BCI/USA; *Leader as a Coach* – BCI/USA; *Certified Professional Coaching* pela Academia Brasileira de Coaching/RJ. Formada em Estudo do Comportamento Humano pelo Instituto ENEAGRAMA. Executiva com larga vivência em áreas de *Supply Chain*, Manufatura e Serviços; *Quality Leader* em implantação e auditorias do sistema ISO 9000. Cofundadora e Diretora Executiva da Sociedade Gaúcha de Coaching (SGC). Graduada em Administração de Empresas pela PUC/RS. Pós-graduada em Engenharia da Produção pela UFRGS/RS.

Ronald Dennis - *Master Coach* com Certificação Internacional pelo Behavioral Coaching Institute/USA (BCI); *Leader as a Coach* – BCI/USA; *Personal, Professional & Executive Coaching* pela Sociedade Brasileira de Coaching/SP. Treinador Comportamental pelo IFT/SP com Mestre Massaru Ogata. Palestrante e Executivo com larga vivência em áreas de Manufatura e Serviços; Professor/Instrutor do CRECI/RS; Professor/ Instrutor da ADVB/RS. Voltado para resultados em negócios com experiência em empresas como Altus Sistemas de Informática, General Motors, Dell. Presidente-Fundador da Sociedade Gaúcha de Coaching(SGC). Graduado em Administração de Empresas pela PUCRS; MBA Executivo pela FGV/SP.

Contatos:
www.sgcoaching.com.br
clarisse@sgcoaching.com.br/ ronald@sgcoaching.com.br
(51) 9935-7005 / (51) 9935-4005

Clarisse Schmidt &
Ronald Dennis Pantin Filho

O Cérebro e as Conexões Neurais:

Nosso cérebro, como descrito popularmente, é uma fabulosa "caixinha de surpresas". Sabemos, apenas, que usamos, em média, 10% de seu potencial total. É como se fosse um imenso *iceberg*, onde apenas a ponta (10%) dele ficasse para cima da água, visível e consciente, e todo restante (90%) ficasse submerso, invisível e inconsciente. De forma simplificada, o cérebro é um órgão que tem uma função específica: economizar energia para o corpo. O cérebro humano é particularmente complexo e extenso. Ele representa apenas 2% da massa do corpo, mas, apesar disso, recebe aproximadamente 25% de todo o sangue que é bombeado pelo coração. O hemisfério dominante, em 98% dos humanos, é o hemisfério esquerdo, que é responsável pelo pensamento lógico e competência comunicativa. Enquanto o hemisfério direito é responsável pelo pensamento simbólico e criatividade, embora pesquisas recentes estejam contradizendo isso, comprovando que existem partes do hemisfério esquerdo destinadas à criatividade e vice versa. O cérebro é o órgão que consome mais água, oxigênio e glicose. Sua missão é colocar todo o restante no "piloto automático", ou seja, no subconsciente.

Todo pensamento gera impulsos elétricos, ou circuitos de condução de eletricidade. Imagine uma imensa teia intrincada, sendo tecida com várias conexões ocorrendo entre si, e, a cada vez que a linha se encontra com a outra, dando um nó, ou apenas se cruzando, vai construindo um emaranhado geométrico que, ao cabo, forma a teia. Nosso cérebro é uma gigantesca teia, onde esta comunicação começa com os *neurônios*, a linha são os *axônios* (que conduzem os impulsos; porém não são muito bons condutores) e a *mielina* (excelente condutor que envolve e auxilia os axônios nessa missão de levar o impulso elétrico com eficiência) e os *pontos de sinapses são* os encontros da teia. Os axônios são filamentos delgados possuindo a espessura de um centésimo de um fio de cabelo humano. Eles ligam as diferentes regiões do cérebro, enviando e recebendo milhões de impulsos elétricos. O cérebro contém, literalmente, centenas de quilômetros desses fios.

Cada vez que temos um pensamento, ou um estímulo que integre informações de dois ou mais sentidos (ex.: olhar e cheirar uma rosa – uso dos sentidos de visão e olfato) aciona diferentes regiões do cérebro que são unidas pelos axônios. Quando é uma ação/informação conhecida, já existe um caminho formado dentro do cérebro, ou seja, uma conexão já tecida. Quando o evento é uma novidade para o cérebro, há a integração entre as regiões envolvidas e se estabelece um novo caminho, ou uma nova conexão neural.

O SER HUMANO É UM SER DE HÁBITOS:

• Valores • Crenças • Pensamentos • Ação • Hábitos • Comportamentos • Resultados

Valores constituem a essência das pessoas, no que acreditam, o que as move. Crenças são estabelecidas com base nos valores. Podem ser limitantes ou possibilitadoras. É como as pessoas concebem o mundo e decodificam cada evento. Pensamentos são os resultados das Crenças. Um pensamento leva a uma ação. Ações repetidas levam a hábitos e, por consequência, a comportamentos. Os comportamentos ditam os RESULTADOS.

Toda esta estrutura está dentro do "piloto automático" do cérebro, ou seja, no subconsciente. Temos comportamentos que soam como reflexos automáticos comandados pelo cérebro. Quando uma pessoa resolve mudar um comportamento, alterar uma crença, ela está assumindo o controle do cérebro. Mudar "dói", pois implica em sair da zona de conforto, questionar os padrões atuais e buscar novos caminhos.

Nesta íntegra, como uma forma de ampliar o espectro da consciência, instigando o raciocínio, criando e recriando conexões neurais, surge este novo Processo: o *Coaching*.

O *Coaching*, que usa a maestria de fazer perguntas, ao invés de dar as respostas, provoca este "turbilhão cerebral", ao desafiar o cérebro a buscar caminhos alternativos, possibilidades, soluções...

O papel do *Coach* é "girar o *iceberg*" ou "suspender" para que o que está no subconsciente venha para cima (para o consciente) e o *Coachee* possa fazer opções conscientes se deseja ou não provocar mudanças.

O *Coach* instiga o *Coachee* a realizar o caminho inverso, analisando:

• Resultados • Comportamentos • Hábitos • Ações • Pensamentos • Crenças • Valores

O *Coach* questiona as crenças do *Coachee* e o estimula a sair do automático, da zona de conforto e experimentar diferentes Resultados advindos de uma nova postura Comportamental. Ao gerar novos pensamentos, o *Coachee* cria novas conexões neurais e reforça um novo comportamento. Este novo comportamento, à medida que é repetido, vai ficando tão forte quanto o comportamento anterior. Dentro do cérebro ficarão dois "caminhos" ativos: o percurso neural do antigo comportamento e o percurso neural do novo comportamento. No processo de mudança, é importantíssimo monitorar o novo comportamento para que ele se torne um hábito muito forte dentro do cérebro e seja fixado como o novo comportamento automático. A palavra chave aqui é HÁBITO, ou seja, pode-se treinar o cérebro para ter as reações que se deseja fortalecendo o novo comportamento como um hábito. Todavia, o caminho do antigo comportamento continua lá dentro do cérebro, como uma trilha ou pegada que nunca se apaga. Toda vez que um pensamento ativar este caminho anterior, ou comportamento antigo, ele se abre novamente e pode querer disputar a voltar a ser o caminho automático.

O PROCESSO DE *COACHING*:

O processo de *Coaching* funciona como um sistema aberto, com entradas, processamento, saídas e retroalimentação, o que garante o monitoramento contínuo das aprendizagens e efetivação dos novos comportamentos adquiridos. O uso adequado das várias ferramentas e técnicas do *Coaching* dá o subsídio necessário, ao *Coach*, para executar este trabalho com maestria, fazendo o Processo ficar em homeostase, ou seja, em equilíbrio dinâmico.

O *Coaching*, como proposta de ser um processo que conduz um indivíduo/organização de um estado atual (EA) a um estado desejado (ED), questiona comportamentos e crenças e estimula a conquista de novos resultados outrora considerados inatingíveis. Ao questionar as crenças do "eu posso", "eu mereço", "eu consigo", o *Coach* coloca o indivíduo frente às suas bases mais profundas, desnudando suas crenças e seus valores, que, de fato, norteiam seus comportamentos. A solução ou a mudança não é simplista. O *Coach* eleva a consciência do *Coachee* e o conduz ao aumento da sua percepção. Ao questionar as crenças do *Coachee*, o *Coach* "desestrutura as crenças" da pessoa e, neste momento, ela passa a estar pronta para o novo. A maneira como as pessoas se comportam está "101%" relacionada às suas crenças e valores, ou seja, "todo" comportamento tem uma intenção positiva: satisfazer crenças e valores individuais. Neste âmago, revela-se a essência do "SER" e que permeia o autoconhecimento e, a partir deste entendimento, um novo desafio se lança: como lidar com este "EU" e como "empoderá-lo" a conquistar seus objetivos na linha do tempo traçado. Este olhar desafia o *Coach* a ajudar o *Coachee* a permanecer muito focado em sua meta durante todo o Processo de *Coaching*, que, em média, leva apenas 10 a 12 sessões. São muitas etapas a vencer...

Ainda mais, estando o *Coachee* inserido em um cenário onde a sociedade moderna vive um profundo dilema em torno do "TER", do

"FAZER" e do "SER", onde a ordem e a prioridade destes valores se confundem, desnorteiam as pessoas e perturbam o FOCO no agir e nos resultados a atingir. Neste contexto, entra o *Coach*, cuja missão é ajudar a colocar cada "pedra no local certo dentro da construção", respeitando os valores individuais, ou seja, a CONSTRUÇÃO de um indivíduo é diferente da CONSTRUÇÃO de outro. Entenda-se, aqui, CONSTRUÇÃO como sendo a obra de vida ou o mapa mental de cada pessoa/organização. Somos seres únicos, portanto, cada um constrói sua obra prima ou desenha o seu próprio mapa mental.

Grandes sábios compartilham que o mais importante é a jornada, ou o caminho, e não o destino em si. O Processo de *Coaching* conquista resultados efetivos, foca o caminho, traz autoconhecimento, fortalece o "EU" do indivíduo durante a jornada. O Processo de *Coaching* compreende início, meio e fim. Ele atende as demandas do mundo moderno, ávido por agilidade, flexibilidade, consistência e efetividade.

Como definir resultados efetivos? Poderia se dizer que são, puramente, a obtenção do Estado Desejado (ED), ou seja, a meta traçada em cada processo. Porém, é mais do que apenas isto, pois tem um diferencial muito importante: a palavra "efetivo"... Efetivo, que traduz um resultado "duradouro"... Duradouro, pois foi construído sobre um processo de maturação, de percepção, autopercepção e heteropercepção, e, principalmente, de "mudanças profundas"... Mudanças profundas, pois resultam da análise/ressignificação de crenças e substituição de antigos comportamentos por novos comportamentos.

Mudança pressupõe: fazer algo diferente. Mudar envolve, necessariamente, capacidade de compreensão e adoção de práticas que concretizem o desejo de transformação. Isto é, para que a mudança aconteça, as pessoas precisam estar sensibilizadas por ela. Perceber a dinâmica das mudanças e como elas ocorrem dentro do cérebro é uma necessidade para efetivar os novos comportamentos.

Algumas expressões utilizadas para abordar mudanças são questionáveis: "leva tempo para mudar" ou "tem que estar pronto para mudar". Percebe-se que elas veem carregadas de crenças limitantes. O que leva uma abordagem ser absorvida em 15 minutos por uma pessoa e outra abordagem ser absorvida em 15 anos? Tem um elemento-chave: colocar a lupa encima do resultado indesejado: O que está acontecendo? O que **realmente** está acontecendo? O que **realmente** precisa ser mudado? Qual é a diferença que fará a diferença?

O *Coach* precisa trazer algo que ajude o *Coachee* a fazer algo que ele não consegue fazer sozinho.

O COACH DE SUCESSO: 2 SEGREDOS-CHAVE:

1) Promover mudanças efetivas, duradouras e confortáveis.

A expectativa do cenário novo eleva o esforço do *Coachee* no processo. É importante o *Coachee* perceber que o esforço atual é muito pequeno em relação ao que ele terá na vida, no futuro, o seu ganho com a meta atingida. Quanto mais intensas as imagens da recompensa futura, maior será o esforço.

É necessário criar um propósito para tudo isso. O momento da glória é muito pequeno. O sucesso não é apenas um ponto de chegada. Ex.: Um atleta preparando-se para um torneio mundial. Quanto mais intenso o propósito com relação às outras pessoas, ao meio, à sociedade, mais forte e mais rápida será a mudança.

2) Entender o papel das crenças:

- Crenças são regras/critérios que se transformam num incômodo quando não satisfeitas;

- Crenças limitantes são quaisquer crenças que impedem alcançar metas e objetivos. Elas definem os limites pessoais sobre o que é possível ser, ter e fazer;

- Crenças possibilitadoras são crenças que potencializam, fortalecem e impulsionam as conquistas. São fortes aliadas no Processo de *Coaching*;

- É possível ter uma melhor interação com as pessoas sem insistir que o mundo e todos vivam de acordo com uma base única de crenças e valores. Como seria se todas as pessoas do mundo, das famílias, das empresas pensassem de forma singular?

- Operadores modais de necessidade carregam crenças. Ex.: deve, deveria, preciso, sempre, nunca, todos, impossível;

- Todos eventos são neutros. Não importa o que acontece, mas como você reage aos acontecimentos. Toda reação utiliza crenças para interpretar o evento;

- Toda justificativa é uma crença;

- Em certos momentos, é menos agressivo desafiar uma crença utilizando perguntas simples: "isto é realista?", e/ou "isto é útil", e/ou "isto é lógico?".

- Tudo são crenças, inclusive estas considerações. Não existe realidade ou verdade única.

O *Coach* precisa ser "mestre" em conhecer e desativar crenças limitantes. O êxito do processo reside nesta essência. As únicas limitações pessoais são aquelas que impomos a nós mesmos. Concluindo, acreditamos que Mudanças são fundamentais, mas tem hora certa e velocidade adequada ajustada a cada pessoa, a cada mapa mental, respeitando a idade, as crenças e valores de cada indivíduo.

O *Coach* precisa ter a percepção de quando "acelerar" e quando "pisar no freio". Ele precisa estimular o *Coachee* a buscar coisas que admira, a entender os extremos, a ter referência de pessoas muito bem-sucedidas e também pessoas muito simples e que, na simplicidade, atingiram seu máximo.

É fundamental o *Coach* consolidar as aprendizagens e tornar o Processo de *Coaching* uma grande experiência para o *Coachee*, uma jornada estimulante.

É vitorioso o Processo de *Coaching* onde a conquista da meta venha como consequência de um processo de Transformação, Autoconhecimento e "Empoderamento" do *Coachee*.

"Um homem não pode fazer o certo numa área da vida, enquanto está ocupado em fazer o errado em outra. A vida é um todo indivisível." Mahatma Gandhi

17

Coaching de Identidade e as Leis Universais

O processo de *Coaching* de Identidade de Cláudio Tenroler insere-se precisamente na renovação de mentalidades e, promovendo real evolução pela capacidade de potenciar a individuação, é uma ferramenta extremamente eficaz no desenvolvimento do potencial humano. Os objectivos são uma consequência do Ser, e o Ser contem em si a sabedoria que orienta cada homem e mulher ao encontro do seu destino único e inigualável

Vera Faria Leal Criadora do Método WISDOM COACHING INTEGRAL ©

Claùdio Tenrôler

Claùdio Tenrôler

Master Coach certificado pelo IBC – Instituto Brasileiro de Coaching, Metaforum Internacional (Alemanha/ Itália), ECA – European Coaching Association (Alemanha e Suíça), GCC – Global Coaching Community (Alemanha). Formação avançada em Treinamento Comportamental com práticas de Emotologia, Gestalt, Análise Transacional, PNL, Hipnose e *Firewalking* pelo IFT – Instituto de Formação de Treinadores com Prof. Massaru Ogata. Especialista em Hipnose Condicionativa pelo Instituto Brasileiro de Hipnologia e membro da Sociedade Ibero Americana de Hipnose Condicionativa. Bacharel em Administração de Empresas, Pós-Graduando em Gestão de Pessoas, Técnico em Contabilidade, possui diversos cursos de aprimoramento profissional. Administrador e Gestor de Empresas há dez anos. Atualmente desenvolve trabalhos como Consultor, *Coach* Financeiro e de Identidade, atendendo a empresas de diferentes portes e segmentos e profissionais que estejam em busca do desenvolvimento de sua verdadeira identidade, sua missão e propósito de vida.

Contatos:
www.claudiotenroler.com.br
+55 51 9858-4574
chtenrol@gmail.com

Dentro do processo de *Coaching* de Identidade busco abordar com meus *Coachees* de forma integral todos os aspectos relacionados com suas vidas nas dimensões física, intelectual, emocional e espiritual, pois o resultado do processo necessita do equilíbrio de todas as áreas.

Todos nós influenciamos o meio onde estamos e também nos permitimos ser influenciados por ele quando não estamos atentos a nossos pensamentos e atitudes. O que procuro levar meus clientes a aprender é que de maneira nenhuma eles são o ambiente em que estão inseridos no momento sendo este apenas a manifestação de suas crenças no presente. Na maioria das vezes estas pessoas viveram boa parte de suas vidas sendo vítimas de suas crenças limitadoras, auto sabotando-se sem se darem conta disso, vivem no piloto automático, são escravos de suas crenças ao invés de terem o domínio sobre elas. A boa notícia é que crenças podem ser mudadas.

Costumo dizer que um processo a nível de identidade poderia ser comparado metaforicamente ao *coachee* abrir a "Caixa de Pandora", pois estaremos buscando identificar as crenças que são as causadoras de nossa auto sabotagem e isso somente é possível quando se está totalmente disposto a abrir-se ao novo através de um exercício diário de assumir verdadeiramente o controle de sua vida.

A metodologia do *Coaching* por si só faz com que fiquemos focados nos objetivos, porém em um processo de identidade auxilio meu *coachee* a estar atento a sua ecologia interna e a melhorá-la seja através da observação das vozes interiores em relação a suas decisões, seja através de suas emoções. Ao menor sinal de incongruência entre a decisão e aos sentimentos após a tomada de decisão procuramos encontrar a crença escondida por trás dessa reação possibilitando dessa maneira a identificação e substituição da crença limitadora por uma nova e possibilitadora.

O que pretendo nesse artigo é convidá-lo a fazer uma rápida reflexão sobre alguns princípios universais que você tendo conhecimento ou não influenciam nossas vidas. Talvez o que você lerá abaixo possa lhe fazer sentido ou não, mas se acaso não o fizer eu lhe convido a ficar com minha intenção positiva em querer compartilhar um novo ponto de vista, resultado de uma busca por novas respostas a cada pergunta feita em cada novo processo de *coaching* e de auto *coaching* que faço e que incontestavelmente fazem crescer tanto Coach como *Coachee* e este é um dos grandes benefícios do processo de *Coaching* a evolução devido a cocriação.

O propósito que apresento aos meus *coachees* é a busca por sua expansão da consciência, o processo de individualização e a viver com sentimento, com inspiração e autenticidade integrando aprendizagens e experiencias que potencializam a transformação dos comportamentos a fim de atingir o estado desejado e ir mais além.

No processo de *Coaching* de Identidade treinamos competências para alcançarmos a excelência do "self" e ao longo do processo apoiarmos outros adotando uma abordagem holística buscando a integração harmoniosa do corpo, intelecto, emoções e o espírito que é o resultado de quem somos.

Na busca dessa integração vale lembrar que para sermos completos precisamos aprender a integrar e aceitar nossa sombra que são os aspectos de nossa persona que nos assustam, que rejeitamos, dos quais nos envergonhamos e nos culpamos. Quando aprendemos a resgatar essa energia escondida nas dobras ocultas de nosso "eu sombra" e a usá-la conscientemente para recriar a nossa história de vida. Quando integramos esta parte de nós que repudiamos e que projetamos nos outros é que poderemos assumir a totalidade da luz, dos nossos talentos e viver realmente a nossa verdade.

Sem o conhecimento e a redenção integral do nosso "eu sombra", a espiritualidade é sempre vivida parcialmente evitando o desconforto das emoções duras e "inconvenientes" fugindo dos instintos que nosso corpo/alma fala com sábia intuição. Sem aceitarmos e abraçarmos nosso "eu sombra", nossa vida é vivida em parte inconsciente, desconectada de uma poderosa fonte de energia vital, conhecimento intuitivo e cura emocional profunda.

Nossa sombra nasce nas crenças enraizadas na infância e tornam-se "personagens internos sabotadores". Quando as denunciamos e as suas falas internas temos a grande benção de transformá-las canalizando positivamente a sua energia vital. Elas não são a nossa verdade, pois a verdade é aquilo que permanece conosco, nossa verdadeira essência, essa que nasceu para expressar toda a nossa potencialidade e plenitude.

Quando estamos trabalhando em um processo de identidade podemos abordar com o *coachee* algumas questões que o levem a aprender um pouco mais sobre suas responsabilidades e poder de criação e a relação com o meio e as Leis Universais.

A primeira dessas Leis é chamada "Princípio do Mentalismo" e nos ensina que tudo é mental, dessa maneira tudo que acontece em nossas vidas é fruto de nossos pensamentos. Esse princípio nos convida a sermos totalmente responsáveis por nossos resultados e nos convida a assumir nosso papel de criadores de nossas vidas. Atitude essencial em qualquer processo de *Coaching*. Nesse caso lhe convido a refletir em cada princípio apresentado sobre algumas questões. Segue a primeira: *Como andam meus pensamentos no decorrer do dia?*

A segunda Lei é chamada "Princípio da Correspondência" e nos ensina que semelhante atrai semelhante contrariando a velha máxima "dos opostos se atraem". Portanto, se quisermos bons resultados devemos agir de acordo com o que estamos buscando. Este princípio nos mantém em alerta em relação a nossas atitudes para conosco e com os grupos aos quais convivemos. *Qual o tipo de situações que sempre me encontro? Quais são os modelos mentais das pessoas tenho me relacionado?*

A terceira Lei é denominada "Princípio da Vibração" e nos ensina que tudo no universo é energia e por este motivo vibra, portanto devemos estar atentos sobre nossos sentimentos, pois são eles os responsáveis por manter nossa vibração elevada. Estamos sempre atraindo através do Princípio da Correspondência vibrações semelhantes a nossa, estas sendo geradas por nossos sentimentos que por sua vez são originados por nossos pensamentos. *Quais os tipos de sentimentos que você anda nutrindo em seu coração?* Muita atenção, pois essa é a qualidade de sua vibração!

A quarta Lei é conhecida como "Princípio das Polaridades" esta lei ensina que tudo tem dois lados, positivo e negativo, quente e frio, luz e sombra sendo estes dois opostos na realidade a mesma coisa. Somos o resultado da soma de nossa luz e nossa sombra, a questão é que precisamos conhecer os dois lados para depois conseguirmos identificar se está quente ou frio, se é positivo ou negativo, se é luz ou se é sombra para podermos nos posicionar em relação a este princípio. Continuamos tentando esconder nossa sombra ao invés de aceitá-la para alcançarmos nossa plenitude. *Quais os aspectos da minha sombra ainda tento esconder e quais aspectos insisto em projetar nas outras pessoas?*

A quinta Lei é chamada "Princípio do Ritmo" o qual nos ensina que tudo no universo está em movimento de fluxo e refluxo, expansão e retração talvez a melhor forma para visualizarmos isso é comparar aos efeitos das marés, que vivem um eterno movimento de subida e descida, então devemos estar sempre atentos em nossas vidas, pois após cada período de expansão haverá um de retração a fim de manter o equilíbrio e vice versa e quem estiver atento a este movimento quando perceber o movimento de retração em seu início terá a oportunidade de estabelecer um novo ponto de início avançando dessa forma sempre a frente. *Quantas vezes você já percebeu este movimento em sua vida?*

A sexta Lei é denominada "Princípio de Causa e Efeito" esta nos ensina que tudo o que temos é resultado de nossas ações, nós causamos as situações em nossas vidas e depois devemos aceitar os efeitos é um eterno aprendizado, devemos estar sempre conscientes de que mesmo nossas menores ações ou a falta delas no dia a dia irão resultar em algo que não temos como prever o tamanho do efeito, portanto tudo que fizer faça com excelência e amor. Poderíamos ilustrar da seguinte maneira: "apertar uma tecla no computador é algo extremamente fácil e quase insignificante, mas se esta tecla for para confirmar uma ação que poderá afetar a vida de várias pessoas isso exigirá de nós uma certa responsabilidade", portanto assuma as consequências de seus atos e por quem você é neste momento e verifique quais foram as ações que lhe trouxeram este resultado. *Você está satisfeito com seus resultados? O que você pode fazer hoje para obter resultados melhores de hoje em diante?*

A sétima Lei é chamada de "Princípio do Gênero" este ensina que o gênero está em tudo, tudo tem seu princípio masculino e seu princípio feminino. O Princípio do Gênero atua sempre na geração, regeneração e criação. Todas as coisas, todas as pessoas contém em si estes dois elementos deste grande princípio. Entender esta lei nos permite aumentar nossa capacidade criadora pois temos tudo o que precisamos dentro de nós, este princípio nos ensina que ao mesmo tempo quando conquistamos também devemos dar em agradecimento e quanto mais doamos com gratidão as pessoas mais recebemos do universo para o estabelecimento e geração de mais abundância em nossas vidas. Quanto mais você auxiliar outros indivíduos em seu processo de desenvolvimento pessoal mais nos desenvolvemos. *Quanto e como você tem contribuído para o crescimento das outras pessoas e o seu próprio?*

Talvez você nunca tenha lido sobre estas sete Leis Universais, mas se você refletir um pouco elas poderão lhe perecer muito familiares, e realmente elas estão em praticamente todas as religiões e filosofias do mundo de maneiras diferentes, são princípios metafísicos, princípios de fé, enfim são Leis que influenciam nossas vidas quer você acredite ou não, tanto quanto a Lei da Gravidade, você pode até dizer que não acredita na Lei da Gravidade, mas se pular de um prédio você irá cair, pois é a Lei da Gravidade funcionando. Nesse caso é bem simples devemos buscar estarmos conscientes e atuando ativamente em nossas vidas ou podemos ficar no piloto automático sempre reagindo aos acontecimentos de nossas vidas.

Tendo domínio ou não sobre essas Leis Universais quando assumimos o controle de nossas vidas de uma forma ou de outra começamos a ficar atentos a nossos pensamentos, começamos a nos conectar com nossa essência, com nosso verdadeiro poder pessoal, com nossa centelha divina então começamos a identificar nossa verdadeira missão de vida, iniciamos nosso processo de evolução. Isso me faz lembrar um trecho de uma mensagem do escritor português André Louro de

Almeida que recebi por e-mail de uma amiga antes de finalizar este artigo onde li o seguinte:

"Na evolução por conflito, o Universo dá-te um balde cheio de ouro e areia e tu saltas para dentro do balde e vais tentar separar o ouro da areia, e há um constante conflito entre as duas presenças porque para cada grão de ouro, tu agarras cinco grãos de areia, tu estás misturado com o plano onde a dualidade acontece. Tu estás dentro do balde.

Na evolução por identificação, no momento em que te aparece um balde com ouro e areia misturados, tu identificas-te com o ouro, mas não saltas para dentro do balde, não queres separar o ouro da areia. É só um balde com ouro e areia! E tu ficas do lado de fora. E dizes: "Olha, eu identifico-me com o ouro". Esta operação de consciência na quietude, na oração, na firmeza, desenvolve magnetismo, e à medida que o teu magnetismo aumenta, os grãos de areia começam a saltar do balde.

Trabalha em níveis ocultos e não te impressiones nada com o que acontece fora de ti, porque tu fundes-te com o teu ser interno, a areia começa a sair da tua vida e o ouro permanece."

Atingir nossos objetivos é fundamental, porém ainda mais precioso é viver uma vida plena de sentido onde a consciência e a liberdade são os verdadeiros aliados de nossa paz interior e isso conseguimos somente com a integração gradual de nossas polaridades: corpo e espírito, luz e sombra, feminino e masculino, personalidade e alma, alma e Espírito Universal. Esta sim é a verdadeira alquimia da transformação. Esse é o verdadeiro objetivo de um Processo de *Coaching* de Identidade.

Finalizo este artigo com um pensamento de Ghandi.

"O Ser que eu quero me tornar
é o ser que eu acredito ser
e este ser eu serei."

Referências:

O Efeito Sombra - Autor: Debbie, Ford; Williamson, Marianne; Chopra , Deepak
Editora: Lua de Papel - 2010.
Você Pode Curar Sua Vida - Autor: Louise Hay
Editora: Best Seller - 2010.
Praticando o Poder do Agora - Autor: Eckhart Tolle
Editora: Sextante - 2005.
O Poder do Amor A Lei da Atração e a Alquimia da Felicidade - Autor: Vera Faria Leal
Editora: Best Seller - 2010.
O Caibalion - Autor: Camaysar, Rosabis
Editora: Pensamento.

18

Como está seu planejamento de carreira? Você tem um?

A busca pelo equilíbrio e bem-estar físico, mental e espiritual tomou conta do profissional do século XXI, além, é claro, da busca pela realização profissional e pessoal em um contexto onde o tempo parece ser o nosso grande inimigo e a tecnologia, nossa grande vilã, mas, será que são mesmo?

Cynthia Mastropascha

Cynthia Mastropascha

Psicóloga com especializações em comportamento humano e organizacional. *Master Coach* e *Executive Coach* pelo BCI-Behavioral Coaching Institute; membro da Sociedade Brasileira de Coaching, pós-graduada em Gestão Estratégica de Recursos Humanos, possui ampla experiência corporativa em Recursos Humanos onde atuou ao longo de 20 anos em organizações no segmento de serviços e tecnologia: Bradesco, Grupo Vale Refeição, Interchange Serviços S.A, Soluziona e Fundação Atech Tecnologias Críticas, empresa na qual ocupou posição executiva. Consultora e palestrante nas áreas de Comportamento Humano, Carreira e Liderança *Coach*; professora de pós-graduação para disciplinas de psicologia, *coaching* e recursos humanos. É sócia-diretora da empresa de Consultoria Congruência Desenvolvimento Humano. Dentre as principais características e abordagem como *Coach* destacam-se: ética, confidencialidade, comprometimento e foco em soluções e resultados.

Contatos:
www.congruencia.com.br
cynthia@congruencia.com.br

Nesse contexto, surge a preocupação do profissional com sua evolução de carreira. Como planejá-la e desenvolver habilidades e competências que, no decorrer da vida, façam com que o mercado de trabalho o absorva apesar da sua idade?

No passado, a solução estava na preparação e entrada em uma grande empresa, que lhe proporcionaria treinamento, desenvolvimento, uma remuneração adequada e estabilidade. As pessoas faziam parte de uma grande família, afinal, ficavam muito tempo nas empresas.

Lembro-me da minha infância. Meu pai participava de eventos em que recebia prêmios por tempo de casa e por lá ficou até se aposentar, após 30 anos de trabalho, um modelo bem tradicional de carreira, não acham?

Entendendo a carreira tradicional

No modelo tradicional, a carreira é marcada por relativa estabilidade e progressão linear vertical, seu sucesso pode ser medido pelo número de promoções e o quanto o profissional cresceu na hierarquia de uma organização. A carreira é gerenciada pela empresa e não pelo indivíduo. O desenvolvimento profissional é determinado pelos interesses da empresa e a carreira muda para atendê-la. A pessoa planeja manter-se na mesma empresa até sua aposentadoria.

Quando entrei no mercado de trabalho, na década de 80, esse modelo existia e, atualmente, ainda existe, mas em menor proporção que outros modelos mais modernos. Fui admitida por um grande banco e, antes de ir para o departamento no qual tinha sido contratada, passei dois meses fazendo um curso de datilografia, fui treinada no que dizia respeito à parte administrativa e também às relações no trabalho. Pronto! Estava preparada pela empresa para trabalhar.

A grande questão é que, poucos anos depois, veio o avanço tecnológico e eu nem sequer sabia o que era um computador. Uma nova preparação por parte da empresa foi oferecida e, pronto, um novo modelo mental estava instalado! O mercado mudava e a empresa me preparava.

Infelizmente, com o passar dos anos isso não mais aconteceu. A dinâmica dos negócios mudou e as empresas se reinventaram com a evolução da tecnologia. Rapidamente se instalou um elevado índice de rotatividade de pessoas, terceirização, redução dos níveis hierárquicos; novas competências e novos cargos foram surgindo e a empresa não me preparava mais. E agora, o que fazer? Descobri então um novo modelo de carreira: o modelo da carreira moderna.

O conceito de carreira moderna surgiu em decorrência de mudanças sociais como a entrada da mulher no mercado de trabalho, avanço tecnológico, mudanças nas relações do trabalho entre outros fatores.

Caracteriza-se pela instabilidade, descontinuidade e horizontalidade, o que faz com que o profissional esteja sempre atento às mudanças de contextos sociais e econômicos, pois eles refletem diretamente em sua carreira. A carreira é gerenciada pelo indivíduo e não mais pela empresa.

O conceito de carreira moderna foi evoluindo e na literatura podemos conhecer três desses modelos: a carreira proteana, a carreira sem fronteiras e, mais recentemente, a carreira inteligente.

Entendendo a Carreira Proteana

O conceito se baseou no mito de Proteu.

Proteu, na mitologia grega, era um deus marinho, guardador de rebanhos de focas e outros animais marinhos. Ele tinha o dom de prever o futuro e a capacidade de transformar sua aparência física no que desejasse. Utilizava-se de suas habilidades para afastar os curiosos, que o importunavam interessados em saber sobre os acontecimentos futuros. Ele era capaz de se transformar em leão, serpente, javali, pantera, árvore ou água.

O conceito de "carreira proteana" define-se como processo no qual a pessoa, não a organização, gerencia a carreira. Consiste de todas as variadas experiências da pessoa em educação, treinamento, trabalho em várias organizações e mudanças no campo ocupacional. As próprias escolhas pessoais de carreira e a busca por autorrealização são os elementos integrativos e unificadores em sua vida. Tem como objetivo o sucesso psicológico e a autorrealização. O critério de sucesso é interno e não externo. (Hall,1996)

A carreira proteana é planejada e gerenciada pelo próprio indivíduo e pode ser redirecionada, de tempos em tempos, para atender às suas necessidades. O indivíduo prioriza seus próprios valores, estabelecendo prioridades e objetivos.

Dessa forma, pressupõe-se que essa carreira é formada por vários ciclos na vida do profissional: envolve a expansão de conhecimentos e competências, aprendizagem contínua, gestão de recursos (tempo e dinheiro, principalmente) e novos relacionamentos com pessoas e empresas.

Entendendo a carreira sem fronteiras e a carreira inteligente

A partir da década de 1990, surgiu o conceito que prevê, uma vez mais, uma relação de independência na evolução da carreira do indivíduo em relação à organização.

Michel Arthur propõe que a carreira se torne sem fronteiras: o fim do vínculo com países, atividades específicas e, principalmente, com as empresas. O profissional é motivado e encorajado a desenvolver projetos de carreira, estabelecendo uma relação aberta com a organização em que atua. A relação passa a ser independente e transacional entre indivíduos e organizações; não há uma relação de emprego e nem estabilidade. O profissional é contratado por projetos pontuais com prazos determinados, remuneração adequada e negociada entre as partes. Os consultores se enquadram muito bem nesse tipo de carreira.

Por volta do ano 2000, o mesmo Michel Arthur insere o conceito de carreira inteligente, um jeito novo de entender o cenário de incertezas e possibilidades do mundo atual. Arthur sugere que respondamos as seguintes questões:

1. **Por que você trabalha?** A resposta deve basear-se em sua identificação com o que faz e seu grau de motivação para realizar as atividades.
2. **Como você trabalha?** Aqui entra a análise de suas experiências e de seus conhecimentos técnicos em relação ao desempenho de suas atividades profissionais.
3. **Com quem você trabalha?** Considere seus colegas e as outras pessoas que compõem sua rede de relacionamentos.

Se essas questões tiverem respostas positivas, é sinal de que você está no caminho certo para construir uma carreira inteligente.

Como então entender, gerenciar e se preparar para todas essas mudanças?

Etimologicamente, a palavra **carreira** se origina do latim medieval "via carraria" e significa estrada rústica para carros, ou seja, um caminho estruturado e planejado para se chegar a um destino.

A primeira questão é entender que o mundo do trabalho mudou, aliás, muda diariamente e que você é responsável pela sua gestão de carreira.

Essa gestão engloba:

A. O entendimento de seus valores: trabalhar satisfazendo valores importantes nos traz motivação, resultando em sucesso no trabalho e na vida pessoal.

B. Avaliar competências, experiências profissionais e a necessidade de aumentar e diversificar seus conhecimentos. Todo profissional que deseja ter uma carreira inteligente tem que se desenvolver continuamente, estar atualizado para realizar suas atividades, mantendo seu nível de empregabilidade com o passar dos anos.

C. Espera-se do profissional: versatilidade, flexibilidade, iniciativa e adaptabilidade. Habilidade para planejar a carreira com visão de futuro, sabendo o momento certo de mudar o rumo quando o trabalho não mais satisfizer seus objetivos profissionais e pessoais.

Um processo de *coaching* poderá assessorá-lo, pois é personalizado, feito sob medida, uma vez que promove o desenvolvimento pessoal e profissional, resgata conhecimentos e competências adquiridos ao longo da vida, explora recursos internos individuais, planeja ações possíveis e compromete o indivíduo nos projetos que está ou deseja ter. Um *coach* apoia e mobiliza o *coachee* para atingir objetivos.

O *coaching* cria um contexto para resultados. Viabiliza a travessia do presente para o futuro, com objetivos, estratégias e ações previamente definidas.

Seus princípios se baseiam em:

Foco no Futuro: *coaching* é uma conversa sobre presente e futuro e não sobre passado. Seu foco é sempre em relação às metas e resultados a serem atingidos.

Ação: sem ação os resultados não acontecem. Ela fornece oportunidades de novas experiências, novas soluções, aprendizagem e conscientização de que é possível mudar.

Mudança e resultados: o processo de *coaching* sempre estará associado à mudança e resultados na vida pessoal e profissional.

O contexto atual, em geral, nos mantém em uma zona de conforto e desconforto também. Muitos profissionais, mesmo desconfortáveis, continuam em seu contexto atual para garantir a sobrevivência, mas é possível com planejamento e disciplina sair da zona de desconforto e ir para uma zona mais confortável e garantir, da mesma forma, sua sobrevivência, de uma maneira mais feliz e motivada. Para isso, é necessário planejar o futuro, definir metas e objetivos que geram motivação e esperança, um real compromisso com uma atitude diferente frente ao contexto atual.

Pense no seguinte: se você vivesse com disciplina e propósito pelos próximos 90 dias, como responderia a essas perguntas:

1. O que você gostaria de mudar em sua carreira?
2. Quais oportunidades surgiriam?
3. O que você iniciaria?
4. O que você deixaria de fazer?
5. Em que você focaria seu tempo e sua energia?

Com certeza quando paramos para pensar e responder a estas questões, nos vem à mente vários sonhos e objetivos. Pense em pelo menos um objetivo que possa alavancar sua vida profissional e pessoal e responda essas questões. Acredite que você tem todos os recursos disponíveis internamente para chegar onde deseja! O que é necessário? Descobri-los, focar e ter disciplina para agir! Isso já é o início de um bom planejamento.

Muitos profissionais que me procuram deixaram seus sonhos e objetivos engavetados apenas por uma questão de sobrevivência. Esse é um fator importante, sem dúvida, mas é possível garanti-la utilizando seus talentos, recursos internos, atingindo resultados muitas vezes maiores dos que se têm hoje.

Todos me dizem: "mas é difícil!". Não estou dizendo que é fácil.

Como sempre digo aos meus alunos e *coachees*: é trabalhoso e requer, primeiro de tudo, coragem para fazer o que tem que ser feito, autoconhecimento para descobrir seus talentos e potencializá-los, bem como para descobrir seus bloqueios e ultrapassá-los. É necessário planejamento, comprometimento com suas metas, energia e determinação para agir. Não estamos acostumados com planejamento, boicotamo-nos com a preguiça, falsa falta de tempo e outras desculpas das mais variadas.

Atualmente, não possuir um projeto profissional ou um plano de carreira pode gerar situações de risco em sua trajetória profissional, como estagnação de conhecimento e autoconhecimento e o não desenvolvimento de novas competências e relacionamentos. Muito profissionais não dão valor em cultivar relacionamentos com outras pessoas, embora isso seja fundamental no mundo do trabalho de hoje. As melhores oportunidades surgem através da sua rede de contatos, ninguém irá apresentar uma pessoa para uma vaga se não a conhecer.

Avalie como está o seu momento de carreira, o que trouxe em sua bagagem até aqui e como direcionar seus talentos para os próximos anos produtivos de sua vida, com felicidade e equilíbrio.

Não deixe que a falsa ideia de falta de tempo ou que o excesso de carga de trabalho o afaste de seus objetivos. Acredito que o principal fator de risco na carreira seja nós mesmos, quando não agimos preventivamente, desenvolvendo um bom planejamento no momento em que estamos trabalhando e que temos recursos disponíveis para investir em nosso autoconhecimento e novos conhecimentos que nos possibilitem desenvolver competências, as quais mantenham a empregabilidade.

Não deixe que isso aconteça com você! Haja preventivamente e construa o seu projeto profissional, agora.

Pronto para iniciar seu planejamento?

Qual será o seu primeiro passo?

19

A influência das crenças para obtenção de resultados pessoais e profissionais

"Se você acredita que pode, você está certo.
Se acredita que não pode, também está certo!"
Henry Ford

Daniela Cierro & Orlaniro Ros Neto

Daniela Cierro & Orlaniro Ros Neto

Daniela Cierro é nutricionista, especialista em Nutrição Clínica, *Personal & Professional Coach*, *Master* em Programação Neurolinguística. Sócia-diretora da Sociedade Brasileira de *Personal Diet*. É palestrante de diversas instituições, professora e coordenadora.

Orlaniro Ros Neto é treinador de equipes para obtenção de Alta Performance, *Personal* e *Professional Coach*, *Master* em Programação Neurolinguística. Sócio-diretor da Sociedade Brasileira de *Personal Diet* e palestrante de diversas instituições.

Contatos:
www.sbpersonaldiet.com.br
neto@sbpersonaldiet.com.br

Escrever um capítulo sobre crenças, dentro do universo de possibilidades para obtenção de resultados, nos fez entrar em contato com muitas histórias, reflexões e discussões até chegarmos a conclusão de que as atitudes do ser humano são o resultado de crenças instaladas desde a infância até o presente momento por pessoas e situações capazes de influenciar suas atitudes, podendo estagnar projetos ou acelerá-los rapidamente rumo a realização de objetivos.

Frederick Cavan já dizia que fazer com que as pessoas percebam que são elas que determinam seus resultados não é uma tarefa muito fácil, mas como tornar consciente essa responsabilidade?

Aproveitamos a oportunidade para perguntar se realmente você sabe aonde quer chegar?

De que forma as crenças instaladas no seu inconsciente são agentes facilitadores para a concretização do tão esperado resultado?

Essa pequena pausa pode ser decisiva para seguir adiante e obter sucesso, pois em muitos momentos ligamos o nosso botão do automático e não enxergamos a forma que estamos conduzindo nossa vida e, portanto, os nossos objetivos.

Com isso utilizaremos questionamentos para reflexão e ação, mas para que se obtenha resultados positivos, você, meu caro leitor(a), já pensou como fazer para manter seu padrão e direcionamento do seu objetivo atual?

Suas crenças fizeram com que você chegasse até esse exato momento e com certeza elas são fortes o suficiente para acreditar que são o caminho mais correto e seguro para atingir os resultados obtidos, mas dentro do universo do sucesso e fracasso quais as crenças que estão instaladas para cada comportamento?

O que limita o ser humano não são os fatos e sim o significado que é dado para cada atitude. Por que duas pessoas com as mesmas oportunidades dentro de uma organização escolhem caminhos diferentes, uma obtém sucesso e outra o fracasso? Por que duas irmãs criadas pelos mesmos pais apresentam resultados totalmente opostos no curso da vida adulta, uma obtendo um casamento feliz e a outra infeliz? Por que um amigo tem uma mansão, carro importado e o outro que estudou no mesmo colégio e teve um padrão de vida socioeconômico muito semelhante inicialmente, hoje vive dificuldades financeiras?

Estamos diante da vida de pessoas que tiveram atitudes baseadas nas suas crenças e cujos resultados significam os fatos e oportunidades obtidos de maneira totalmente diferente, de generalizações sobre causas, significados e limites acerca do mundo, dos comportamentos específicos, das capacidades e da identidade.

Certamente, pessoas que estão em busca de sucesso, seja no

âmbito profissional ou pessoal, já passaram por muitos fracassos e independente desses resultados superaram esses obstáculos e essa emoção na realização.

Estamos diante de uma crença?

Sim, pois toda a afirmação é uma crença, independente de limitante ou fortalecedora, pois não importa onde nascemos, de que forma fomos educados, todo ser humano tem um Sistema de Crenças instalado em sua mente.

Essas crenças agem automático e inconscientemente influenciando desde simples decisões do cotidiano como caminhar até o trabalho ou pegar um táxi, até a realização dos objetivos de vida como se tornar uma pessoa bem-sucedida na área profissional, no relacionamento familiar, amoroso e no círculo de amizades.

Se acreditarmos que somos incapazes de realizar uma atividade, a tarefa se concretizará de forma desagradável, difícil e árdua e assim confirmará a crença limitante de incapacidade. Com isso, irá limitar suas estratégias diante da realização do objetivo definido.

As crenças são categorizadas com o objetivo de identificação e consciência.

As crenças mais importantes são as relacionadas à identidade.

O padrão de comportamento pode ser identificado por meio de frases repetidas durante o discurso, como por exemplo:

"Eu não mereço esse cargo." "Quando eu estou chegando perto da realização do meu objetivo, algo sempre dá errado."

Perguntas como: Baseado em qual fato essa afirmação tem significado? Em todos os objetivos da sua vida algo sempre dá errado e não existe nenhum episódio que o levou a realização com sucesso?

Identificar o padrão que está mantendo faz com que transfira do inconsciente para o consciente e ressignifique essa crença a fim de impulsioná-lo para concretização dos seus objetivos.

Um exemplo clássico pode simplificar a explicação: desde criança Ana sempre obteve muitos "ganhos de afetividade" por meio do comportamento de timidez e introspecção e dessa forma recebia atenção e muito carinho dos seus familiares. Mas com o passar dos anos esse comportamento foi um entrave para que obtivesse sucesso profissional. Com isso passou anos de sua vida insegura não expondo sua opinião. Com 30 anos resolveu procurar ajuda para modificar esse padrão de comportamento.

Por meio do processo de *coaching* Ana tornou consciente a crença que a limitava e verificou ganhos e perdas do seu objetivo, concluindo que para obter o reconhecimento não precisava chamar atenção com timidez e introspecção, mas mudar o padrão se posicionando diante de situações, obtendo autoconhecimento, postura altiva, cuidado com a saúde, estética, tom de voz, entre outros.

Pode ser que diante deste exemplo e neste exato momento você queira fazer uma avaliação de suas crenças, e com isso respire fundo e quando estiver à vontade e confortável, relaxe e pense na forma como você estabelece seus objetivos.

Enquanto avalia as suas crenças pense no último objetivo concluído com sucesso em sua vida. Pode ser a última viagem que fez nas férias, a mudança de cargo dentro da empresa ou até a compra de um carro.

O seu objetivo foi bem formulado e esteve claro desde o início?

Você sabia o que queria e estava expresso com termos positivos? Muitas pessoas formulam seus objetivos exatamente para se afastarem da dor e com isso definem o que não querem, como por exemplo: a partir de agora não quero ser mais um gerente. Esse objetivo está formulado exatamente no que não quer fazer e a partir dessa negativa o alcance do sucesso fica mais distante e difícil de ser alcançado, pois as estratégias são formuladas para se afastar da dor.

Outros questionamentos são pertinentes, tais como: a determinação do objetivo é iniciado e controlado por você ou surgiu a partir da vontade e controle de terceiros? Como por exemplo: se o meu pai pagar a minha viagem de férias, irei para Paris. Dessa forma, a decisão e poder da sua viagem está totalmente sob o domínio e controle do seu pai e não sob o seu controle, com isso as chances de concretizar a viagem ficam mais difíceis.

Por inúmeras vezes formulamos objetivos inalcançáveis, nos levando a frustações, como ganhar em um mês 1 milhão de reais, a partir de uma renda mensal de R$1.500,00. A formulação deste objetivo está no tamanho apropriado? É viável e possível? Alguém já realizou esse objetivo nas condições atuais que você se encontra?

Passando para um segundo passo: como irá saber se atingirá o objetivo estabelecido? O que vai sentir, escutar e ver quando o seu objetivo estiver concluído?

A emoção da vitória é motivadora para acordar todos os dias em busca da realização do seu objetivo?

Esse questionamento é tão impactante de acordo com as crenças de cada indivíduo, isto é, filtros de percepção, fazendo com que alguns obtenham sucesso e outros fracasso, porém nada mais do que resultados.

As pessoas positivas enxergam o objetivo concluído e todas as dificuldades encontradas no percurso são simples obstáculos. Já as pessoas negativas enxergam as dificuldades do percurso e não o resultado do objetivo estabelecido e com isso esmorecem a cada novo passo desviando ou desprendendo energia na superação dos obstáculos e não na concretização do objetivo.

Quando os objetivos estabelecidos atende os valores em uma escala de importância/prioridade de acordo com cada indivíduo, faz com que o sucesso seja alcançado de forma positiva e o caminho percorrido seja feliz.

Nossos valores são sustentados pelo sistema de crenças e a partir da identificação dos valores individuais e da consciência das crenças, as evidências dos resultados ficam mais claras, fazendo com que acordemos todos os dias motivados para realizá-los. O significado de motivação é o instrumento para agir, e com isso a realização depende da ação.

Quando o objetivo formulado tem um contexto, um leque de possibilidades traz para o consciente a viabilização das estratégias do onde, quando e com que eu quero realizar o meu objetivo.

Um exemplo para elucidar o exposto é com uma história muito emocionante. Martin Luther King durante o discurso em Washington, capital dos Estados Unidos, proferido no dia de 28 de agosto de 1963, numa manifestação que reuniu milhares de pessoas pelo fim do preconceito e da discriminação racial, expôs o seu objetivo: "Eu tenho um sonho. O sonho de ver meus filhos julgados pelo caráter, e não pela cor da pele."

O objetivo de Martin Luther King estava totalmente dentro do contexto, pois conseguiu que mais de 200.000 pessoas marchassem pelo fim da segregação racial em Washington, dessas manifestações nasceram a lei dos Direitos Civis, de 1964, e a lei dos Direitos de Voto, de 1965.

Quando o objetivo está dentro de um contexto a viabilização é certa, e fez com que 200.000 pessoas marchassem por um objetivo concreto, o fim da segregação racial e o nascimento de leis que há muitos anos era algo impossível.

Aproveitando o exemplo de Martin Luther King, iremos para o terceiro passo, agente determinante na formulação do seu objetivo – o que te impede de atingir o objetivo desejado?

Relacionar todas as possibilidades de impedimento vai ajudá-lo a identificar os recursos que precisará para superar essas limitações e verificar se realmente você tem ferramentas apropriadas para superação ou terá de adquiri-las. Mas seguirá seguro para a sua concretização, pois maior que as dificuldades externas que possivelmente enfrentará, as crenças que o limitam tem o poder de impedí-lo e estagná-lo.

Independente das nossas crenças serem limitantes ou propulsoras, são responsáveis pela concretização dos resultados, pois pensamentos geram emoções, que geram comportamentos, que geram ações, que geram hábitos e, portanto, um padrão no qual adota e assim registra sua marca pessoal atingindo o sucesso.

Os resultados obtidos até este exato momento, mais do que consequência de suas crenças, são respostas deste padrão que você adotou e vem mantendo. Nada termina até o momento em que se deixa de "buscar resultados". Quando a entrega é plena, única e intensa o resultado positivo é certo na realização dos seus projetos.

Quem trabalha "mais ou menos" acaba fracassando, a atitude e empenho pode ser um grande diferencial para obtenção do resultado.

20

Coaching Carreira: (RE) Começo De Uma Trajetória

O presente artigo tem como objetivo discorrer sobre como o COACHING CARREIRA pode auxiliar na construção de um futuro profissional personificado numa perspectiva de sucesso e autorrealização. O tema carreiras, foi desenvolvido em três contextos de vida: adolescência, vida adulta e aposentadoria; onde discutimos como os processos de escolha e (re) direcionamento profissional podem levar a autorrealização pessoal e profissional nos três contextos

Denise Machado & Symone Bartel

Denise Machado & Symone Bartel

DENISE MACHADO: Sócia diretora da Bartel&Machado Coaching e Desenvolvimento. Psicóloga (CRP 03/1565) - Especialista em Psicopedagogia Empresarial e Mestranda em Desenvolvimento Humano e Responsabilidade Social. Formação em Gestão de Qualidade. Certificação Internacional em *Professional & Self Coaching*, *Business Executive Coaching* e *Coaching* de Carreiras. Atua há 20 anos como consultora organizacional, com atuação em Orientação Profissional, Coaching de Carreiras, Recolocação e Treinamento vivencial. Possui experiência como docente em cursos de Graduação e Pós-graduação.

SYMONE BARTEL: Sócia diretora da Bartel&Machado Coaching e Desenvolvimento. Psicóloga (CRP 03/1743) - Mestre em Desenvolvimento Humano e Responsabilidade Social. Pós-graduada em Administração de Empresas. Formada em Biossíntese. *Professional & Self Coach*, *Business Executive Coach* e *Coach de Carreiras* IBC. Vinte anos de experiência em Gestão e Desenvolvimento de Pessoas, em empresas nacionais e multinacionais, com vivência em *Coaching* de Carreiras & Recolocação, *Outplacement*, *Hunting* e Treinamento Experiencial. Professora de cursos de Graduação e Pós-graduação.

Contatos:

www.bartelmachadoconsultoras.com
denise.machado@bartelmachadoconsultoras.com
symone.bartel@bartelmachadoconsultoras.com
(71) 9117.4111/ (71) 9132.5221/ (71) 8778.3539/ (71) 8653.1970

"Carreira é o autoconhecimento de como as experiências pessoais e profissionais relacionam-se com seu trabalho atual e futuro para maximizar suas habilidades e comportamentos e atingir seus objetivos de vida" (Jim de Vito, Diretor de Desenvolvimento Gerencial da Johnson e Johnson Internacional).

Que profissão escolher? Determinada área irá me realizar profissionalmente? Qual a garantia que vou alcançar o sucesso em minha profissão? Possuo competências para assumir o novo desafio profissional? Estou preparado para concorrer no mercado de trabalho? Vou me adaptar e responder positivamente às demandas do meu novo cargo? Que farei após aposentadoria? Esses e alguns outros questionamentos são realizados no decorrer das nossas vidas. Fazemos isso, na maioria das vezes, com a intenção positiva de sermos assertivos na escolha e na decisão da trajetória profissional.

Porém, definir nossa carreira, redirecioná-la ou transformá-la traz uma carga emocional repleta de angústias, ansiedades, cobranças internas e externas. Somos compelidos a pensar no desejo de vencer, provar para nós mesmos e para nosso contexto social que somos capazes, que temos a condição de sustentarmos financeiramente e ser reconhecidos pelo nosso papel social.

Por outro lado, vivenciamos o medo e o conflito daquilo que gostamos ou achamos que gostamos; daquilo que é conveniente decidir, quer seja por um histórico familiar, pela carreira dos nossos pais, professores, amigos, pela existência de vagas ou oportunidades no mercado de trabalho.

O objetivo deste artigo é discorrer sobre como o COACHING CARREIRA pode auxiliar na construção de um futuro profissional personificado numa perspectiva de sucesso e autorrealização.

Para isto, desenvolveremos o tema carreiras em três contextos de vida: adolescência, vida adulta e aposentadoria; e discorreremos como os processos de escolha e (re)direcionamento profissional podem ser alcançados com o auxilio do COACHING CARREIRA.

CARREIRA

Carreira é um termo com vários significados. É comumente associada, segundo Bendassoli (2009), ao emprego assalariado, como também reflete o sentimento de pertencer a um grupo profissional, a uma vocação (algo que alguém faz com alto nível de comprometimento afetivo) e uma ocupação (algo que alguém faz por necessidade).

Carreira pode ser utilizada para determinar a posição de um profissional na organização (relacionado a trajetória por diversos cargos ou áreas), pode significar a evolução de um profissional empreendedor, ou ainda pode estar relacionada a um roteiro pessoal para a realização dos próprios desejos.

A característica dinâmica que marca a carreira e as escolhas de trajetória profissional nos convidam a pensar novas possibilidades; quer seja no contexto da escolha da profissão (adolescência); ou na expectativa de facilitar a evolução profissional na empresa em que estamos trabalhando; ou mudar radicalmente de profissão ou área; ou no enfrentamento de crises de identidade profissional, demissão não esperada (maturidade); ou mesmo na aposentadoria.

Apresentaremos a seguir algumas características dos contextos onde os indivíduos são solicitados a fazer suas escolhas profissionais.

ADOLESCÊNCIA: ESCOLHA OU DECISÃO?

A adolescência é um período de transição no desenvolvimento humano e a escolha da profissão faz parte dessa transição, pois significa "entrar no mundo dos adultos". Essa escolha, porém, é motivo de muitos conflitos para o adolescente, pois este sofre com a pressão da família, dos amigos, da mídia e com suas próprias dúvidas.

Novello (1990) afirma que escolher um trabalho, uma profissão é escolher a forma pela qual o adolescente vai querer participar do mundo, e simboliza o ingresso para a vida adulta.

A família e a sociedade esperam que o jovem escolha uma carreira ao final do Ensino Médio para que possa prestar um vestibular e ter um "encaminhamento" de vida.

Esta escolha não afeta apenas o jovem, mas também a família quando alguns pais buscam realizar-se por meio dos filhos (Boholasvsky, 1998), e outros, sofrem com o desgaste vivenciado pelo filho que tem dificuldade ao decidir.

O ato ou efeito de escolher relaciona-se ao processo de selecionar ou classificar algo e está diretamente associado ao discernimento. Assim, podemos definir a escolha profissional como o estabelecimento do que fazer, de quem ser e a que lugar pertencer no mundo através do trabalho (Bohoslavsky, 1998).

Escolher a profissão perpassa necessariamente por um processo de tomada de consciência dos diversos contextos e influências que circunda a decisão. Segundo Rappaport (2001), uma escolha profissional saudável e responsável, é possível quando o indivíduo consegue conciliar estes aspectos. Implica a percepção de se sentir capaz, competente, realizador, útil para si próprio e para os demais e de prover o próprio sustento. Este processo possibilita ao indivíduo: maiores realizações pessoais, maior expressão da criatividade, participação mais ativa nos movimentos sociais, científicos e culturais que levam a gradativas mudanças das ideias e da qualidade de vida da sociedade.

Infelizmente, ao serem pressionados a tomar decisões, muitas vezes imediatistas muitos jovens acabam tomando decisões imaturas. Muitos jovens, nesse período, recebem uma verdadeira sobrecarga de informações e acabam optando por uma profissão com base, muito mais nos referenciais externos, do que nos próprios anseios e desejos. Acabam fazendo escolhas erradas, das quais podem vir a se arrepender mais tarde e ter de retornar ao ponto de partida, ou seguir com uma escolha insatisfatória até a idade adulta, quando finalmente tomam coragem e mudam de profissão, iniciando um recomeço tardio.

Compreender todo o contexto que o envolve, seja: as várias profissões, a si mesmo e as influências que atuam sobre si, são essenciais para uma escolha satisfatória e assertiva, que garanta sucesso e qualidade de vida.

Através do *Coaching* Carreira convidamos o adolescente a identificar suas metas, suas habilidades, seus valores, ao mesmo tempo em que ele reconhece as várias possibilidades de cursos e profissões disponíveis no mercado, colocando-se num novo lugar diante de si próprio, da família e da sociedade. Um lugar de autonomia, de liberdade e de responsabilidade tão exigidos no mercado de trabalho.

ENFIM, ADULTOS!!!!

A vida adulta é entendida muitas vezes como uma fase de estabilidade, algumas vezes representada pela maturidade. Refere-se a uma nova etapa de vida, marcada pela concretização da vida profissional, amorosa e familiar.

A definição do que é ser adulto, para diferentes autores, em geral está relacionada à condição de ter um trabalho e uma família, configurando num conjunto de exigências e desafios que impõem a tomada de decisões assertivas e a capacidade de gerir a vida pessoal, familiar e profissional.

Na profissão já escolhida e construída, e já inserido no mercado de trabalho, o profissional adulto na tentativa de se adaptar às grandes transformações no mundo do trabalho constrói estratégias para adequar-se às demandas tecnológicas, de capacitação, de perfil, de competências, de habilidades, de experiência etc.

Além das mudanças de perfil profissional das profissões, o trabalhador se depara com a reestruturação produtiva (terceirização, quarteirização, etc), com a flexibilização das relações trabalhistas e a intensificação e precarização do trabalho.

Um novo contexto bastante paradoxal surge: ao mesmo tempo em que há menos ofertas de trabalho nos modelos formais com carteira assinada e benefícios trabalhistas, aqueles que conseguem um trabalho, sofrem com a alta carga de atividades em ambientes altamente competitivos (Morin, 2001). Além de submeterem-se a grandes exigências para a manutenção da sua própria empregabilidade.

Neste ambiente de pressão, cerceamento de satisfação ou até mesmo perda do seu emprego, o profissional cogita a possibilidade da mudança de profissão ou reinserção no mercado de trabalho – reorientação profissional.

A reorientação profissional consiste num processo realizado com as ferramentas do *Coaching* e Psicologia, no qual auxilia o indivíduo a revisitar a trajetória percorrida e encontrar um caminho ou redirecionar a escolha profissional através da criação de um planejamento. Baseia-se na intenção de buscar formas para tornar consciente o significado das escolhas anteriores e permitir a redescoberta dos valores e desejos nesta fase de vida.

Reconstruímos o caminho da trajetória vivida, honrando e respeitando o passado e preparando a formação do seu futuro alicerçado em: seus valores, seus sonhos, suas crenças verdadeiras e seu contexto de vida atual.

Conduzimos o profissional para que reconheça sua missão de vida e os novos papéis que se deseja assumir na perspectiva de mudança, utilizando o exercício da auto avaliação, para que possa analisar o seu passado e pensar no seu futuro, julgando os benefícios da profissão construída e o significado pessoal decorrente da experiência profissional.

Convidando-o à consciência e sentido de pertencimento, permitiremos que o profissional possa aglutinar ideias, ideais, sonhos e objetivos comuns a pessoas dentro e fora das diversas esferas sociais de que faz parte. E assim, perceber a construção do seu legado e dar-se conta do seu empowerment (empoderamento) para conduzir o seu processo de mudança.

Uma vez consciente da sua trajetória e do caminho a percorrer, conduziremos o profissional para a mudança, identificando seus potenciais (competências), construindo aportes de desenvolvimento, propondo mudanças, acompanhando-as e incentivando-as.

Em paralelo, estruturaremos mecanismos de utilização do *networking* do profissional (mapeamento, ampliação e plano de ação), definindo estratégias de divulgação no mercado de trabalho, desenvolvendo seu potencial de autonomia e liberdade.

APOSENTADORIA, INÍCIO DE UMA JORNADA!!!!

A aposentadoria é uma fase que provoca mudanças e pode gerar ansiedades no indivíduo. Como qualquer situação de mudança, pode ser um evento desencadeador de ansiedade e ameaçador do equilíbrio psicológico do profissional.

Além da falta da atividade laboral, do comprometimento físico, a aposentadoria pode também representar perdas materiais, psicológicas e sociais, como a queda dos rendimentos financeiros, desligamento dos colegas de trabalho, perda do status social que o trabalho proporcionava, resultando na diminuição da autoestima e da motivação, ocasionando adoecimento mental com crises depressivas, ansiedade, alcoolismo e até mesmo no suicídio.

A falta de consciência da necessidade de planejar o futuro e a velhice, ou a crença de que não há como controlar o futuro, ou comportamentos negativos, dificuldade de se adaptar a situações novas e aversão a discutir qualquer assunto relacionado à aposentadoria pode ser considerado uma forma ineficaz de enfrentar a nova situação.

É fundamental que sejam analisadas as atitudes dos aposentados frente às perdas e aos ganhos que acompanham essa transição, de forma que os ganhos possam ser reforçados e o impacto das perdas sejam contornados através do planejamento.

Reconstruir a identidade pessoal do aposentado através da interiorização de novos papéis e da busca de novos objetivos de vida, num processo de redefinição sua vida, é foco de atenção em orientação de carreira.

Realizamos diagnóstico a partir de um levantamento para identificar aspectos psicológicos e sociais do aposentado, identificando suas cognições a respeito de trabalho e demais contextos ligados às mudanças provocadas pela aposentadoria, tais como: relacionamento familiar, conjugal, sexual e com amigos; relação com o trabalho; ocupação do tempo e saúde.

COACHING CARREIRA

No *Coaching* Carreira convidamos o profissional manter contato com a sua identidade vocacional e profissional. Ao pensar sobre quem ele é, incentivado a revisitar sua história, seus adjetivos, seus valores e suas crenças. Entendemos que este mergulho proporcionará o autoconhecimento, levando-o à sua realização, bem como o desenvolvimento de suas potencialidades. Assim, não saber do que gosta ou desconhecer a si mesmo pode ser um obstáculo para a realização do indivíduo.

Uma vez consciente da sua história e de seus valores, o profissional estará pronto para traçar o seu plano de futuro ou projeto de vida. É importante considerar a necessidade de se ter uma sintonia entre o desejo de realização, valores e crenças e seu projeto de vida.

O processo se realiza em um ambiente de confiança onde se cria um espaço emocional seguro, de respeito mútuo, confiança e aceitação incondicional. Com esta atitude encorajamos o profissional a expressar emoções, sentimentos, percepções, preocupações e crenças.

Um dos momentos que verificamos a eficácia do *Coaching* acontece quando o sujeito adquire um nível de consciência que permite buscar energias internas para planejar a mudança.

A escolha no processo do *Coaching* é planejada a partir do momento em que o sujeito percebe que ele pode direcionar sua trajetória pessoal e profissional. Quando o profissional escolhe ou ressignifica sua carreira, ele entende as diversas decisões que tomou em sua existência e projeta o futuro de sua carreira profissional. Ou seja, o processo de *Coaching* pode proporcionar um esclarecimento e a compreensão necessária que o profissional precisa para acreditar em si próprio e contrapor suas escolhas com as expectativas de outras pessoas ou exigências sociais.

Referências:

Bendassolli, P. F. Psicologia e trabalho: apropriações e significados. São Paulo: Cengage Learning, 2009.

Bohoslavsky, R. Orientação Vocacional: estratégia clínica. 11ª ed. São Paulo: Martins Fontes, 1998.

Morin, E. M. (2001). Os sentidos do trabalho. Revista de Administração de Empresas (RAE), São Paulo: FGV/EAESP, v. 41, n. 3, p. 8-19.

Novello, FP. Psicologia da adolescência: despertar para a vida. 3ª. ed. São Paulo: Paulinas; 1990.

Rappaport, C. Encarando a adolescência. 8ª. ed. São Paulo: Ática, 2001.

21

Coaching de emagrecimento – conquiste a leveza e a saúde com que sempre sonhou

Se você quer emagrecer e conquistar saúde e boa forma, porém vive num círculo vicioso de engordar, fazer dietas, emagrecer e engordar novamente mais do que da última vez, culpar-se, recair na compulsão alimentar colocando-se em risco e agravando doenças crônicas que diminuem a expectativa de vida saudável, olhando-se no espelho e sentindo-se insatisfeito, querendo mudar sem saber como, conheça o *Coaching* de Emagrecimento, uma opção prática e efetiva para levá-lo a criar estas mudanças e atingir os novos resultados desejados. O *Coaching* de Emagrecimento possibilita o emagrecimento saudável ao modificar padrões mentais de relação com a comida, com as emoções e o próprio corpo, gerenciar o estresse e eliminar a compulsão, a fim de que vivamos nossa vida no seu máximo potencial

Dr. Roberto Debski

Dr. Roberto Debski

Médico - Faculdade de Ciências Médicas de Santos (1987 – CRM/SP 58806); Especialista em Homeopatia e Acupuntura pela Associação Médica Brasileira; Psicólogo - Universidade Católica de Santos (2005 - CRP06 84803). Formação em Ortomolecular pela Associação Médica Brasileira de Oxidologia (1994). Acupuntura no China Beijing International Acupuncture Training Centre (1997).
Mestrando no programa interdisciplinar em ciências da saúde UNIFESP. *Master Trainer* em Programação Neurolinguística: INAP (1999) e Metaforum (2008); *Master Coach* pela Sociedade Latino Americana de Coaching (2010); Fundador da clínica de Medicina Integrativa Ser Integral (1999); Planejamento e execução de programas de educação continuada, treinamentos em saúde e qualidade de vida, gerenciamento do estresse, PNL e *Coaching* de Emagrecimento; Integrante da Medicina Preventiva Unimed Santos, criador e coordenador dos grupos "Meditação", "Emagrecendo com Saúde" e "ANDE" (*Coaching* em Ansiedade, Depressão e Estresse) desde 2008;.Blog Mais Saúde em A Tribuna digital: http://www.atribuna.com.br/maissaude; Criador do *Coaching* de Emagrecimento EmagreSer Integral®.

Contatos:
www.serintegral.com.br
rodebski@serintegral.com.br
(13) 32252676 / 97857193

Todos nós desejamos algo. Faz parte inerente do ser humano desejar, querer, almejar, sonhar. Freud e muitos outros em diversas áreas do conhecimento nos elucidaram a respeito deste tema com muita propriedade.

Diz-se mesmo que quando paramos de sonhar já morremos, ainda que não o saibamos. E mais, não há pior morte do que esta, morrer em vida, vagar pela existência inconscientemente sem dela se apropriar, desperdiçando algo que quando passa, nunca mais voltará, o tempo e as oportunidades!

Dizer que não se tem sonhos, projetos, metas, exceto em casos de profunda depressão, mostra que na verdade não se está direcionando a atenção para as áreas mais importantes da vida nem para a própria felicidade.

Como médico, psicólogo e *coach* sempre questiono: "quais são seus sonhos, seus projetos, sua missão?". Com raras exceções recebo como resposta olhares incrédulos, atônitos, desolados, e frases como "não sei, não tenho pensado nisto há muito tempo...", ou "já tenho X anos, não tenho mais projetos...", ou "meu projeto é que meus filhos (ou outras pessoas) estudem e se formem (ou façam algo diferente)" além de várias outras respostas que me apontam uma enorme desconexão entre estas pessoas e suas próprias vidas e possibilidades. Seu foco não é no (bem) viver, somente na sobrevivência, acordar a cada dia e "ver o que acontece", num autêntico "deixe a vida me levar". Inevitavelmente em algum momento esta postura acarretará uma sensação de vazio, insatisfação e infelicidade.

O que o *COACHING* tem a ver com esta realidade?

O *Coaching* tem seu foco em MUDANÇAS. Ajudar as pessoas a efetuarem em suas vidas as mudanças que creem ser importantes para aproximá-las de sua felicidade. O *Coach* é um treinador da mudança, e auxilia o *Coachee*, a pessoa que o busca, a acessar recursos internos e externos para que possa efetuar esta mudança com sucesso.

Porém, para que uma mudança efetiva ocorra, primeiro a pessoa deve ter a consciência de "onde está" que é o Estado Atual, e para "aonde quer ir", que é o Estado Desejado.

Onde estamos? Esta pergunta deveria nos levar a profundas reflexões e requer, para que possa ser respondida, certo nível de consciência. Somente quando ampliamos a consciência podemos refletir sobre quem somos, como estamos vivendo, se estamos sendo fiéis a nós mesmos, vivendo de acordo com nossos valores e crenças, e em busca dos nossos sonhos. A partir daí então, cônscios, podemos refletir sobre para onde queremos ir.

O processo de *Coaching*, poeticamente falando, diz respeito a "transformar sonhos em realidade". O *Coach* o facilita através de questionamentos que instigam a imaginação e abrem possibilidades, de vivências e técnicas que facilitarão a mudança de hábitos (e crenças) do *Coachee*, de antigos e limitantes, para novos, produtivos e potencializadores.

O *loop* do hábito é uma prisão virtual, nos mantém presos a comportamentos e padrões que, se algum dia nos serviram, hoje somente impedem que conquistemos nossos sonhos mais valiosos.

Estímulo, rotina e recompensa são o trio do hábito, engatilham nossos comportamentos e nos levam sempre ao mesmo lugar e resultado. Certamente é daí que vem o ditado que diz que "definição de loucura é querer atingir resultados diferentes fazendo sempre as mesmas coisas".

Fato. Sempre esperamos que, apesar de nossas ações se manterem as mesmas, nossos resultados possam de alguma maneira mágica e surpreendente, se tornarem aqueles que almejamos.

O mesmo raciocínio vem sendo através dos tempos aplicado à SAÚDE e ao EMAGRECIMENTO.

COACHING DE EMAGRECIMENTO

Segundo o filósofo alemão Arthur Schopenhauer, "saúde não é tudo, porém, sem ela, o resto é nada".

Há décadas na área médica e psicológica, tendo cuidado de milhares de pacientes, até hoje nunca testemunhei ninguém dizendo que quer ser doente, incapacitado, sofrer ou morrer prematuramente. Seria sinal de grave, talvez incurável patologia da alma.

Todos querem ter saúde e sentir-se bem, ter energia, disposição, motivação, boa forma. Segundo a O.M.S. (Organização Mundial da Saúde) SAÚDE é o Bem-Estar Físico, Mental, Social e Espiritual e QUALIDADE DE VIDA é constituída de seis domínios: a Saúde Física, a Saúde Psicológica, a Saúde Espiritual, o nível de Independência, os Relacionamentos Interpessoais e o Meio Ambiente.

EMAGRECER está diretamente ligado à Saúde e à Qualidade de Vida, pois o sobrepeso e a obesidade são fatores que comumente desencadeiam doenças que nos privam da vida plena e saudável que almejamos.

A obesidade é um enorme fator de risco para as doenças cardiovasculares, que são as que mais matam no mundo (hipertensão arterial ou pressão alta; AVEs ou AVCs, os acidentes vásculo encefálicos ou derrames); diabetes melitus; doenças osteomusculares e reumáticas; doenças pulmonares; alterações do sono, da sexualidade, diversos tipos de câncer; limitações sociais e profissionais e problemas psicológicos e de autoestima.

E mais, a epidemia de obesidade já se transformou numa pandemia chamada Globesidade, atingindo todos os países, classes sociais e faixas etárias, e sua incidência vem aumentando a cada ano.

No Brasil, pesquisa recente do Ministério da Saúde demonstrou que uma em cada duas pessoas já sofre de sobrepeso ou obesidade.

Apesar de toda evolução das ciências da saúde, das novas tecnologias, medicamentos, aparelhos, cirurgias e vacinas, não há solução à vista para esta questão.

As surpreendentes conclusões do projeto Genoma Humano são que acima dos genes, o mais importante para conquistar e manter a saúde, determinando a expressão ou o silêncio destes genes (da saúde ou doença) é o Estilo de Vida, a Epigenética (EPI = o que está acima de).

Que interessante, voltamos novamente à questão dos Hábitos, pois Estilo de Vida nada mais é que a somatória ou potencialização de nossos padrões de comportamentos, pensamentos, atitudes e escolhas, ou seja, nossos hábitos, que em última instancia determinarão a construção de nosso destino.

Será mesmo? Reflita com este exemplo: se você descende de uma família de diabéticos (ou hipertensos ou cardiopatas), você certamente terá a predisposição genética para desenvolver esta doença. Mas, desenvolverá ou não? Se (1) você for obeso, sedentário, tabagista, ingerir álcool em excesso, usar drogas, for estressado, infeliz profissionalmente ou em seus relacionamentos afetivos, certamente desenvolverá esta doença, provavelmente num grau severo e prematuramente. Por outro lado se (2) você se mantiver magro e fizer atividade física regularmente, não fumar, nem utilizar drogas e beber com moderação, gerenciar bem seu estresse e realizar-se em sua profissão e seus relacionamentos afetivos, talvez não desenvolva estas doenças, ou mesmo as desenvolva, porém muito mais tardiamente e num grau certamente muito menor.

Então conclua, os hábitos e escolhas geram ou não nosso destino?

E por que é tão difícil mudar nossos hábitos, em nosso caso especificamente no que diz respeito à Obesidade e ao Emagrecimento?

A resposta é complexa, porém já há diversas evidencias de alguns motivos que geram esta situação.

Os principais são: a perda dos mecanismos fisiológicos com os quais nascemos que regulam a alimentação, fome, saciedade, o metabolismo e o peso devido às dietas (sim, as dietas engordam), às emoções não resolvidas, à baixa consciência e percepção pessoal e corporal, à acomodação em padrões de crenças, pensamentos e comportamentos antigos e ineficientes, todos potencializados pelo trabalho incessante da indústria alimentícia, que vende a ilusão e a facilidade do prazer imediato, saboroso, acessível e barato proporcionado pelos alimentos refinados e industrializados. Estes são cada vez mais calóricos, vem em porções cada vez maiores, são pobres em nutrientes e criam vício e dependência de modo semelhante às drogas, álcool e fumo (sim, açúcar e gordura viciam).

Para conquistar este fim, investem muito para vendê-los como maravilhosas conquistas da alimentação moderna, para incautos consumidores que acabam enredados nesta teia da superalimentação e da obesidade. Os alimentos podem ser verdadeiras drogas lícitas! Tinha razão Hipócrates, pai da Medicina quando há 2500 anos afirmou "que teu alimento seja teu medicamento".

O círculo vicioso da obesidade começa com as famosas Dietas.

Dietas não emagrecem. Esta afirmação, embora choque as pessoas, é real. Se dietas emagrecessem o problema da obesidade já teria sido há muito solucionado.

Após muito sacrifício a maioria das dietas gera perda temporária de peso (principalmente massa muscular e água, e uma porcentagem de gordura). Como todo sacrifício autoimposto tem duração limitada, ocorre posterior efeito rebote, compulsão alimentar, culpa e ganho do peso perdido com sobras (na forma de gordura principalmente), o conhecido efeito sanfona.

Como a massa muscular é muito mais ativa metabolicamente que o tecido gorduroso, gera gasto calórico dezenas de vezes maior. Ao engordar novamente à custa de gordura, sem recuperar o músculo perdido, o metabolismo fica mais lento, tornando o emagrecimento mais difícil após cada dieta.

Além disto, o tecido gorduroso é um órgão complexo, que secreta diversos hormônios que geram inflamação crônica, aumento da resistência à insulina e síndrome metabólica, fatores potencializadores de doenças crônicas como a diabetes, hipertensão arterial e o câncer.

Todo obeso está exposto a uma sobrecarga orgânica, metabólica, hormonal e psicológica e sua saúde refletirá em algum momento de sua vida esta realidade.

Quanto à fome emocional, ao ser amamentado o bebê recebe os nutrientes físicos e também emocionais, atenção e afeto, carinho, amor e reforça os vínculos com a mãe e o mundo. Muitos adultos continuam inconscientemente procurando estas boas emoções na comida pela vida toda.

Ao consumirmos desde pequenos alimentos refinados e processados, distorcemos nossa relação com a comida e o comportamento alimentar, pois eles geram vício ao afetar os mesmos neurotransmissores do "circuito de recompensa cerebral" que as demais drogas, álcool e nicotina, e sabemos que num tratamento de desintoxicação destas adicções devemos nos abster de seu uso. Para este tipo de alimento o raciocínio deveria ser o mesmo.

No supermercado são este alimentos os mais "acessíveis" em

termos de preços e os mais divulgados, com embalagens atraentes, expostos estrategicamente nos pontos mais visíveis para serem comprados e ainda somos cobrados socialmente em consumi-los em todos os eventos sociais.

Além disto, somos incentivados ao consumo de porções cada vez maiores, "*supersize*", o que solidifica este comportamento prejudicial: comer mal, sem fome, em grande quantidade, alimentos vazios nutricionalmente, densamente calóricos, repletos de gorduras trans e carboidratos refinados, que geram vício e compulsão, e que aplacam, mesmo que temporariamente as más emoções, gerando um falso conforto e bem-estar (o conceito de *comfort* ou *emotional food*).

Como as crianças seguem os modelos familiares, quando não tem o exemplo de seus pais e cuidadores para alimentação ou de estilo de vida saudáveis, não adianta receberem conselhos ou ordens incongruentes.

Muitos pais obrigam as crianças a comer sem fome, transmitindo mensagens do tipo "é errado deixar comida no prato", "coma tudo, pois há muitas pessoas passando fome", "coma só mais um pouco, ainda não foi o suficiente", que confundem a criança, geram culpa, desencadeiam mecanismos de alimentação sem fome, e distorcem a natural percepção de fome e saciedade que vai sendo perdida, gerando os erros alimentares.

Da mesma maneira que com as demais drogas lícitas e ilícitas, algumas pessoas devido às predisposições individuais genéticas, hormonais, metabólicas e psicológicas, ao entrar em contato com esta realidade alimentar atual geram vício e não conseguem sair deste mecanismo com facilidade, acarretando obesidade.

Há uma diferença na maneira de se alimentar, pensar, se relacionar com o alimento entre as pessoas gordas e as magras. Os magros comem para saciar a fome física, já os gordos comem sem fome, para saciar a fome emocional e precisam reaprender a identificar e corrigir este processo.

A obesidade distorce a imagem corporal e pode gerar raiva e não aceitação pelo próprio corpo, e como tudo o que negamos e não queremos, reforçamos mentalmente.

Tudo isto gera um círculo vicioso que torna crônica a obesidade, e por isso emagrecer sem antes resolver estas questões não é possível.

Prova é que até mesmo quem passa por cirurgia para emagrecer além de não atingir o peso planejado pode voltar a engordar se não emagreceu primeiro na mente. Muitos obesos operados, não corrigiram o transtorno dismórfico (imagem corporal) nem sua autoestima, e sentem-se desconfortáveis em seu "novo" corpo, voltando a engordar, sem falar na questão da compulsão não resolvida.

A obesidade pode ser uma maneira (errônea) de lidar com os conflitos emocionais, uma forma de proteção frente ao mundo. Alterar esta realidade através de uma cirurgia sem cuidar da parte emocional não irá funcionar em longo prazo, podendo gerar sofrimento psíquico, e até mesmo deslocar a compulsão para outros objetos, como o álcool, as drogas, ou o jogo compulsivo.

Estudando pessoas que conseguiram emagrecer saudável e permanentemente, detectamos invariavelmente um padrão de mudança mental, de vontade, comportamento, de hábitos, crenças e valores.

Para lidar com a essencial parte mental do emagrecimento criei o *Coaching* de Emagrecimento, individual ou em grupo, "EmagreSer Integral®". Durante o processo são firmados objetivos e extraímos do *coachee* o máximo de seus recursos e potenciais para atingir suas metas relativas ao peso, à saúde, ao corpo e à vida, que é sistêmica.

Nosso objetivo é modificar os programas mentais e os padrões de comportamento alimentar que causam e mantém o sobrepeso e a obesidade, reequilibrar a relação com a comida; resgatar a autoimagem e a aceitação do próprio corpo; eliminar a compulsão alimentar, a retenção e a resistência ao emagrecimento e o comer sem fome para aliviar as emoções e resgatar a sensação de prazer e bem-estar pelo movimento e atividade física.

O *Coaching* de Emagrecimento complementa os tratamentos médicos e nutricionais, não os substitui.

Durante as doze semanas do processo, utilizamos as mais modernas técnicas, vivências e dinâmicas oriundas das Neurociências e da PNL (Programação Neurolinguística).

Avaliamos a composição corporal e realizamos dois screenings de saúde com o sistema ES Complex®, no início e final do programa.

Recuperamos a autorregulação fisiológica da alimentação, do metabolismo e do peso, utilizando a "Escala da Fome"; técnicas de gerenciamento do estresse e *biofeedback*; Visualização Criativa e Meditação gerando um estado mental que facilite a Reeducação Alimentar, ampliação da consciência corporal e nutricional e atividade física e assim conquistamos o emagrecimento saudável e duradouro.

A Programação Neurolinguística afirma que "todos nos já temos os recursos necessários ou podemos cria-los", e é isto que vivenciamos durante o processo.

A vida é uma dádiva e vale a pena investir no bem viver.

A saúde é imprescindível para conquistar este objetivo, e o *Coaching* de Emagrecimento vem se mostrando um recurso fundamental e efetivo para que possamos viver nossos sonhos em toda sua plenitude.

22

Neurocoaching Km Pilates Poder Cerebral – Ferramentas De *Neurocoaching* Km

(*NeuroCoach*/NeuroPsicopedagoga/Consultora/Pesquisadora) apresenta esta inovação dentro da fundamentação do *NeuroCoaching* - Pilates Poder Cerebral/NeuroPlasticidade AutoDirigida - para a mudança de hábitos em 21 dias

Dra Kelley Marques

Dra Kelley Marques

NeuroCoach/Consultora/*MasterCoach*/Terapeuta em Gestão e Desenvolvimento de Pessoas e em Reabilitação Neural Avançada, Psicopedagoga Clínica e Institucional, com atuação na prevenção e tratamento de problemas de aprendizagem e no programa de estimulação para metacognição, Docente em gestão do conhecimento, criadora do Laboratório Neurodidática/ Instrumentos Lúdicos Estimulação Neural, mestrado e doutorado em Ciências da Educação pela Universidade de Extremadura da Espanha. Produtora da Patente – NEUROCOACHING KM que constitui uma inovação em Gestão do Conhecimento (Gestão de pessoas, processos,produtos,serviços e resultados),com diferencial de mercado na área de Desenvolvimento de Competências Neurais de Excelência/ metodologia inovadora *NeuroCoaching* KM em formato de Franquias Intelectuais/Científicas/Empresariais.

Contatos:
www.neurocoachingkm.com
km@neurocoachingkm.com

O que é *NeuroCoaching* km - Metodologia Dialógica de Estimulação e aceleração de resultados mentais. MENTE EM EXPANSÃO (alongar o cérebro) MENTE EM AÇÃO (produzir hábitos) MENTE EM EQUILÍBRIO (viver abundancia)

O que é Pilates Poder Cerebral - São Metodologias de aceleração de resultados mentais e mudança de atitudes/hábitos em 21 dias com exercícios mentais, físicos e alimentares.

Como Estimular-se com as Ferramentas de *NeuroCoaching* km - Decidir vivenciar o programa NeuroPlasticidade Auto Dirigida durante (21) dias, realizando os exercícios do *NeuroCoaching*, da Seleção de ferramentas da NeuroDidática do Sorriso. (Gelotologia - riso & humor)

Como ter resultados com *NeuroCoaching* km - Os novos hábitos são os resultados dos estímulos induzidos/conduzidos, com o caminho escolhido (autônomo ou neurodidático/com coach) e a execução dos exercícios do treino mental na estruturação do poder cerebral. (Estímulo + plasticidade neural + Neurogênese + Neurônios Espelho + Atitude = Hábitos Saudáveis) OBS. INDICAMOS O CAMINHO DA NEUROPLASTICIDADE AUTODIRIGIDA COM NEUROCOACH.

Ferramentas do *NeuroCoaching* km - Caixa de Ferramentas de Modos Cerebrais para escolher enquanto vivencia o processo de Aceleração e inovação mental com o *NeuroCoaching* km / NeuroPlasticidade AutoDirigida.

Ferramentas *Neurocoaching* Km - Absorver - Visualizar - Conectar - Razão - Avaliar – Transformar - Corrente

Dicas do *NeuroCoaching* km - Vivencie todos os **EXERCÍCIOS MENTAIS,** Valorize seu **COMPORTAMENTO INOVADOR**, Evite a **ZONA NEURAL CONFORTO**, Busque momentos de **AUTOCONHECIMENTO,** Busque **CONTATOS COM A NATUREZA**, Busque conviver com **PESSOAS CRIATIVAS.**

Resultados do *NeuroCoaching* km - *Poder Cerebral & Pessoal, Estilo de vida Saudável, Inteligência Fluida & Criativa , Autonomia & Maturidade, Competências Neurais de Excelência (atenção+velocidade de processamento + flexibilidade+ codificação+ memorização+ raciocínio)*

Princípios do *NeuroCoaching* km - MENTE EM EXPANSÃO + MENTE EM AÇÃO + MENTE EM EQUILÍBRIO

Aprender a Pensar – Filtrar Pensamentos (AUTO DIÁLOGO)
Aprender a Respirar – Alimentar – Ser Saudável (COMANDO NEURAL)
Aprender a Equilibrar-se – AutoConquistar-se (AUTORECONHECIMENTO)
Aprender a Sonhar – Triunfar – Ser Abundante (MAPA MENTAL)
Aprender a Conviver – Socializar (MARCA PESSOAL)

O que é Neuroliderança – Neurociências + Liderança + Alto Desempenho + Mente Excelência.

É o resultado construído por pessoas e a aquisição do poder cerebral, e o desenvolvimento de Competências Neurais capaz de influenciar/conduzir/liderar á si e as pessoas ao desempenho de excelência. **(Mente em Expansão> Mente em Ação> Mente em Equilíbrio>-Mente em Excelência).**

...é o termo que designa um campo de estudos e pesquisas que visa combinar princípios do funcionamento do cérebro humano, fruto de pesquisas neurocientíficas, com as práticas de desenvolvimento de competências de liderança, treinamento de gestores, gestão da mudança, educação e formação, consultoria e *coaching*. (David Rock).

O que é Neurolidera-se – Neuroplasticidade Autodirigida + Neurodidática + Mente Excelência - É o poder cerebral pessoal estimulado em competências (conceituais/procedimentais/atitudinais) de alto desempenho (Mente em Expansão/Ação/Equilíbrio/Excelência),tornando evidente os resultados de liderar pessoas dentro de princípios e valores bioéticos(manual de Neurolideranças A á Z).

Propósito + Empoderamento +Relacionamentos e comunicação+ Flexibilidade+Ótimo desempenho+ Reconhecimento e apreço+ Moral= Equipe Alta Produtividade Origem da Neuroliderança – Neurociências + Neuroliderança + *Neurocoaching* + NeuroDidática(4S)

A Neuroliderança é uma área de estudo das neurociências aplicada á lideranças de pessoas, em fase de implantação e processo de pesquisa de resultados em aproximadamente uma década, consiste em um conceito que pretende aplicar à liderança as recentes descobertas da neurociência e a utilização dos progressos da pesquisa e investigação das neurociências para melhoria da liderança.

É um campo emergente de estudos focados em trazer o conhecimento da neurociência para as áreas de desenvolvimento de liderança, formação, gestão, gerenciamento de mudanças, educação, consultoria e *coaching*.(David Rock).

Subprodutos da neuroliderança são o *neurocoaching* (metodologia de *coaching* baseada em modelos e técnicas derivados dos princípios neurocientíficos que constituem a neuroliderança) e a neurocomunicação (técnicas e modelos de comunicação interpessoal que maximizam o impacto positivo da comunicação e sua capacidade de promover a mudança positiva).

- tomada de decisão e solução de situações/tarefas + domínio emocional especialmente quando sob pressão+ colaboração e trabalho em equipe+ facilitação da mudança.

Bases Epistemológicas da Neuroliderança – Neuroplasticidade

Neural+ Neurônios Espelhos

O cérebro é um sistema de **conexões entre neurônios** e "grava" novas informações criando novos conjuntos de conexões, como circuitos impressos. Aprender, solucionar problemas, tomar decisões, são atividades que implicam na "gravação" de novos circuitos, como abrir trilhas num campo gramado. Nenhum **cérebro** é idêntico a outro, apesar de todos serem similares. Ninguém pensa de forma idêntica a de outro. A operação consciente consome mais energia (pensar cansa!) e é mais lenta que a operação inconsciente. Para economizar energia e operar mais rapidamente, o cérebro prefere operar inconscientemente, de forma automática. Portanto tem uma forte propensidade a automatizar tudo o que pode ser automatizado. A maioria de nossos comportamentos físicos e mentais são iniciados e ocorrem à revelia de nossas consciências. Nossa **percepção** baseia-se quase exclusivamente em circuitos gravados e usados de forma automática. Tendemos a interpretar a realidade automaticamente em função de nossa experiência e não da própria realidade. Como dizia Anais Nin "Não vemos as coisas como elas são, as vemos como nós somos". É muito mais fácil criar novas conexões e gravar novos circuitos (aprender algo novo), que apagar um circuito gravado (desaprender algo). Criar novos hábitos é mais fácil que mudar os velhos.

Neurolideranças como processo de Excelência Científica – Neuromedidores & Indicadores - Valendo-se do entendimento do funcionamento do cérebro que pesquisas de neurociência têm proporcionado, a neuroliderança consiste de um conjunto de modelos de interação intra e inter-pessoal que permitem maximizar as funções típicas do ato de liderar, como: tomada de decisão, solução de situações, operação sob pressão, colaboração e promoção da mudança positiva,sendo respaldados por neuromedidores de poder mental (gelômetro/desafiômetro/felizômetro/motivômetro/elogiômetro),e tambem indicadores de excelência de competências neurais e mapa mental, como:

Eficácia porque os modelos propostos alinham-se com os processos naturais do cérebro das pessoas lideradas, acompanhando sua sequência e ritmo, dentro de uma neurodidática de valores(mapa mental-calendário do sucesso),de forma a evitar resistência consciente ou inconsciente por parte das pessoas, potencializando assim o resultado obtido.

Eficiência porque o uso desses modelos, que incluem ferramentas de poder cerebral permite vivenciar os modos e mapas neurais e ajudam o líder a manter o equilíbrio mental (pessoal e da equipe), minimizando o esforço cognitivo/emocional e gasto energético no exercício de suas funções.

Efetividade porque o uso das ferramentas conduzem a aprendizagem de novos hábitos saudáveis,proporcionando estado mentais de inovação e novas conexões neurais de excelência e mudanças de atitudes,-

que num processo neurodidático conduz á alto desempenho neural.
Impacto porque define um processo de automatismo neural de competências de poder intrapsiquico e interpsiquico,evidenciando atitudes e evidencias de comportamento do antes e depois dos estímulos vivenciados no neurotreino e na neuroplasticidade autodirigida.
Caminhos da Neuroliderança – Neurodidática > Neuromedidores> Manual Neurolideranças (indução/condução/tutoria = neurolinguística/psicolinguística/sociolinguística=Mente Expansão/Ação/Equilíbrio/Excelência)

1. Ligação ao Propósito: descobrimos ou escolhemos um propósito de vida que é tão inspirador que passa a suportar o processo de tomada de decisão, a justificar o risco corajoso, a elevar emocionalmente todo o sistema. Pode ser um propósito muito ligado ao eu e seu desenvolvimento ou muito ligado ao nós e à contribuição,evidenciando o pessoal/profissional/empresarial.(missão/visão/legado/sonho).

2. Intenção: a linguagem é clara e orientada para o foco no poder mental, para aquilo que realmente queremos. Convicção das fortalezas, a comunicação assertiva diminui a hesitação, cresce a determinação. Os sonhos passam a ser objetivos ou metas bem definidos.

3. Foco: a atenção é colocada nas coisas que realmente contribuem para o propósito e a intenção. A informação é filtrada de forma mais intencional e orientada, produzindo ganhos calculados. (eficiência/eficácia/efetividade/impacto).

4. Escolha: a passagem do plano mental para o plano físico é fluída, as escolhas são assumidas com mais simplicidade, por serem mais óbvias e alinhadas com os pontos anteriores.

5 .Responsabilidade: poder de organização do mapa mental dos pensamentos e situações. (neuroalfas/neurobetas/neurotetas- pensamentos ativos/reflexivos/receptivos).

6. Neuroliderança: competência/conhecimento/atitude de liderar com convicção neurocientífica.

Neurotreino da Neuroliderança - Foco nos Resultados de uma Mente em Excelência

Processo de engajamento das etapas de Mente Expansão- Ação-Equilíbrio-Excelência. Grupo de trabalho> Pseudo equipe> Equipe potencial> Equipe real>Equipe de alta performance.
Imagine uma organização com pessoas com altos níveis de NeuroLiderança:
- os colaboradores possuem um propósito individual que está ligado ao propósito da organização.
- os colaboradores possuem fortes e bem estruturados objetivos, que são altamente motivadores para o próprio individuo.
- os colaboradores têm a capacidade de se manterem focados ape-

nas e só naquilo que controlam e pode provocar melhorias nos resultados individuais e de equipe.
- os colaboradores têm a disponibilidade mental e emocional para assumirem as suas escolhas, comportando-se de forma deliberadamente eficiente.
O gestor, no papel de coach, estabelece com os membros da equipe um relacionamento para apoiar o seu processo de aprendizagem e desenvolvimento, seja objetivando a mudança de aspectos indesejáveis do desempenho, seja visando à aquisição de novas competências ou outros objetivos afins. (TONET et al 2009, p. 87)

Para que se consiga despertar num conjunto alargado de pessoas estas capacidades, é importante perceber o individuo de forma integral, desenvolvendo simultaneamente competências nas áreas:
Física: para que a saúde e a energia sejam os alicerces de um sistema poderoso (especialistas em nutrição e exercício físico colaboram com o neurotreino nas competências básicas(respiração/alimentação/sono/ativ física/ativ mental) e os hábitos de saúde para um eficiente desempenho empresarial.
Emocional: para que sejam desenvolvidas relações de sucesso e, sobretudo, para que o indivíduo possa gerar e gerir estados emocionais positivos e produtivos ,neste processo, um poderoso resultado residual do programa (Ferramentas de *Neurocoaching* KM) é o estabelecimento de equipes mais motivadas e felizes.
Mental: para que o conhecimento sobre o processo de comunicação interna e externa se torne um agente estimulador de resultados - é o meio por excelência para aumentar os níveis comunicacionais rumo a uma programação do sucesso.(Mente em Expansão- Ação-Equilíbrio-Excelência).
Financeira: para que os indivíduos possam aprender a relacionar-se com o dinheiro como uma importante energia intermediária que permite criar novos mundos e passe a ser uma fonte de emoções positivas - a abundância no lugar da escassez.
Existencial: para que o indivíduo possa ter seu projeto de vida (prosperidade/felicidade/cultura/liberdade), assim se ligar a um nível profundo à missão/visão/legado da organização, agarrando a construção da sua vida, assumindo assim a forma última de liderança - a Neuroliderança.
Resultados de Neuroliderança Pessoal - Profissional- Empresarial-Socioambiental-Científica.

As competências é o conjunto de conhecimentos, habilidades e atitudes que são canalizados para a solução, resolução de conflitos e realização das atividades. É a soma dos talentos em prol da realização das atividades, aumentando significativamente seu desempenho. A mudança, diz respeito a equipe não somente manter o desempenho já alcançado, mas melhorar-se continuamente, aprimorando as competências adquiridas e inovar constantemente, pois o mundo organizacional é dinâmico e as equipes precisam adaptar-se as novas situações que o ambiente lhe proporciona. "Liderança: É a habilidade de influenciar pessoas para trabalharem entusiasticamente visando atingir os objetivos identificados para o bem comum" Hunter (2004, p. 25), As equipes de alto desempenho são aquelas compostas de membros cujas habilidades, atitudes e competências lhes permitem atingir as metas da equipe. Em equipes de alto desempenho, os membros definem as metas, tomam decisões, comunicam-se, administram os conflitos e solucionam problemas em uma atmosfera de incentivo e confiança para atingir seus próprios objetivos. Além disso, os membros desta equipe estão cientes de suas próprias forças e fraquezas e tem a capacidade de mudar quando necessário para melhorar o desempenho do grupo. Dyer et al. (2011, p. 23) As equipes de alto desempenho promovem vantagem competitiva e agregação de valor à cadeia produtiva da organização, o desempenho é consequência da maximização do potencial de cada integrante da equipe, e das competências e capacidade de se adaptar ao ambiente onde estão inseridos, e o treinamento de Neurolideranças promove oportunidades de sucesso.

AUDIO VIDEO BOOK II - KIT 2 – Selo Mente em Excelência – Manual de Neuroliderança de A à Z (PRODUTO LANÇAMENTO DEZ/2012)

DVD 1- Mente em Expansão- Ferramentas para alongar a mente

1ª Conferencia - NeuroSíntese do Sucesso-Mente em Expansão

2ª Conferência - Neurolinguagem & Neuromedidores

3ª Conferencia - Conquistando as Competências Neurais Básicas

4ª Conferência - Conquistando as Competências Neurais Excelência II

5ª Conferência - NeuroTreino – Mente em Expansão(Sabor do Sucesso)

DVD 2 - Mente em Ação – Ferramentas para Hábitos Saudáveis

1ª Conferencia - NeuroSíntese do Sucesso-Mente em Ação

2ª Conferência - Neurolinguagem & Neuromedidores

3ª Conferencia - Conquistando as Competências Neurais Básicas I

4ª Conferência - Conquistando as Competências Neurais Excelência II

5ª Conferência – NeuroTreino – Mente em Ação (Saber do Sucesso)

DVD 3 - Mente em Equilíbrio – Ferramentas para viver a Abundancia

1ª Conferencia – NeuroSíntese do Sucesso-Mente em Equilíbrio

2ª Conferência - Neurolinguagem & Neuromedidores

3ª Conferencia - Conquistando as Competências Neurais Básicas I

4ª Conferência - Conquistando as Competências Neurais Excelência II

5ª Conferência - NeuroTreino – Mente em Equilíbrio(Sonho do Sucesso)

DVD 4 - *Mente em Excelência - Manual de NeuroLideranças de A à Z*

1ª Conferencia - NeuroSíntese –Mente em excelência

2ª Conferência - Manual de Neurolideranças de A á Z

3ª Conferencia - Conhecendo as Competências Neurais Básicas

4ª Conferência - Conhecendo as Competências Neurais de Excelência

5ª Conferência - NeuroTreino - Neurolideranças & Resultados(Sabor- Saber -Sonho-Sucesso)

23

O *Coaching* Como Ferramenta Para Desenvolvimento Do Processo De Aprendizado

" Vivendo e aprendendo ... " Essa máxima popular representa a importância do aprendizado em nossas vidas. O ato de aprender é fundamental para que as pessoas alcancem melhores resultados em sua vida pessoal e profissional. O *Coaching* é uma processo que auxilia as pessoas a atingirem resultados que na maioria das vezes passam pelo aprendizado de novas competências. Deste modo, o *Coaching* pode direcionar e facilitar o processo de aprendizagem, trazendo crescimento e mudança, itens fundamentais para o atingimento de objetivos e realização de sonhos

Emerson Franco

Emerson Franco

Coach Pessoal e Profissional, Especialista em gestão de pessoas com ênfase em Educação, Pós-graduado em Engenharia de Vendas, atuando há 20 anos em grandes empresas multinacionais. Possui formação em *Personal & Professional Coaching*, *Executive* e *Leader Coach* pela SBC – Sociedade Brasileira de Coaching licenciada pelo ICC – International Coaching Council.

Contatos:
www.emersonfranco.com.br
emerson.franco.coach@gmail.com
(31) 9282-6169

NECESSIDADE DE APRENDER PARA FAZER DIFERENTE

O processo de busca por novos resultados pressupõe em mudanças. O indivíduo que busca atingir resultados maiores e melhores em sua vida pessoal ou profissional irá se deparar com a necessidade de "FAZER ALGO DIFERENTE".

Citando a célebre frase de Albert Eisten: " Insanidade é fazer sempre a mesma coisa e esperar resultado diferente ", ou seja, podemos dizer que para termos resultados diferentes do que estamos obtendo, temos que fazer diferente.

Isso se traduz na necessidade de incorporar novas competências em nosso dia a dia. E para desenvolver essas competências precisamos "APRENDER " a fazer diferente.

Esse aprendizado pode ir desde uma simples mudança de comportamento até mesmo ao conhecimento profundo de uma nova profissão. Em todos os casos porém, é necessário uma postura com foco no futuro, estratégia e determinação para aprender de maneira mais rápida, efetiva e duradoura.

COACHING COMO FERRAMENTA PARA DESENVOLVIMENTO DO PROCESSO DE APRENDIZAGEM

O *Coaching* possui metodologias e técnicas onde o profissional (*coach*) pode atuar como facilitador no processo de aprendizagem do seu cliente (*coachee*).

O processo do *Coaching* pode ser resumido como uma parceria onde o *coach* auxilia o *coachee* a reconhecer o ponto onde se encontra (ponto A) e a identificar e atingir o ponto onde se quer chegar (ponto B).

O desenvolvimento do processo de *Coaching* baseia-se na definição dos meios para se chegar ao ponto B, aqui entendido como o objetivo pessoal ou profissional estabelecido.

Durante esse processo são identificadas a necessidade de desenvolvimento de determinadas COMPETÊNCIAS que podem ajudar o *coachee* no seu processo de obtenção dos resultados.

Essas COMPETÊNCIAS se traduzem no conjunto de **CONHECIMENTOS, HABILIDADES e ATITUDES** onde :

- Conhecimento significa "Ter o **SABER**"
- Habilidade significa "saber **FAZER**"
- Atitude significa "**QUERER** fazer"

Logo, no processo de *Coaching* podemos identificar diversas situações onde o desenvolvimento de competências são necessárias:

- Quando falta CONHECIMENTO: o *Coachee* pode estar tendo dificuldades se não tiver o Saber teórico, os fundamentos ou bases de determinada situação, disciplina, profissão ou atividade .

- Quando falta HABILIDADE o *Coachee* pode não estar conseguindo realizar determinada tarefa ou lidar com alguma situação específica.

- Quando falta ATITUDE: o *Coachee* simplesmente não consegue entrar em ação e nesse caso o *Coach* deve ficar atento à presença de eventuais crenças limitantes que podem estar paralisando e prejudicando o processo do *Coachee*.

Portanto, o *Coach* deve ajudar o *Coachee* a identificar a falta deste conjunto de conhecimentos, habilidades e atitudes e juntos desenvolverem uma estratégia consistente para o desenvolvimento dessas competências.

Esse processo de identificação e desenvolvimento de competências é um ciclo contínuo e naturalmente estará presente em diversas etapas do trabalho de *Coaching*. Na verdade podemos dizer que aqui está a essência do *Coaching*, que é auxiliar o *Coachee* a ampliar a sua percepção e promover mudanças através do aprendizado de novas competências.

ENTENDENDO O PROCESSO DE APRENDIZAGEM DE NOVAS COMPETÊNCIAS

O ponto de partida para o desenvolvimento de novas competências é entender o processo de aprendizagem que poderá gerar novos conhecimentos, habilidades e atitudes.

O homem é um ser que aprende. Durante toda a nossa vida estamos expostos a um universo de informações, estímulos e experiências que cumulativamente vamos transformando em aprendizado.

O modo de aprender está relacionado às características individuais e histórico de vida da pessoa, que inclusive pode se modificar ao longo da vida.

O processo de aprendizagem dos adultos é definido como Andragogia, conceito creditado a Malcolm Knowles, na década de 1970 e visa estudar as melhores práticas para orientar adultos a aprenderem melhor.

O modelo Andragógico baseia nos seguintes princípios :

• **Necessidade de saber :** A necessidade dos adultos em saber a finalidade, o "porquê" de certos conteúdos e aprendizagens;

• **Uso da experiência:** Aprende melhor quando coloca em prática e pode utilizar a sua bagagem de experiências acumuladas ao longo da vida;

• **Prontidão para aprender:** Está disposto a aprender aquilo que está alinhado aos seus desafios de vida;

• **Aplicação do aprendizado:** Aprende aquilo que terá aplicação rápida;

• **Motivação:** A motivação é maior se for interna, ligada a satisfação de seus próprios valores.

O principal aspecto do estudo da Andragogia é de que o adulto aprende diferente de crianças e adolescentes, uma vez que já possui um senso crítico e uma estória de vida desenvolvida. Ele busca ser mais seletivo com o aprendizado e com isso necessita ver significado no que está aprendendo.

Esta é a grande porta de entrada para o *coach*, que deve auxiliar o *coachee* a identificar aquilo que irá ter uma maior aplicação e contribuição para sua vida e seus objetivos.

PLANEJANDO O APRENDIZADO DE NOVAS COMPETÊNCIAS

Após entender o "Porquê e Para Quê" desenvolver determinada competência, *Coach* e *Coachee* iniciam um processo de planejamento que irá determinar o "COMO" essa nova competência será adquirida e efetivamente incorporada na vida do *Coachee* para contribuir com os seus resultados.

O planejamento deve buscar uma aprendizagem dinâmica que envolva as três dimensões da competência: Conhecimentos, Habilidades e Atitudes.

Quanto ao CONHECIMENTO, o *Coachee* deve buscar o aprofundamento teórico que envolve aqui a transformação da informação em conhecimento. Isso se dá através da seleção de fontes confiáveis que podem ser obtidas através de pesquisas na internet, leitura de livros, treinamentos de curta duração, cursos profissionalizantes, graduação, pós-graduações, Ensino a distância ou até mesmo a simples observação de alguém que já possui essa competência.

Quanto as HABILIDADES, o *coachee* deve começar a colocar em prática o conhecimento obtido, pois é através dessa experimentação que o conhecimento vai se sedimentar e cada vez mais ser realizado com facilidade e eficácia.

Quanto as ATITUDES, o *coachee* deve buscar situações reais para aplicar os novos conhecimentos e habilidades em sua vida e assim efetivamente tomar ações mais alinhadas com seus objetivos.

ACOMPANHANDO A EVOLUÇÃO DAS COMPETÊNCIAS

Um dos papéis do *Coach* é acompanhar a evolução do *coachee* na obtenção da nova competência, ou seja, ele deve ter indicadores objetivos e/ou subjetivos de que novos CONHECIMENTOS estão sendo obtidos, novas HABILIDADES estão sendo praticadas e principalmente que novas ATITUDES estão presentes no seu dia a dia.

O *coach* deve constantemente auxiliar o *coachee* a desenvolver a resiliência , que é a capacidade de lidar com problemas e superar obstáculos frente aos novos desafios, pois o aprendizado efetivo requer dedicação e determinação.

O *coach* deve incentivar o *coachee* a colocar cada vez mais REPETIÇÃO E INTENSIDADE no seu processo de aprendizagem:

A REPETIÇÃO significa aumentar a exposição a esses novos conhecimentos e habilidades, repetindo o quanto for necessário para que eles se sedimentem e comecem a dar segurança para serem usados de maneira expontânea e natural.

A INTENSIDADE está relacionada a motivação interna e efetiva aplicação na forma de atitudes em sua vida, observando e comemorando cada novo avanço, cada resultado positivo que essa competência trouxe para o seu processo.

DESENVOLVENDO ATITUDES E COLHENDO OS RESULTADOS

Após uma COMPETÊNCIA ter sido desenvolvida conseguimos incorporá-la facilmente em nossas vidas, pois ela passa a necessitar de um esforço muito menor para ser executada e, consequentemente, essa nova ATITUDE vai se transformando em um hábito.

Esses hábitos é que irão trazer os verdadeiros benefícios em nossas vidas, pois aí sim estaremos "FAZENDO DIFERENTE" e atingindo os resultados que planejamos no início do processo.

A questão é que desenvolvendo BOAS ATITUDES e obtendo BONS RESULTADOS conseguimos mudanças duradouras em nossas vidas, pois esses hábitos positivos vão aos poucos se sobrepondo a hábitos negativos e crenças limitantes.

APRENDENDO A APRENDER

O processo de *Coaching* onde são desenvolvidas e aplicadas novas competências trazem um benéfico efeito colateral para a vida do *coachee*, pois ele desenvolverá a capacidade de APRENDER, ou seja de buscar os seus recursos internos para obter cada vez mais CONHECIMENTO, HABILIDADE E ATITUDE.

Essa busca determinada por novas competências contribuem efetivamente para a realização dos seus objetivos, o que dá uma motivação maior para busca de novos sonhos e realizações.

Este poderoso sentimento traz a capacidade de mudança e desenvolvimento contínuo que o farão uma pessoa e profissional melhor a cada dia.

24

Em busca do Sucesso

Atualmente, a busca do autoconhecimento é propósito para muitas pessoas. Independentemente de sua atividade profissional, elas recorrem a teorias que lhes norteiem ao alcance do sucesso pessoal e profissional. Neste artigo, temos como foco o *coaching*, um processo que busca soluções a partir de recursos internos da própria pessoa, lhes proporcionando ações inovadoras, criativas e proativas, em busca de melhores resultados. O *coaching* é uma ferramenta de amplo investimento pessoal e empresarial

Erenita Sousa

Erenita Sousa

Professional Coach, certificada pelo Instituto Brasileiro de Coaching – IBC, Instituto Multifocal de Coaching – IMCC, Behavioral Coaching Institute® (BCI) e European Coaching Association (ECA), Global Coaching Community (GCC), Metaforum International e International Association of Coaching Institutes (ICI). Analista *Assessment Coaching* certificada pelo Instituto Brasileiro de Coaching – IBC, Global Coaching Community (GCC) e Solides. Desenvolvimento de Liderança certificada pelo INEHX Instituto Nacional de Excelência Humana.
Contadora especialista em: Auditoria e Controladoria, pela Faculdade Serigy. Mestre em Terapia Reiki com especialização em Karuna Reiki, certificada pelo Internacional Center for Reiki Training.
Professora Universitária com experiência profissional: contadora há mais de 20 anos e 10 anos com foco em desenvovimento humano e organizacional. Experiente como palestrante, treinamentos e *coaching.*

Contatos:
www.transformesua-vida.blogspot.com
erenitasousa@hotmail.com
Facebook: Erenita Sousa
(79) 9961-5636/ 3222-9043

Introdução

Vivemos num mundo de adversidades, concorrências. Vivemos cercados por pessoas competitivas, tanto no ciclo social, como no mercado profissional. Estamos em uma era de constantes mudanças e transformações para o ser humano. Se as pessoas viverem por viver, sem propósitos, sem missão, sem metas e objetivos, **aonde essas pessoas chegarão? Qual a finalidade de fazerem parte do Universo?**

Para algumas pessoas ter objetivo é viver para a realização de seus sonhos, conquistas, reconhecimento profissional e de vida. Poucas pessoas sentem-se preparadas para receber o que o Universo pode lhes proporcionar. Outras aguardam algum momento para chegar lá. Talvez a indecisão confunda ou iniba seu processo de ações, atitudes, planejamento de vida. Como diz o provérbio, *"Nunca há vento favorável para quem não sabe a que porto se dirige"*.

João de Abreu diz que, *"não será porque haveremos de morrer de qualquer jeito que iremos viver de qualquer forma"*. Conhecer sua missão de vida e viver com senso de propósito é importante para aquele que pretende alcançar a realização pessoal. Quem conhece sua missão de vida tem mais oportunidades para trilhar o caminho necessário ao alcance do sucesso. Questões confundem nossa mente, entre elas, há uma em que no fundo de nosso íntimo, nos faz refletir por que estamos no mundo. Qual é a nossa finalidade? Para que estamos levando essa vida?

Nos últimos anos, as pessoas têm pensado mais em si mesmas, buscam teorias que lhes norteiem a vida pessoal e/ou profissional, de forma mais objetiva. O *coaching* tem sido uma ferramenta de amplo investimento pessoal e empresarial. O *coaching* é um processo que busca soluções por meio de recursos internos da própria pessoa. Esses recursos proporcionam ações inovadoras, criativas e proativas, visando gerar resultados almejados.

Vivenciar um processo de *coaching* consiste em desenvolver um plano de ações que gerem mudanças em sua vida. Nesse processo, você que vivencia essa nova experiência, não estará sozinho. É um processo que requer um profissional ao lado do cliente durante um determinado tempo, auxiliando-o a alcançar os objetivos esperados.

O *coaching* trabalha com técnicas e ferramentas que possibilitam a aceleração no processo para o alcance do objetivo. Cada *professional coach,* que utiliza as ferramentas, pode aprimorar as técnicas de acordo com seu perfil e suas necessidades ou nichos. A ferramenta mais poderosa do *coaching* são as perguntas. Porém, é essencial o profissional saber como questionar, qual o momento mais apropriado para interferir com as perguntas, que perguntas são mais adequadas a cada situação. É a criatividade desse profissional que faz seu diferencial no mercado de trabalho. Perguntas geram respostas. Respostas são elementos para as soluções dos problemas, dos conflitos. Soluções abrem caminhos para o alcance do sucesso.

Sessão De *Coaching*

Numa sessão de coaching é necessário que aconteça receptividade de ambas as partes – *coach* e *coachee*. Para o cliente confiar no profissional, deve haver da parte desse profissional, muita ética, não emitindo juízo de valor sobre pensamentos e palavras de seu cliente. O trabalho remete reflexão da parte do *coachee* a partir das sugestões e suposições que vão surgindo durante o processo para a realização do seu plano de ação.

Cada sessão é um novo aprendizado para o *coach* como também, uma nova oportunidade de melhorar. Tenho buscado aperfeiçoar minha capacidade de ouvir histórias de outras pessoas com forte atenção e empatia. Alimentada pela experiência, reflexão e sensibilidade no aprimoramento das ferramentas aplicadas em atendimentos individuais já desenvolvidos, a cada sessão também adquiro novos aprendizados. A experiência ajuda-me a ver sentido sobre o que está sendo narrado pelo cliente, assim também, a perceber e discernir o que não é exposto.

Segundo James C. Hunter, há pessoas que são dotadas de uma aptidão natural para ouvir e se colocar no lugar do outro. Isto oportuniza criar um ambiente de sinergia construtiva e positiva, no qual as pessoas disponibilizam sua atenção para ouvir o outro. Esse fato é muito importante no primeiro encontro entre o *coach* e o *coachee*. O cliente precisa sentir-se seguro e confiante com o profissional que está a sua frente. É um momento acolhedor com efeito terapêutico. A diferença entre o *professional coach* e o ser humano (que sabe ouvir e ser simplesmente um amigo solidário) é sua habilidade em ser este "ser humano" que se utiliza do método de ouvir o outro, com sensibilidade e racionalidade ao mesmo tempo.

O *coach* precisa estar consciente da complexidade dos processos psicológicos que surgem durante as sessões. A qualificação profissional aliada à experiência de vida lhes permite ter sensibilidade para perceber muito além das aparências. Essa percepção é extremamente importante para saber como melhor aplicar as ferramentas necessárias, que funcionam como termômetro, frente às emoções e narrativas expostas pelos clientes.

Para todo processo de *coaching* ser realizado, individual ou coletivamente, é necessário haver um intervalo de tempo entre as sessões para que o *coachee* possa refletir sobre elas. Numa sessão de *coaching* pode acontecer o desencadeamento de uma longa trajetória que o cliente tem vivenciado. Nesse sentido, se faz necessário desenvolver o processo como espécie de "conta-gotas". O *coachee* precisa de intervalos entre uma sessão e outra. A cada sessão podem emergir muitas informações que darão um novo rumo a sua história. Por isso, a reflexão é fundamental.

Devo esclarecer que cada indivíduo tem uma reação diferente. Novos *insights* começam a surgir. Nesse movimento, o indivíduo tem a chance de mudar o rumo para uma nova história. Às vezes, a sessão tem um tempo além do programado devido à importância da urgência do tema explorado pelo cliente. Deste modo, confirmo por meio da minha experiência que a dedicação, empatia e o dom de ouvir são pontos principais para que o professional *coach* seja competente no resultado do seu trabalho.

Caso de *Coaching* de Carreira

A maior alegria de um *professional coach* é quando seu cliente chega a sua realização e, muitas vezes, antes do término do processo. Cada um com sua história particular, mas obtendo o sucesso desejado no alcance de suas metas. Na minha trajetória como professional *coach*, tenho recebido pessoas com indecisões em suas vidas. Dentre os vários casos, peço licença para relatar um exemplo e seu resultado.

O que você faz com naturalidade?

Essa é uma questão que pode proporcionar vários frutos na sua vida pessoal e profissional. Certa vez atendi um administrador que vivenciava uma grande oportunidade em sua carreira profissional - fora convidado para ocupar um cargo de gerente administrativo em uma empresa de saúde. Porém, sentia muita dificuldade em adequar corretamente suas habilidades de forma positiva nos conflitos existentes na empresa. Numa certa sessão do processo de *coaching*, eu o questionei: o que você faz com naturalidade? Sua resposta foi decisiva: "jogar bola". Ser esportista era sua maestria. Então, aproveitei a resposta para explorar suas ações e pensamentos. O que acontece com sua consciência, sua motivação quando você está jogando futebol? O que lhe motiva a fazer o melhor numa equipe? O que você faz para que seu time ganhe e esteja sempre na frente? Com isso, sua autoestima cresceu e ele descobriu, no seu interior, novos recursos para ultrapassar obstáculos que bloqueavam seu desempenho.

Parece ser fácil, não é? Mas, o *professional coach* precisa de técnicas, pensar rápido para explorar recursos diferenciados, ajudando seu cliente a encontrar soluções com as próprias habilidades. Quando a pessoa potencializa o recurso que já existe em seu interior, será muito mais fácil obter o resultado do processo. Nem sempre o que é novo nos agrada ou nos permite adaptarmos a ele. O *coaching* trabalha com a potencialização dos próprios recursos que o indivíduo já possui, adaptando as novas rotinas. Ou seja, faz explorar seu desempenho para novas ações.

Acredito que todos nós temos um papel a cumprir no mundo e que este papel é a chave para a nossa felicidade e sucesso. Nossa missão de vida está intimamente relacionada aos nossos valores e atitudes. A qualidade dos seus relacionamentos é determinada pela qualidade da relação que o indivíduo tem consigo mesmo.

Fui contratada por uma empresa multinacional para fazer um processo de *coaching* executivo com um gerente que ocupava os primeiros lugares de resultado da empresa. Contudo, era uma pessoa com dificuldades nos seus relacionamentos, tanto com seus pares, como com sua equipe. Esse gerente tinha características rígidas no trato das pessoas. No início, houve certa resistência da sua parte. Ele tinha sido indicado pela empresa para participar do trabalho. Na sua visão, achava que estava sendo punido e que não tinha problemas psicológicos.

Em nosso primeiro contato, busquei desmistificar seu pensamento, começando com minha apresentação pela formação inicial – a de contadora, não a de psicóloga como ele esperava. Em sequência, fiz a explicação de como seria o processo de *coaching*, complementando que se tratava de um processo sobre o desenvolvimento humano, ajudando cada um a se tornar melhor naquilo que faz e a ter oportunidades de descobrir novos aprendizados.

Para tanto, essa pessoa precisaria escolher um objetivo a ser alcançado como resultado dos nossos encontros, no sentido de realizar um sonho. Nesse instante, enquanto me ouvia, percebi que sua fisionomia já era outra, passou a deixar de lado o desconforto e percebeu que poderia ser uma boa oportunidade para si mesmo. O primeiro contato levou mais de uma hora de conversa. Ao finalizarmos, perguntei se estava disposto a fazer parte do processo, pois seria a pessoa principal para que acontecesse, do contrário, nada sairia do lugar.

Nesse momento, já estávamos em *rapport* de alma. Eu já tinha conseguido trazer o cliente para o processo. Daí, começamos um caso maravilhoso, com muito resgate emocional. A pessoa com muita disciplina nas tarefas permitiu-se grandes descobertas, sentindo-se a cada dia mais renovada pelos resultados que já eram visíveis.

Foram sessões muito intensas, mas também, com muita cumplicidade. Enquanto a pessoa sentia-se renovada, eu me surpreendia com seus depoimentos pelo aprendizado. Em cerca de três meses, muitas conquistas foram alcançadas, tanto em sua vida pessoal, quanto profissional. Aliás, esta última, foi totalmente reestruturada, devido à mudança de comportamento e à permissão de se relacionar com todos a sua volta, com mais serenidade.

Na empresa, foi promovida para gerente da maior loja do estado, podendo também ser transferida para outro estado com maior porte no negócio de sua atuação. A relação familiar melhorou 100%, passou a ser elogiada e admirada por seus colaboradores, houve mudança no relacionamento com seus pares, a sintonia ficou mais aberta. Em vários *feedbacks*, ela relatou que o extraordinário nessa mudança foi realmente ter investido em desenvolver novos comportamentos, como ter empatia e ouvir mais as pessoas.

Hoje, é uma pessoa muito agradecida à empresa e ao processo desenvolvido. A empresa, também satisfeita pelos resultados, abre espaços para novas oportunidades no trabalho de *coaching*. Foi um caso muito especial, devido à confiança depositada ao *professional coach* e ao processo. É dessa forma que o processo amplia-se no Universo. Todos os envolvidos ganham, direta ou indiretamente. Os resultados criam perspectivas positivas para todos, desde o *coachee* e as pessoas de seus relacionamentos ao profissional que direcionou o processo de *coaching*.

Mantenha acesa a chama que lhe incentiva ter êxito em seus empreendimentos. Invista no seu sucesso!

25

Coaching para o desenvolvimento sustentável: ferramenta para o sucesso de pessoas e organizações

O desafio de tornar o desenvolvimento sustentável um processo perene, encontra no *coaching* a estrutura ideal para aumentar o nível de resultados positivos nas organizações e contribuir para desenvolvimento pessoal e profissional, na construção de um futuro melhor

Euclides Colombo

Euclides Colombo

Palestrante e *Coach* com Certificação Internacional em *Coaching, Mentoring & Holomentoring,* foco em *Life, Self & Professional Coaching,* Sistema ISOR. MBA em Gestão de Negócios Financeiros pela UFRGS. Especialização em Psicologia Organizacional e do Trabalho. Graduação em Pedagogia. Tutor em EaD pela UFSC. *Practitioner* em PNL.
Mais de 35 anos de experiência em gestão de pessoas, desenvolvimento de equipes, educação corporativa e negociações estratégicas no Banco do Brasil e Professor na FATEC/SENAI. Mais de 2000 horas dedicadas a treinamentos comportamentais em liderança, competências, criatividade, motivação, empreendedorismo e desenvolvimento sustentável. Sócio-diretor e consultor na Deltapro Desenvolvimento Gerencial, empresa atuante em treinamentos corporativos.

Contatos:
www.euclidescolombo.com.br – www.deltapro.com.br
falecom@euclidescolombo.com.br
(47) 9911-8690
facebook.com/EuclidesKolomb
Twitter: @EuclidesColombo

O *coaching* é uma metodologia orientacional que se aplica a todo e qualquer ramo da atividade humana. Ele pode ser tomado como um processo que tem como objetivo fomentar no indivíduo o conhecimento de si próprio, ajudando-o a criar o desejo de melhorar ao longo do tempo. Trata-se, portanto, de uma filosofia apoiada no pressuposto de que a aprendizagem e o desenvolvimento de competências é um processo contínuo. Por conseguinte, pode e deve ser aplicado em organizações cujas atividades de alguma forma se relacionem com o meio ambiente, com vistas a atingirmos a meta do desenvolvimento humano sustentável, que não destrua, mas preserve a natureza e o meio ambiente.

Não é próprio do *coaching* propor soluções milagrosas para os problemas humanos. Não é esse o seu objetivo. Soluções são escolhas e decisões que cabem ao interessado encontrá-las e pô-las em prática. O *coaching* apenas orienta o *coachee* (cliente do *coaching*) no sentido de encontrar, ele próprio, o melhor caminho, fazendo para isso uso de sua experiência, de seus conhecimentos, de suas potencialidades. O *coaching* não dá o peixe, mas ensina a pescar; não oferece soluções, orienta como encontrá-las.

Em síntese, compete ao *coaching* tão somente ajudar o *coachee* a libertar-se de paradigmas errados, de ideias fixas esterilizantes, de bloqueios mentais que impedem seu aprimoramento pessoal/profissional. O *coaching* atua como um jardineiro que liberta uma planta de seus parasitas, de suas pragas, dos elementos que sugam sua seiva ou que a impedem de haurir, ela própria, os elementos nutritivos do solo. Mas o dinamismo ativado é o da própria planta.

Há quem compare o *coaching* com a autoajuda – expressão de duplo sentido, muitas vezes malvista porque mal entendida. A verdadeira autoajuda não é, como muitos imaginam, uma forma de botões-mágicos e fórmulas milagrosas para triunfar sem esforço. A verdadeira autoajuda, no melhor sentido do termo, apenas ensina o indivíduo a libertar-se dos seus bloqueios (temores, inseguranças, paradigmas errôneos ou superados) e dos seus maus costumes (preguiça, teimosia, excessivo amor à rotina, falta de espírito de equipe, etc.).

No fundo, toda ajuda é autoajuda. Parece surpreendente a afirmação, mas a realidade é que cada um só pode, efetiva e eficazmente, ajudar a si mesmo. Cada qual ajuda a si próprio, cada qual é responsável pelos seus atos e decide, individualmente, seu proceder e seu futuro. O *coaching* ajuda o *coachee* a se ajudar, a desvelar, encontrar as respostas. "Ajuda-te e o céu te ajudará", reza o velho provérbio.

As perguntas que se colocam, então:

- Como o *coaching* pode contribuir para o desenvolvimento sustentável?

- Como ajudar as pessoas e a sociedade a atingirem um desenvolvimento sustentável?

Para responder a essas questões é fundamental entender como chegamos à situação atual em que o mundo atingiu um desenvolvimento extraordinário, porém desequilibrado. De fato, progredimos muito em todas as áreas, mas também fomos cavando um fosso cada vez maior abaixo de nossos pés, comprometendo o futuro saudável do planeta.

Afirmo que isso se deu, em última análise, pela perda do sentido holístico e global da vida e pela exacerbação do particular, do individual, do fragmentário. Em consequência, qualquer solução efetiva somente será possível se recuperarmos o sentido holístico e universal em todas as nossas ações.

A Filosofia antiga prezava, acima de tudo, a universalidade, a totalidade, a globalidade. O pensamento de Sócrates, Platão e Aristóteles influenciou profundamente a cultura prevalente na Idade Média. A visão desses três sábios era profundamente universal e holística, entendendo todos os ramos do conhecimento humano como integrados num todo.

Nos séculos XII e XIII, disseminaram-se pela Europa os primeiros estabelecimentos de ensino superior destinados à transmissão e elaboração do conhecimento humano. A origem das universidades está ligada ao fenômeno da crescente urbanização da sociedade medieval. Nas universidades, como seu próprio nome indicava, era o conhecimento universal que se visava, com o perfeito equilíbrio entre o particular e o global. Nunca se perdia a visão holística de tudo. O conhecimento era concebido como algo universal, inteiramente abrangido pela Filosofia e pela Teologia.

As áreas do conhecimento natural humano eram abrangidas pela Filosofia, excluindo apenas o sobrenatural. Integrava, pois, desde a mais alta consideração metafísica até a mais concreta e específica das ciências naturais, como a botânica ou a química. Contemplava ainda o Direito, a Medicina, a Engenharia, todas as artes, todos os ofícios e práticas humanas. Em contraponto, a Teologia tomava por base o amplo espectro dos conhecimentos filosóficos e a eles acrescia o elemento sobrenatural e divino. Não havia contradição, mas superação e equilíbrio em tudo. Ainda aqui, o sentido holístico de tudo está muito presente.

Enquanto prevaleceu essa visão no Ocidente, em linhas gerais manteve-se o equilíbrio. Houve desenvolvimento humano e tecnológico bastante considerável, nunca, porém, a ponto de ameaçar o equilíbrio ecológico. Um exemplo entre muitos outros: Veneza.

A região em que hoje se situa a maravilhosa cidade de Veneza foi, no passado, uma área pantanosa e insalubre. Foi a competência humana que drenou as águas e conseguiu, num prodígio de engenharia, construir uma cidade sólida e de extraordinária beleza arquitetônica, sobre o mais impróprio dos terrenos. A natureza selvagem e primitiva foi domada e civilizada de modo harmônico e equilibrado. Trata-se, no meu modo de entender, de um magnífico exemplo de desenvolvimento humano sustentável.

Moinhos de vento, mecanismos que conduziam água para regiões mais elevadas usando a própria força da água, utilização de roldanas, de pesos e contrapesos – todas essas tecnologias foram desenvolvidas, naquela época, facilitando e simplificando a vida humana sem que daí decorresse qualquer forma de agressão à natureza.

Já nos tempos modernos e contemporâneos, entretanto, assistiu-se a um florescimento extraordinário de artes e técnicas. Um progresso inegável em todas as áreas, mas o sentido geral desse progresso já não privilegiou tanto o holístico e universal. Pelo contrário, tendeu mais a privilegiar o particular em detrimento do universal.

Nos últimos cinco séculos, assistimos a progressos espantosos das ciências, mas já isoladamente, cada uma delas por si, sem considerar as outras e, muitas vezes, até competindo e rivalizando com as outras. Fomos, assim, construindo um saber cada vez mais compartimentado e fragmentário, cada vez mais distante da visão universal que possuíam os antigos pensadores.

No século XIX, após a primeira revolução industrial, assistimos a um brotar de novas ciências, cada vez mais particularizadas, cada vez mais fragmentárias. E, ao longo de todo o século XX, esse processo de afastamento do holístico se acentuou ainda mais. Temos, hoje, um sistema de ensino que, contraditoriamente com sua vocação precípua, esquece o universal e privilegia o cada vez mais particularizado. Temos o predomínio absoluto da especialização, esquecida do global...

Hoje, são raros os médicos, engenheiros ou advogados generalistas. Quase todos os profissionais desses, e de muitos outros ramos de atividade, tendem a se tornar especialistas. Sabem tudo, absolutamente tudo, sobre frações minúsculas do organismo humano, sobre ramos particulares do Direito ou da Tecnologia, e, muitas vezes, se revelam incapazes de entender o ser humano na sua essência, na sua psicologia, nos seus anseios, nas suas idiossincrasias.

Esse particularismo excessivo produz um mal-estar profundo no ser humano, que se sente incompreendido e injustiçado. A fragmentação do conhecimento produz também uma cultura organizacional em que os verdadeiros líderes tornam-se cada vez mais raros. Daí, muitas organizações voltarem–se ansiosamente à procura de novas soluções. Neste aspecto, o *coaching* pode e deve ser integrado à estratégia organizacional. Ele pode ser a ferramenta para despertar líderes e equipes para a necessidade de aprender e buscar soluções e ações integradas nas dimensões econômica, social, ecológica e também cultural.

Ora, se formos verificar a gênese dos graves problemas ambientais que nos afligem, veremos que foram causados, em última análise, pela falta de visão holística e de compreensão da finitude dos recursos naturais. A tecnologia desenvolveu-se extraordinariamente, nos mais variados pontos da atividade humana, mas desenvolveu-se sem bom-senso e prudência, sem atentar para o global, sem pensar no mundo como um todo, não apenas entendido no espaço, mas também no tempo. Na própria sociedade humana, os indivíduos, cada vez mais ambiciosos e interessados no seu próprio bem pessoal, esqueceram o universal, esqueceram a dimensão societária da vida, deixaram de lado o bem comum.

Ou seja, produzimos um desenvolvimento fabuloso que se parece com um câncer. Cresce, cresce, cresce, mas de forma desordenada, atentatória ao equilíbrio global. O resultado só pode ser desastroso!

Se persistirmos no mau hábito de esquecer o todo e visarmos, cada um de nós, ao próprio interesse individual ou corporativo, a própria tecnologia se transformará em arma perigosa e vingativa contra nós. Se não for diretamente contra nós, será contra nossos filhos, netos ou gerações futuras. Mas a cobrança virá, inapelável e implacavelmente. Um dia, a natureza cobrará seus direitos.

Felizmente, percebe-se um anseio que atinge o homem contemporâneo em voltar-se à natureza, ao coletivo e à sustentabilidade. No entanto, por certo não compete ao *coaching* sugerir medidas de âmbito técnico, legal ou econômico-administrativo, com vistas a alcançar um desenvolvimento sustentável.

Acredito que a principal colaboração que o *coaching* pode dar à humanidade de nossos dias é ajudá-la a redescobrir, por si mesma, o comprometimento com o sentido holístico da vida, a noção de que o universo constitui um todo vivo do qual somos apenas parte. E cabe a cada líder organizacional, a cada ser humano, reencontrar o centramento e o equilíbrio para garantir um futuro melhor.

Nesta linha, Madame Marie Curie, cientista laureada duas vezes com o Premio Nobel e a primeira mulher do mundo a ganhar esse prêmio, afirmou: "Você não pode criar um mundo melhor sem melhorar os indivíduos. Para que isso aconteça, cada um de nós precisa se esforçar para o próprio aperfeiçoamento e, ao mesmo tempo, compartilhar uma responsabilidade geral por toda a humanidade, sendo nosso dever particular o de ajudar aqueles para os quais possamos ser mais úteis".

Assim, se conseguirmos recuperar o equilíbrio essencial perdido há séculos, se conseguirmos aproveitar tudo o que de bom nos trouxe o progresso tecnológico moderno como instrumento para agir num sentido holístico e ecologicamente equilibrado, poderemos então assegurar para a humanidade um desenvolvimento verdadeiramente sustentável e um futuro brilhante.

Nessa caminhada, o *coaching* para o desenvolvimento sustentável pode ser a ferramenta ideal para o novo tempo. Tempo em que pessoas e organizações possam buscar melhores resultados de forma equilibrada e harmoniosa. Vamos juntos neste desafio?

26

Trate as pessoas como ativos humanos e não dígitos

Quando você ouve a palavra "*coach*", o que vem primeiro em sua mente? Talvez pense em algo ligado ao esporte.
No entanto, o *coaching* não é mais privilégio do segmento esportivo. Se você quer ter resultados memoráveis pessoal e profissionalmente, deve levar em conta a importância de um bom *coach*.
Como saber se eu ou a minha empresa precisa de *coach*? Como inserir esse profissional na organização e potencializar os seus ensinamentos? Como usar as técnicas de *coaching* para atrair e desenvolver líderes? Certamente muitas perguntas virão à sua mente. Diante de todos os desafios, você tem a oportunidade de recorrer a este capítulo para triunfar pessoal e profissionalmente.

Boa leitura e sucesso!

Evaldo Costa

Edvaldo Costa

É escritor, *coach* e conferencista internacional. Formou-se em Direito, Ciências Contábeis e Mestre pela Fundação Getúlio Vargas. Possui seis livros publicados e mais de quatro mil publicações de artigos em revistas, jornais e sites da internet no Brasil e no exterior. Evaldo Costa já visitou mais de quarenta países para a prática do *benchmarking*. Foi diretor da FENABRAVE (Federação Nacional dos Distribuidores de Veículos Automotores) e do SINCODIV (Sindicato dos Concessionários de Veículos), ambos em Minas Gerais, Brasil. Foi diretor do maior grupo brasileiro do varejo da década de 90 e foi professor convidado de algumas universidades nas principais capitais brasileiras. Atualmente, é presidente do Instituto das Concessionárias do Brasil – ICBR e editor do Blog VerdeSobreRodas. Mais informações sobre Evaldo Costa podem ser obtidas no **site www.evaldocosta.com.**

Quando você ouve a palavra *coach*, o que vem primeiro em sua mente? Talvez pense em algo ligado ao esporte. Aliás, se você fizer uma pesquisa na internet com a palavra *coach*, encontrará muito mais conteúdo ligado ao meio esportivo do que ao empresarial.

No entanto, o *coaching* não é mais privilégio do segmento esportivo – faz algum tempo que é um dos conceitos-chave em liderança e gestão. Naturalmente, estamos falando de conceitos do esporte que foram incorporados ao ambiente empresarial. Neste contexto, o crescimento pessoal, disciplina e o treinamento de seus colaboradores devem ser colocados no topo da lista de prioridades, pois só assim os resultados serão memoráveis.

Estudos recentes têm revelado que as "Habilidades Técnicas" (nossas habilidades naturais e habilidades aprendidas através da formação e experiência) representam, na melhor hipótese, apenas 20% do nosso desempenho. Os 80% restantes vêm das nossas "Competências Pessoais".

Elementos cruciais como a capacidade de escolher ou tomar decisões, assertividade, autenticidade, compromisso de crescer, concentração, foco, estabilidade emocional, entusiasmo, disposição para vencer obstáculos, desenvoltura, honestidade, integridade, mente aberta, otimismo, persistência, perseverança, capacidade de lidar bem com estresse, são qualidades fundamentais para o desenvolvimento das "Competências Pessoais".

A confiabilidade, autoconfiança, autocontrole, elevada autoestima, autorrespeito e iniciativa, complementam a lista a qual o *coach* precisa estar sintonizado para obter sucesso em suas investidas para o desenvolvimento do *coachee*.

A competência pessoal bem desenvolvida indica que os colaboradores devem ser tratados como "ativo humano", e não meros dígitos. Isso significa que o *coachee* vencedor é aquele que desde cedo entende que deve colocar as pessoas antes dos projetos financeiros, investindo adequadamente no desenvolvimento dos funcionários. Os que não pensam e agem alinhados com esse princípio, provavelmente nunca alcançarão o sucesso que tanto almejam.

Além de treinamento, é preciso haver acompanhamento regular do *coach* a fim de avaliar, maximizar os pontos fortes e recuperar os pontos fracos do *coachee*, aumentando assim a sua competência profissional e segurança emocional. Para isso, é preciso ter um plano bem estruturado a fim de evitar a tendência de no começo dedicar bastante tempo e cuidados com o novato e, com o passar do tempo, relaxar com os acompanhamentos e *feedbacks*.

Naturalmente, não se deve esperar evolução sem mudança de comportamento. Para criar mudanças duradouras e desempenho otimizado, é necessário primeiro que o *coach* compreenda a influência positiva e negativa que as habilidades pessoais de uma pessoa tem na execução de suas habilidades técnicas. Afinal de contas, somente quando compreendemos plenamente os padrões de comportamento do outro, podemos criar as melhores estratégias para ajudarmos o *coachee* a desenvolver uma mudança capaz de levá-lo ao sucesso no tempo e na dose almejada.

Além disso, o *coach* não deve perder de vista que a excelência é produto de boa prática, habitualidade e consistência. Então, ele deve equilibrar a concretização dos objetivos imediatos com metas de longo prazo, mantendo sempre harmonia entre os objetivos organizacionais e os interesses pessoais do *coachee*.

Como *Coach* de um líder empresarial, você deve treiná-lo para manter a sua equipe motivada e comprometida com a visão e os valores organizacionais. Warren Bennis considera que "a liderança é a capacidade de traduzir a visão em realidade". Para isso, ele poderá recorrer a um plano de ação com metas de curto, médio e longo prazo e aproveitar os encontros informais com a equipe para também repassar a missão organizacional e dar *feedback*.

A partir deste ponto, o *coachee* de liderança detém as informações básicas e necessárias à evolução de suas atividades na organização. Então, os trabalhos evoluirão levando-se em conta princípios capazes de manter o *coach* no caminho do sucesso. Fazendo uma analogia com um alpinista, diríamos que até aqui ele cuidou dos planos da escalada, equipamentos, suprimentos, logística e a partir deste ponto é que inicia a subida da montanha. Para isso, o *coachee* deverá focar os seguintes aspectos:

Foco, Paciência e Perseverança

O foco, a paciência e a perseverança são atributos *sine qua* non para que as pessoas melhorem de vida. Sem eles, dificilmente alguém obterá sucesso em suas investidas. O foco determina seu estado físico, mental, humor, ações, reações e os resultados que serão alcançados.

Muitas pessoas não dão o devido valor ao foco. Tem gente que vai almoçar com um amigo e, durante a refeição, fala algumas vezes ao celular, conversa com outras pessoas ao lado, anota dados em sua agenda e muda de assunto meia dúzia de vezes.

Gente assim acha que fazer várias coisas ao mesmo tempo é uma vantagem. Daí acaba se acostumando e à noite, enquanto repousa, fica pensando em mil coisas, tentando encontrar a solução para os problemas do dia seguinte, acorda para checar mensagens no celular e faz anotações. Como você acha que gente assim se sente no dia seguinte? Acertou se respondeu esgotada pela péssima noite de sono. Daí, não terá muita disposição para as suas atividades e provavelmente não será produtivo.

A pessoa até pode fazer mais de uma coisa ao mesmo tempo, mas dificilmente com perfeição. Imagine alguém na mesa de cirurgia cardíaca. Então, durante o procedimento, o cirurgião interrompe algumas vezes para falar ao celular, postar mensagem na mídia social, conversar com os assistentes e fazer anotações. O que você acha disso? Um absurdo, não é mesmo? Pois é a mesma coisa que acontece com todas as demais pessoas que agem sem foco.

Já a paciência significa não perder o equilíbrio da mente em qualquer circunstância adversa e, também, não ser perturbado diante de qualquer tipo de dificuldade. Sabemos que o curso da vida não é fácil. A pessoa enfrentará muitas dificuldades, e, pelo menos uma vez na vida, sofrerá dor física, desconforto espiritual, angústia e perturbação mental.

A tristeza e a decepção são também situações que, vez por outra, cruzam o nosso caminho. Algumas pessoas enfrentam dificuldades tão iníquas que podem até perder a vontade de viver. Quando isso ocorre, a paciência é um poderoso recurso capaz de ajudar a superar as circunstâncias da vida.

A perseverança significa persistência obstinada em uma luta pelos seus objetivos. Paciência e perseverança, ambos são interligados. Isso significa que a paciência é necessária para a perseverança e a perseverança acrescenta utilidade para a paciência.

A perseverança é altamente necessária para alcançar objetivos desafiadores. É através dela que você consegue tentar quantas vezes forem necessárias para conquistar o alvo. A história registra que aqueles que foram bem-sucedidos tentaram muitas vezes antes de serem bem-sucedidos em suas áreas de atuação. Thomas Edison, por exemplo, tentou quase duas mil vezes antes de descobrir a lâmpada.

Você já parou para checar quantas vezes você tentou antes de abandonar uma meta? Pois saiba que boa parte das pessoas desiste nas três primeiras tentativas. Sem perseverar, dificilmente alguém alcançará o topo da montanha. É como diz Walter Burke: "sucesso é uma questão de não desistir, e o fracasso é uma questão de desistir cedo demais".

Agora o *coachee* está preparado para vencer

Tendo atingido o topo em seu desenvolvimento, cabe ao *coa-*

chee se voltar para a sua estrutura empresarial e investigar as seguintes premissas: a minha empresa precisa de *coach*? O desempenho da equipe pode ser potencializado? Há como maximizar os lucros? Diante do desafio de desenvolver boa liderança na organização, o recém-promovido a *coach* tem a oportunidade de recorrer às técnicas até aqui assimiladas para ajudar a desenvolver líderes talentosos.

O *coach* sabe que nestes tempos de mudanças constantes as pessoas não querem ser gerenciadas, e sim orientadas, treinadas e encorajadas. Então, ele tem o dever de apoiar e equipar as lideranças com ferramentas poderosas, capazes de desenvolver habilidades sólidas e superar os desafios hercúleos que surgem no caminho de qualquer empreendimento.

Considere que as organizações de todas as partes buscam líderes que demonstram crença entusiástica e genuína nos outros, que sejam questionadores e capazes de manter fortalecida a vontade de vencer. Para Peter Druker, "**o líder do passado era uma pessoa que sabia dizer. O líder do futuro é uma pessoa que sabe perguntar".** Entendido isso, o que mais deve explorar sobre o perfil do líder ideal para a organização?

Primeiro, precisa-se considerar que ela não deve ser uma pessoa com características de controle, que esteja demasiadamente preocupada com a direção do negócio em detrimento das pessoas, que recorre frequentemente à hierarquia e ao poder de sua função na organização para fazer valer a sua vontade. Também não pode ser do tipo que acredita que a produtividade da equipe deve ser fruto único da sua experiência e autoridade para recomendar, apontar caminhos e rever processos.

Deve ser alguém com características de ótimo comunicador, educador e incentivador. Um ser humano que dá instruções ou conselhos para elevar o desempenho de um indivíduo ou grupo. Que ajude os componentes da equipe a desenvolver o seu potencial e a encontrar novos caminhos por si só. Um educador que valoriza o diálogo, o bem-estar do time e, sobretudo, o desenvolvimento de sucessores, especialmente para as posições estratégicas.

Ele deve ser capaz de agir com independência e sem preconceitos, motivar e manter a esperança viva dentro de cada indivíduo. Precisa entender as necessidades e assim criar facilidades para que os melhores caminhos sejam alcançados. É seu papel fortalecer sempre a crença de seu colaborador para renovar o seu interior, possibilitando a construção de um futuro melhor para si e à organização.

Deve ser capaz de identificar e reforçar o lado bom das pessoas, fornecendo condições adequadas ao desenvolvimento de habilidades, criando sinergia para que o grupo saia vencedor de seus desafios.

O ideal é que esteja sempre sintonizado com as constantes mudanças do ser humano e da modelagem empresarial. Não deve estar preocupado apenas em manter o cumprimento das tarefas nos prazos e volumes desejados, mas, sobretudo, em cuidar do bem-estar, crescimento e comprometimento das pessoas, que, aceitando-o como líder, o respeitará e lhe será fiel na alegria e na tristeza.

Finalmente, ele precisa ter bons ouvidos para assimilar com maestria a mensagem sábia como a do mestre Mário Quintana, que ensina: "Nesta vida temos três professores importantes: o 'Momento Feliz', o 'Momento Triste' e o 'Momento Difícil'. O 'Momento Feliz' mostra o que não precisamos mudar. O 'Momento Triste' mostra o que precisamos mudar. O 'Momento Difícil' mostra que somos capazes de superar".

O sucesso da equipe depende de recrutamento inteligente

Superados os cuidados com o desenvolvimento dos talentos internos, chegou o momento de cuidar das reposições, pois a qualidade da equipe que você recrutar irá determinar o sucesso organizacional.

Então, é fundamental recorrer às técnicas científicas de recrutamento capazes de apoiar a escolha dos melhores candidatos. Para aprimorar a sua capacidade de contratar pessoas talentosas, você poderá recorrer aos princípios abaixo evidenciados:

1 - Calcule o preço da contratação errada – veja quanto custa treinar, esperar vários meses por produção e, depois de algum tempo, que pode chegar a um ano, ter que despedir o colaborador.

2 - Ao iniciar o seu processo de recrutamento, responda as seguintes perguntas:

A - Onde posso encontrar mais pessoas de qualidade para entrevistar?

B - Quais são as habilidades dos melhores candidatos para ocupar a vaga xyz?

C - Detenho as condições adequadas para contratar os melhores profissionais?

3 – Não espere facilidade – não existem atalhos para boas contratações. Os melhores candidatos são como o ouro, precisa ser bem garimpado. Recorra às técnicas científicas de contratação, pois aqueles que confiam apenas na experiência e feeling costumam errar muito mais;

4 - Busque opções e não tenha pressa – evite contratar sem antes checar várias alternativas. Escolher em universo limitado é como pescar em aquário: você nunca fisgará os melhores peixes. Também não tenha pressa em admitir;

5 –Valorize as características dos campeões – assegure-se de que o candidato seja decidido, motivado, de bom caráter, que demonstre interesse e disposição para trabalhar em equipe;

6 – Escolha os que têm orgulho da profissão – os melhores profissionais são os que se orgulham de exercer as suas funções, que mantêm o equilíbrio diante dos momentos críticos e encaram as adversidades como as melhores oportunidades para vencer.

Finalmente, lembre-se de que o seu sucesso depende apenas de você e está ao alcance de seus braços. Tudo que tem a fazer é agir de forma direcionada e inteligente.

27

Coaching Realizei a formação em *Coaching*, e AGORA por onde começo?

209

O uso das ferramentas e técnicas aprendidas nos cursos de formação em *Coaching* é transformacional e de altíssimo potencial, sejam elas aplicadas no âmbito pessoal, profissional ou ambos. No entanto, temos de adequar e dimensionar a finalidade e o propósito do uso dessas ferramentas de acordo com a necessidade do cliente que passa pelo processo de *Coaching*.
E, agora, por onde começar?

Felipe Gomes

Felipe Gomes

Atuação: Presidente do Grupo Penso Sempre Positivo, Diretor Responsável do Departamento de Psicometrias da Escola de Auto-Hipnose Mateus Grou, Membro integrante da Sociedade Brasileira de Biometria Funcional – SBBF, Personal Coach, Hipnoterapeuta, Programador Neurolinguista, Professor e Palestrante.

Formação: *Personal & Professional Coaching*, *Coaching* Intuitivo, Practitioner em PNL, Master-Practitioner em PNL, Hipnose Clínica, Hipnose Letárgica, Hipnose Rápida e Ultrarrápida, Hipnose para Traumas e Fobias, Hipnose para o Tabagismo, Memorização, Leitura Eficaz, Inteligência Emocional, Mapas Mentais, Oratória, Motivação, Liderança, Concentração, Técnicas de Estudos, Consultoria em Vendas e Marketing, Marketing Digital, Energização de Cristais, Reiki (Níveis I e II), Comunicação Eficaz e Linguagem Corporal, Cromoterapia, Massoterapia, Numerologia Pitagórica, Ascensão Cósmica, Astrologia Cármica, Biometria Funcional e Psicologia em Processo de Formação.

Contatos:

www.pensosemprepositivo.com.br / www.pensosemprepositivo.wordpress.com
felipegomes@pensosemprepositivo.com.br
twitter.com/pensosppositivo
br.linkedin.com/in/pensosemprepositivo / youtube.com/pensosemprepositivo msn: pensosemprepositivo@hotmail.com
Skype: pensosemprepositivo
(11) 9641-PENSA / (11) 9641-73672

Em todo processo de *Coaching* devemos atentar para as reais necessidades do cliente que nos procura, mas temos de salientar seus reais objetivos e conduzi-lo da melhor maneira para o alcance de suas metas, sejam elas pessoais ou profissionais. Temos, também, de visualizar a historicidade de sua vida para entendermos seu cotidiano e todo o seu mundo interior onde será o ponto de partida do processo de *Coaching*.

A função do *Coach* (treinador) é de orientar e auxiliar o *Coachee* (cliente) a traçar, definir e concluir suas metas e seus objetivos. Não podemos somente aplicar as técnicas aprendidas nos cursos de formação, transformando o processo em algo taxativo ou monótono, podendo perder seus efeitos positivos e acarretar problemas e falhar com seu *Coachee*. Temos de ser assertivos na condução de todo o processo e estar atentos aos mínimos detalhes, que podem fazer total diferença no resultado final, ou seja, na conclusão de metas e objetivos do Coachee. Lembrando que nós, como *Coach*, não podemos decidir nada por nosso cliente, devemos sempre mostrar dois caminhos ou alternativas para que ele decida o que será melhor para ele e chegue ao ápice de seu objetivo ou sua meta.

Hoje em dia as buscas por aperfeiçoamento em cursos e treinamentos não se restringem mais especificamente à área profissional, ou seja, o aperfeiçoamento procurado por empresas que investem em seus funcionários para que eles atinjam melhores resultados e alta performance. Houve uma inversão nessa busca, em que as pessoas procuram cada vez mais investir em si próprias, na arte de instruir a excelência humana, seja um curso de inglês, espanhol ou até mesmo mandarim (para poderem viajar ao redor do mundo globalizado e, cada vez mais, conectado com as tendências mundiais, com a era tecnológica que a internet nos proporciona), ou cursos de culinária (de acordo com o tipo de comida que mais lhes agrada), cursos universitários (até mesmo ingressando, com idade mais avançada, pela primeira vez em uma universidade) ou cursos de especialização ou pós-graduação tanto em sua área de atuação como também cursos na área de *Coaching*, Reprogramação Mental pela Programação Neurolinguística (PNL), Hipnose, Liderança, Motivação, Inteligência Emocional, Técnicas de Estudo (para otimização de concursos públicos e vestibulares) ou Oratória (para falar melhor em público ou na apresentação de seu trabalho de conclusão de curso — no último ano de um curso universitário — e também de sua monografia de mestrado ou doutorado.

O importante é que hoje as pessoas buscam cada vez mais a autorrealização e o autoconhecimento para uma satisfação plena da VIDA e das suas realizações inter e intrapessoais, em que o detalhe que faz a diferença é fazer aquilo que realmente se gosta de fazer. Para isso, no entanto, desenvolvi uma técnica aliada a uma fórmula denominada **Fórmula dos 3DR**, ou seja, se unirmos **D**edicação, **D**eterminação e **D**isciplina, chegaremos aos **R**esultados.

Confira na figura 1.1 a ilustração dessa fórmula:

Fórmula dos 3DR:

Dedicação +

Determinação +

Disciplina =

Resultados

PSP Designer

Com essa fórmula é possível chegar a caminhos certos com resultados plenos e satisfatórios. É preciso uma porcentagem de 0 (zero) a 100 (cem) de dedicação (o cliente irá quantificar de 0% a 100% o esforço dispensado sobre aquilo a que realmente se deseja dedicar), aliada a uma porcentagem de 0 (zero) a 100 (cem) de determinação (ele também irá quantificar de 0% a 100% sua determinação sobre aquilo que realmente se deseja determinar), aliada, por sua vez, a uma porcentagem de 0 (zero) a 100 (cem) de disciplina (ele acrescentará aos dois itens já citados uma quantificação de 0% a 100% de sua disciplina sobre o que realmente se deseja alcançar), gerando o resultado almejado.

Observação importante: nessa técnica fica valendo a escala de 0% a 300% como total nos resultados, ou seja, o cliente nos mostrará seu empenho total com a porcentagem de 0% a 100% em cada um dos três tópicos relacionados na fórmula, o que irá gerar um número potencializador no nosso trabalho como *Coach*.

Por exemplo, seu cliente busca, como meta pessoal, adquirir um carro novo, então VOCÊ determinará junto com ele o prazo para que esse objetivo seja alcançado, utilizando a fórmula acima. VOCÊ poderá usar o seguinte discurso:

• Informe o número de 0% a 100% relacionado à sua dedicação em adquirir esse carro novo;

• Agora informe o número de 0% a 100% relacionado à sua determinação em adquirir esse carro novo;

• Agora informe o número de 0% a 100% relacionado à sua disciplina em adquirir esse carro novo;

Suponhamos que ele tenha respondido: 95%, 80% e 30%, respectivamente. Então temos: 95% + 80% + 30% = 205%.

Veja que, na escala de 0% a 300% que ele poderia alcançar, faltam 95% como objetivo, sendo 5% relacionados à sua dedicação, 20% relacionados à sua determinação e 70% relacionados à sua disciplina em concluir a aquisição do carro novo. Sendo assim, com esses números, nosso trabalho no papel de *Coach* fica mais claro e objetivo, já que iremos direcionar o cliente dentro das técnicas — aprendidas no curso de formação em *Coaching* — relacionadas a cada ponto citado, além de auxiliá-lo a focar no que precisa ser mais trabalhado para que ele alcance, mais tranquilamente, o seu objetivo de adquirir o carro novo.

Analisando as deficiências do mercado de trabalho, temos, de um lado, a visão empreendedora e de oportunidades desse mercado de atuação em cursos e treinamentos e, do outro lado, a constante busca pelo processo de *Coaching* por profissionais de *Coaching* (muitos me procuram após se formarem). Portanto, temos de ter em mente que não são somente clientes que irão contratar os nossos serviços, uma vez que isso se estende também a profissionais de *Coaching*.

Quando menciono a palavra **clientes**, ela envolve uma parcela de serviços originada de empresas e outra parcela originada de pessoas físicas que buscam superação e autoconhecimento. No entanto, existe uma terceira parcela originada de profissionais formados em ***Coaching*** que não conseguem atuar no mercado de trabalho emergente como *Coach*. Isso se dá porque não sabem por onde começar uma sessão, às vezes não sabem como e quanto cobrar pelo serviço, ou como apresentar os serviços de *Coaching* nas empresas, ou como divulgar esses serviços na internet (em sites, blogs e redes sociais), como buscar novos clientes e novas parcerias na área de cursos e treinamentos, como realizar uma apresentação pessoal fidedigna, como se atualizar com as novidades que surgem a todo instante relacionadas ao amplo mercado de *Coaching* no Brasil e no exterior.

Pensando em tudo isso, e para que tenhamos êxito nessa conclusão assertiva, desenvolvi uma ferramenta que pode auxiliar no processo de *Coaching*, a qual denominei **Técnica do IRPC.**

Confira a figura 1.2 para que entenda melhor o significado das siglas IRPC:

Figura 1.2

Vou explicar no que consiste essa ferramenta passo a passo. Veja:

- **I**dentificar: identificar as reais necessidades que trouxeram o cliente até VOCÊ, ou seja, os porquês e os para quês dessa busca através de uma anamnese detalhada e profunda;

- **R**espeitar: respeitar tudo o que foi citado de forma ética e profissional, principalmente no quesito crença, ou seja, aquilo que ele realmente acredita como verdade para si próprio, além de sua crença religiosa, que acompanha um legado de informações culturais importantíssimas para o direcionamento de todo o processo;

- **P**reservar: preservar todas as particularidades emocionais para um melhor rendimento das atividades propostas durante todo o processo;

• **C**oncluir: é de nossa responsabilidade como *Coach* auxiliar de forma íntegra, clara e objetiva o *Coachee* no processo de *Coaching*, com veracidade nos fatos abordados aliados à dedicação, à determinação e à disciplina, apresentando sempre, a cada sessão, os resultados de forma palpável e mensurável para que o *Coachee* veja sua gradação no passo a passo, ou seja, sessão por sessão.

VOCÊ, aliando o *Coaching* à técnica da fórmula dos 3DR, à técnica do IRPC e a pensamentos positivos, alcançará com êxito, clareza e esplendor suas metas e seus objetivos, lembrando que as técnicas citadas aqui auxiliarão VOCÊ, *Coach*, a realizar o processo de *Coaching* com seu *Coachee* de forma mais assertiva, de modo que seu dever como treinador em qualquer área de *Coaching* é o de levar ao seu cliente a plena satisfação aliada à conclusão de metas e objetivos de forma clara, ética e eficiente e, se ele estiver satisfeito com os resultados apresentados, irá lhe indicar novos *Coachees*. Por isso, invista sempre em VOCÊ, profissional de *Coaching*, buscando novos cursos na área, participando de congressos e simpósios, e procure cada vez mais se atualizar com as tendências desse amplo e magnífico mundo do *Coaching*.

O importante não é somente pensarmos sempre positivo, mas sim, além de pensarmos, também agirmos de forma positiva e congruente com nossos pensamentos para um viver melhor a cada dia de nossas VIDAS!

Um grande abraço a todos.

Qualquer dúvida ou sugestão, entrem em contato com nossa central de relacionamento PSP (CREPSP).

E lembrem-se todos disso: **PENSEM SEMPRE POSITIVO!**

28

Três princípios básicos para ter a vida que você sempre quis!

"Toda decisão que você toma - toda decisão - não é uma decisão sobre o que você faz. É uma decisão sobre Quem Você É. Quando você vê isso, quando você entende isso, tudo muda. Você começa a ver a vida de um modo novo. Todos os eventos, ocorrências, e situações se transformam em oportunidades para fazer o que você veio fazer aqui".
Neale Donald Walsch

Fernanda Peris

Fernanda Peris

Personal, Executive e *Positive Coach.*

Contatos:
avidaqueeusemprequis.blogspot.com.br
fernandaperis@hotmail.com
(21) 92547695

Este texto é especificamente direcionado àquelas pessoas que têm grandes sonhos; Sonhos tão incríveis e tão grandiosos que têm a sensação de que eles são maiores do que eles mesmos e de que nunca estarão preparados para realizá-los ou vivê-los...

Sonhos, planos e ideias, todos nós temos. Quem nunca se pegou pensando na vida que gostaria de ter, no negócio que gostaria de abrir, nas medalhas e troféus que queria ganhar, enfim, em uma vida de verdade, cheia de realizações? E quantos de nós não ficamos perdidos no meio do caminho entre fazer o que nos é pedido e aquilo que é realmente importante pra nós?

É incrível como a maioria de nós, ainda que tenhamos os mais inspiradores projetos, nos permitimos entrar nesse emaranhado de coisas chamado dia a dia ou rotina, que nos faz ter a falsa sensação de estar realizando algo, quando na verdade estamos fugindo de quem gostaríamos de ser e nos afastando pra bem longe dos nossos objetivos. Se você deseja ter uma vida intensa, cheia de significados, que atenda seus valores essenciais e que faça você ter a certeza que não está nesse mundo em vão, não deixe de ler as três dicas que vou deixar aqui.

E eu quero contribuir com três princípios básicos que não podem jamais ser esquecidos durante o caminho para o sucesso e que, acima de tudo, quando colocados em prática, será um grande divisor de águas entre uma vida de **eterno desejo** para uma outra de **muitas conquistas e todas as possibilidades!**

1. O que é realmente importante?

Foco naquilo que é realmente importante: o Objetivo! - Ter um foco, não é só saber para onde vai, é não tirar os olhos dele!

Significa ter um objetivo tão intenso e tão grande e tão inspirador dentro de você, que todos os dias, a cada momento, em tudo que você faz, você pensa e o vivencia, independentemente do que você esteja fazendo. O que você faz todos os dias te inspira? Acrescenta no seu projeto de vida e no caminho para seu objetivo?

Focar no objetivo é não ter dúvidas de que o que você **quer**, vai acontecer; é se sentir inspirado todas as vezes em que pensar no seu objetivo e ter um forte senso de certeza de que, o caminho para o sucesso pode ser desconfortável às vezes, mas ele não é tudo. É apenas uma parte. **Faz todo sentido dar o melhor de si e usar os seus recursos disponíveis para cumprir a tarefa hoje, porque me trará muitas realizações a longo prazo, enquanto não fazê-la me trará dor.**

Mas apesar disso, focar no objetivo nos dá leveza para fazer inclusive aquilo que não gostamos, que adiamos todos os dias, enfrentar obstáculos e vencer desafios. Ao pensar na grande recompensa, qualquer sacrifício se torna menor e você sabe que vai chegar lá. Porque seu objetivo é extraordinário e você está focado!

Eu faço isso por quê?

2. **Profundo Senso de Missão e Propósito** – Um objetivo, uma meta por si mesma, não traz felicidade duradoura a ninguém. Os seres humanos, após atingirem uma meta, irão criar outras e outras para continuarem se movendo no mundo e evoluindo. Somente com um senso de missão e propósito muito forte alguém consegue chegar onde deseja. Mas o que é esse senso de missão e propósito?

A sua missão e propósito estará diretamente relacionada com aquilo que te move na vida, seu senso de contribuição, aquilo você tem muito interesse, que te inspira e que você sempre desejou fazer e que, ao fazer, direta ou indiretamente, contribui positivamente com a sua vida e, talvez, direta ou indiretamente, com a vida de outras pessoas. Ele está dentro de você e ao se conectar com ele você começa a olhar a vida e a se sentir vivo! Ter um senso de missão e propósito faz você entender que o seu foco é parte de um todo, que as metas no meio do caminho, as suas dificuldades, os obstáculos, os erros, como você amadurece, os aprendizados, e quem você tem se tornado a cada dia é que lhe traz esse senso de dever cumprido, bem-estar, felicidade e contribuição.

Acorde todos os dias e se pergunte: por que realmente vale a pena fazer isso? O que me inspira?

É o que está dentro de você, o seu desejo profundo de atingir determinado resultado que o faz mover-se em direção ao mundo para os seus objetivos e sonhos.

Um mestre disse certa vez: "campeões não são feitos na academia, campeões são feitos do que eles têm dentro", no fundo de si mesmos, uma visão!

3. **DECIDA! - Todos os dias!**

Há uma grande diferença entre **querer** muito fazer alguma coisa e **decidir** fazê-la. Na decisão há um poder de ação implícito que faz toda a diferença!

Quantas vezes você já se pegou pensando naquelas suas grandes metas e sonhos e se imaginando atingindo todas elas? Você se sente motivado ao pensar nelas, não? E aí quando você pensa nelas começa a agir, mas logo, logo, as tarefas do dia a dia vão tomando seu tempo e você vai perdendo seu foco. E aí você esquece mais uma vez do seu projeto de vida por que perdeu motivação. Nesse momento, você começa a se fazer afirmações do tipo: "não posso fazer isso porque... minha esposa não me ajuda, meus filhos são desse jeito, sou novo demais, sou velho demais, não tenho dinheiro, a situação não está boa, não tenho *networking*" etc e etc. Cada vez que você se permite dar e aceitar qualquer tipo de desculpas a si mesmo por não fazer o que deve ser feito, está dizendo para o mundo: "eu não tenho controle sobre a minha vida". Isso é sério!

As pessoas fracassam na vida e em seus objetivos porque usam mais justificativas do que procuram soluções. É como se você vivesse a mercê das circunstâncias externas que "não pode" mudar! Mas pense comigo: se sua crença a respeito de como funcionam as coisas é essa, o mundo te impede de evoluir, então pra que planejar, não é mesmo? Já que sua vida já foi lançada à sorte...

Toda vez que nos encontramos numa situação dessas, a pergunta que devemos fazer é: o que eu devo fazer agora (que ainda não fiz) para atingir este objetivo? Que atitude posso ter que fará total diferença? Que outras opções eu tenho?

Creia que o poder de mudar as coisas está em suas mãos e crie os caminhos necessários! Estar decidido é isso: implica agir! Quando você diz pra si mesmo "quero beber água", a água não aparece em suas mãos. Mas quando você diz: "vou beber água", se levanta, vai até a geladeira e bebe! Como você tem declarado suas metas? "Queria ter isso" ou "Vou ter isso"? Consegue perceber a diferença?

Decida HOJE ter a vida que você sempre quis e comece a agir como se já tivesse. Assuma a responsabilidade e o poder sobre sua vida, crie seus caminhos e nunca permita que nada, nem ninguém, atrapalhe seus planos!

Principalmente nos negócios e no esporte, ter um **foco, uma missão e estar decidido** são itens fundamentais para uma alta performance e para conquistar o sucesso. Faça uma lista de tudo que deseja conquistar, ponha foco nela todos os dias, inspire-se com sua missão de vida e **decida** chegar aonde quer chegar. Vibre com cada vitória, ainda que pequena e entenda de uma vez por todas a diferença entre desejar, querer e estar decidido a alcançar o sucesso! Lembre-se que assim como a derrota, a vitória é conquistada a cada dia com as decisões que tomamos. Nós somos hoje fruto das decisões que tomamos no passado e seremos amanhã fruto das nossas decisões de agora. Decida hoje ter a vida que sempre sonhou. Você não merece menos que isso! Sucesso!

29

Coach – Usando a PNL como ferramenta para o sucesso

O *Coach* tem a sua disposição diversas técnicas, entre elas a PNL (Programação Neurolinguística). Neste artigo quero discutir como podemos aproveitá-las de forma simples e direta. Iremos falar de PNL e comportamento, e de como conquistar aquilo que se quer

Fernando Cesar

Fernando Cesar

Empresário no ramo de comércio eletrônico e educação, possui larga experiência nas áreas de vendas, marketing, administração, e principalmente em gestão de pessoas e liderança. *Coach* e consultor de empresas, palestrante, atuando em seminários e treinamentos corporativo e individual.

Contatos:
www.pnlconsultoria.com.br
www.negocios1000.com.br
Fernando@pnlconsultoria.com.br
(11) 6301-4922

O nome PNL, também conhecido como Programação Neuro-Linguística, nos remete a três fundamentos:

P = Programação
N = Neuro
L = Linguística

Vamos fazer aqui uma comparação simples e fictícia entre a mente humana e o computador.

1-P = (Programação) É o que aprendemos, nosso conhecimento, experiência, memória, que formam a maneira como agimos, sentimos e pensamos.

2-N = (Neuro) Nesta comparação com o computador, o Neuro seria o processador, e por meio dos cinco sentidos (Visão, Audição, Tato, Olfato e Paladar) processamos todas as nossas experiências, sentimentos, e emoções.

3-L = (Linguística) Nesta comparação com o computador, a Linguística seria o seu serviço de internet Banda Larga, é por meio da Linguística que nos comunicamos com o mundo, nos comunicamos verbal e não verbalmente, recebemos e passamos informações, experiências que são processadas no N (Neuro) seguindo os critérios de nossa P = (Programação).

Neste exemplo imaginário, bem simplificado, o nosso computador trabalha apenas em 3 plataformas, porém, na realidade humana todo esse processo é bem mais complexo. Trabalhando com esse princípio a PNL estuda o comportamento e cria estruturas para que o indivíduo consiga realizar e conquistar seus objetivos.

Quais são seus objetivos?

O primeiro passo é realmente determinar o que você quer da vida. Qual o seu objetivo, e sua missão de vida. Essa pergunta parece simples, porém saiba que a grande maioria das pessoas não tem isso definido, sendo que muitos acreditam querer uma coisa, mas na verdade procuram outra. O *Coach* dispõe de técnicas usando a PNL para definir com exatidão a sua missão de vida. A missão que falamos aqui é pessoal, individual, porém, muitas empresas não têm isso definido claramente. Em uma corporação, se este objetivo não está enraizado em toda a sua estrutura, assim como em sua equipe de trabalho, a possibilidade de fracasso é muito grande. Na nossa vida pessoal, e na empresa, se não sabemos onde queremos ir, qualquer caminho serve.

Mapa não é o território que ele representa – (Programação)

Imagine no seu mapa mental. Uma estrada que vai de São Paulo ao Rio de Janeiro, porém, quando se chega em Taubaté, no seu mapa aparece uma bifurcação, que te leva para a cidade de Ubatuba. Na sua realidade, na sua percepção, na sua programação, toda vez que chegar a esse determinado ponto, irá pegar essa nova estrada (que só existe no seu mapa), com isso desvia do seu objetivo inicial de chegar à cidade do Rio de Janeiro, e acaba em outra cidade. Esse fato ocorre toda a vez que você segue o seu mapa. Porém, esse fato quase sempre se passa despercebido, pois como essa bifurcação imaginária é parte da sua programação mental, este caminho passa a ser o correto, mesmo que nunca consiga chegar à cidade do Rio de Janeiro.

Na nossa mente agimos da mesma forma. Determinadas situações podem se repetir por muitos anos. Muitas vezes não nos damos conta, e os caminhos sempre nos levam ao mesmo resultado. Nunca conseguindo atingir o real objetivo.

Aprendemos desde criança a atravessar a rua, é automático olhar para os lados. Não precisa pensar para isso, apenas olhamos, quando estamos dirigindo o carro, não é necessário pensar para mudar a marcha, são programações mentais que seguem um critério para conquistar um objetivo. Se esse critério não corresponder com o seu objetivo, não conseguimos atingir o resultado desejado. Na PNL não existe o certo ou errado, ou sucesso ou fracasso, apenas registramos o fato como ocorreu, atingindo ou não o objetivo desejado. Porém, se não estamos conseguindo alcançar o que desejamos o problema pode estar justamente na nossa programação, pode ser que o seu mapa não represente exatamente o território que ele representa. Esse fato é o que as pessoas chamam de fracasso. Como disse para a PNL, sucesso ou fracasso não existe, o que ocorre é que por alguma razão ou programação mental não está conseguindo alcançar o seu objetivo. Pense nisso.

Como somos programados

Uma mãe avisa seu filho por diversas vezes que se ele colocar o dedo na tomada irá tomar um choque, aquela criança não identifica essa informação como sendo real, pois ela não tem em sua programação mental o "choque", e o que ele significa, apenas escuta e registra essa informação, e na primeira oportunidade vai colocar o dedo na tomada. Nesta hora recebe um choque, se assusta e com isso concretiza a programação mental, que se colocar o dedo na tomada irá tomar choque. Esse é um exemplo simples de como somos programados. Da mesma forma um empresário quando cria o seu negócio sabe que ele pode vir a enfrentar uma falência. Porém, se ele não tiver esta experiência registrada em seu "mapa", esse fato será apenas uma informação, e da mesma forma que a criança escutou da mãe que não deve colocar a mão na tomada, ele sabe que isso é possível, porém, não tem este fato registrado.

Agora vamos imaginar um empresário que passou por um processo de falência na sua empresa, onde teve de enfrentar todos os dissabores, como não honrar com seus compromissos, e por essa razão perdeu a credibilidade (seja financeira, social, profissional, moral), foi menosprezado pelos seus amigos e familiares, e rotulado como sendo um homem fracassado, perdeu tudo o que tinha, não soube gerenciar suas finanças e hoje tem diversas dívidas na praça. Muito bem, essa é a realidade atual desse nosso personagem. Este fato gerou diversas programações mentais, sempre ligadas a sua situação atual. Passado o tempo este homem, com muito sacrifício consegue pagar todas as suas dívidas, limpa o seu nome perante a sociedade, honra todos os seus compromissos, mas nunca mais consegue se estabelecer novamente, nunca mais consegue atingir o patamar em que ele estava antes do processo de falência de sua antiga empresa. Isso ocorre porque em sua programação mental consta que se ele conquistar outra vez o sucesso, poderá perder tudo, e terá de enfrentar todo aquele processo novamente. Assim, o seu inconsciente cria programações mentais de modo que ele estabeleça uma auto-sabotagem, e com isso fique estagnado procurando apenas pela simples estabilidade, dizendo adeus aos seus sonhos.

Esse exemplo é muito comum no meio empresarial, e também em outros meios, em outras situações de vida, seja em um casamento, em uma relação de sociedade, e etc.

O profissional de *Coaching* dispõe de ferramentas, por meio da PNL, para mudar esse mapa, e com isso ajudar a atingir o seu objetivo. Esta é uma mudança complexa, pois muitas vezes não atingimos aquilo que sonhamos por toda uma vida, apesar disso, com as técnicas que apli-camos conseguimos resultados fantásticos em muito pouco tempo, cerca de 2 ou 3 sessões.

Coach – os 11 passos para o sucesso

Para atingir o sucesso, profissional, afetivo, pessoal, financeiro, o *Coach* usando a PNL ou mesmo outras técnicas dispõe de algumas ferramentas. Aqui vou colocar os 11passos importantes que podem ser aplicados a qualquer momento. Em minhas consultorias em empresas ou individuais trabalhamos muitos esses tópicos.

1- **Objetivo** - O que você quer? - Identificar qual o seu principal objetivo. Pesquisar informações sobre o que deseja. Definir detalhadamente.

2- **Planejamento** - Não acredite na sorte, e sim trace uma estratégia prevendo todos os passos, e principalmente as possíveis dificuldades que pode encontrar pelo caminho. Não se intimide se em um determinado tempo precisar mudar tudo, replanejar, e começar outra vez. Ter essa consciência é para os fortes. Saiba que *"não planejar um negócio, uma atividade, um empreendimento, você esta Planejando Falhar"*

3- **Ponto Forte** – O que você gosta realmente de fazer e acha que é melhor que os outros. Todos nós recebemos de Deus um talento especial, podemos chamar de habilidade. Qual é a sua? Explore e coloque em prática, use a seu favor.

4- **Foco e Determinação** – Com o planejamento feito, dedique-se a sua realização. Estude as possibilidades e trabalhe a fundo até conquistá-las. Não dê importância ao que os outros digam, se te desanimam, ou acreditam no seu projeto. Quando você tem um sonho, as outras pessoas tendem a não acreditar no sucesso, muitas vezes te chamam de louco, lunático, sonhador, até irresponsável, isso é normal e compreensivo, pois o sonho é seu, está na sua programação e, portanto, os outros não o vivenciam da mesma forma que você, o importante é acreditar e colocar em prática, claro que seguindo todo o planejamento. Costumo falar em meus treinamentos e palestras, que *"o impossível é um ótimo lugar, pois tem menos concorrência". (Veja o vídeo "Foco e Determinação" no site*).

5- **Qualificação** – Mais uma vez eu falo. Não acredite na sorte. Busque conhecer todo o processo do seu negócio, da sua empresa, do seu trabalho. Não se limite apenas na parte técnica, ela é fundamental, porém, como diz Eike Batista, veja o seu negócio com visão de 360º, analise todos os fatores, documentação, viabilidade, mercado, marketing, equipe, recursos financeiros, e etc. Lembre-se que o mercado é um ser vivo, e muda constantemente, o que é bom hoje, pode não ser bom amanhã, e vice-versa. "*Estude, Continue Estudando, e Nunca pare de Estudar.*" Se tiver uma equipe trabalhando com você, invista em treinamento para todos. É o melhor investimento que pode fazer.

6- **Trabalho em Equipe** – Para trabalhar em equipe é necessário muito mais do que vontade, é necessário conhecimento e qualificação. Quando se faz parte de uma equipe, você está inserido em um processo onde cada pessoa tem a sua função, sendo assim o trabalho em equipe mostra quem e como age. (Veja o vídeo "Orquestra" no site).

7- **Ética** – Em um mundo globalizado, onde a informação se torna uma ferramenta poderosa e de grande acesso, a ética passa a ter um peso ainda maior para o seu sucesso. Costumo falar que quando fazemos alguma coisa boa ou ruim para alguém, estamos na verdade fazendo para nós mesmos. Podemos chamar isso de *"forças do universo"*, *"ação de Deus"*, *"lei da causa e efeito"*, porém, seja qual for o nome que você use, o fato é que ser ético é um ótimo negócio, e o mercado certamente irá reconhecer e valorizar.

8- **Comunicação** – Um dos pilares da PNL é de extrema importância. Saber se comunicar de forma correta, sabendo diferenciar o público, empresa, ou pessoa a que se direciona. Lembre-se de que comunicar-se não é apenas falar corretamente, vai muito além, você tem de pensar na comunicação como um todo, comunicar-se bem é saber escutar, se expressar, verbalmente e não verbalmente. Pense também na comunicação virtual, redes sociais, blog, sites, e-mails, use essas ferramentas a seu favor. (Veja o vídeo de "Comunicação" no site).

9- **Flexibilidade** – O mercado busca profissionais que saibam como lidar com as diferenças e com a velocidade das informações. Aquele durão, dono da verdade, onde tudo tem de ser do seu jeito, ficou nos anos 70, certamente no governo militar. Hoje ele não tem mais espaço nas corporações e no mercado de trabalho. Saiba escutar, e reconheça quando o outro tem uma ideia melhor que a sua. Lembre-se, você não precisa ser o dono de todas as melhores ideias, mas, precisa saber quais são as melhores ideias e como colocá-las em prática, reconhecer o autor da ideia, e se aliar a ele.

10 - ***Network* e Marketing Pessoal** – Saber se promover, mos-

trar os seus pontos fortes, vender a sua imagem em prol dos seus objetivos e, principalmente, relacionar-se com pessoas do seu meio, participar de eventos, palestras, cursos no seu setor, usar as redes sociais, blogs, são ferramentas importantes para o sucesso.

11 – Novos Desafios – Saber a hora de mudar de projeto, persistência é fundamental, porém, saber a hora em que precisa parar com determinado projeto e iniciar outro é fundamental. Saber o momento exato para abandonar, sem nunca mudar o seu foco. Podemos mudar o caminho, mas nunca o objetivo.

Conclusão

Buscar a excelência, buscar sempre o seu melhor, Indagar a cada ato. O que é certo? O que é errado? Saber a vez do beijo e a vez do tapa. E deles ter a medida justa e correta. Analisar tudo a todo instante, a cada nova situação pensar novamente, planejar sim, mas sair do mundo das ideias, colocá-las em prática, não ter medo de errar, e se isso acontecer ter a força da superação, dar a volta por cima, recomeçar novamente. Se acertar, colha os créditos do sucesso, mas sempre com humildade e saiba reconhecer quem esteve do seu lado, e mesmo os que duvidarão.

O ser humano é muito complexo, muitas vezes complicamos aquilo que é simples. Isso ocorre por diversos motivos, e cada pessoa tem o seu. A PNL estuda a individualidade humana, e traça caminhos para que se conquiste aquilo que se quer. O *Coach* usa diversas ferramentas, entre elas a PNL. Em meus trabalhos como consultor em empresas, trabalhamos o indivíduo que faz parte de uma organização empresarial, da mesma forma que o pedreiro assenta um tijolo da construção de um edifício. É de grande importância para o sucesso de uma empresa que todos que estejam envolvidos de alguma forma, colaboradores, fornecedores, entendam e participem de todos os processos.

30

Como o *Leader Coaching* pode auxiliá-lo em sua liderança

A Liderança hoje não é mais uma tendência, mas sim uma evidência dentro das empresas e na vida de cada um, somos puxados para uma nova forma de Ser, onde você é exigido a "Ser um Líder" em sua área de atuação. Neste novo contexto, o *Leader Coaching* torna-se o mais efetivo processo para a obtenção de resultados, tendo em vista que você poderá valer-se destes novos conhecimentos, técnicas e habilidades e, principalmente, de uma nova Postura, Atitude e Comportamento, para se aprimorar como Líder

Frederico Leal

Frederico Leal

Master Coach pelo BCI - Behavioral Coaching Intitute; *Business, Executive & Leader as a Coach* pelo BCI/SBC e *Personal & Professional Coach* pela SBC - Sociedade Brasileira de Coaching; *Executive Coach* pelo ICI – Integrated Coaching Institute; Especialização em *Coaching* Cognitivo pelo ITC - Instituto de Terapia Cognitiva e *Coaching* de Gestão de Talentos pelo Instituto Maksuri; Membro do ICC – International Coaching Council; Associado a SBC. Master em Programação Neurolinguística, MBA em Liderança pela FranklinCovey; Técnico em Hipnose e Psicocibernética; Analista Quântico e *Alpha-Coach* pelo Worth Ethic/SBC. Atua como *Business Coach* no desenvolvimento do Planejamento Estratégico e Reorganização Estrutural, Estabelecimento e/ou Realinhamento das: Missão, Visão e Valores de Empresas. Especialização nas Áreas de Negociação & Vendas, Comunicação, Liderança e Administração do Tempo; Atua nas Áreas: Motivacional, Atitudinal & Comportamental, Andragogia, Terapia Cognitiva, Estudos do Pensamento Humano. Engenheiro Químico, Pós-Graduado em Pedagogia Profissionalizante pela UNIP, atua como *Coach* de Segurança com foco em SSMA -Segurança Saúde e Meio Ambiente Industrial, na Implantação de Sistemas de Gestão, Programas, Treinamentos e Palestras com foco na Redução de Acidentes.

Contatos:
www.ehvus.com.br
frederico.leal@ehvus.com.br
www.facebook.com/EHVUS
(12) 3622-4488 / (12) 9735-2663

Lembro-me que em 1983, quando fiz meu primeiro treinamento sobre Liderança, estava para assumir um cargo de Gerência em uma Multinacional, a introdução que nos foi dada mencionava:

"...A Liderança está a cada dia mais em evidência dentro das empresas e na vida de cada um, independente do que achamos que estamos desenvolvendo em nosso cenário pessoal ou profissional, estamos sendo puxados para uma nova forma de operacionalidade, aquela em que você é levado a ser um líder em sua área de atuação, já que as mudanças se fazem necessárias em função de um mercado muito competitivo, o que nos obriga a nos prepararmos sempre mais e melhor para assim podermos interagir com ele..."

E isto foi há quase 30 anos atrás, e o que me levou a escrever este artigo, já que depois de muitos anos, desenvolvendo e treinando Líderes, estava buscando algo, que de lá para cá, houvesse sido modificado ou quem sabe "descoberto", que mostrasse uma tendência e fizesse a diferença para uma nova e eficaz forma de liderar.

Entretanto, após esse tempo, o que pude observar e interagir, com "n" tipos de líderes e chefes, é que entre a filosofia e a prática, muito pouco se modificou, temos novos chefes e novos líderes, mas com os mesmos chavões que escutaram e vícios que viram e aprenderam, e por isto mesmo aplicam até hoje, e o que é pior, passam a servir de modelo para os novos que estão entrando no mercado, as novas Gerações "X, Y, Z, G", que por não terem outro modelo a se espelhar, passam a adotar como verdade e acabam se moldando a ele, independente de serem inquietas, proativas, solucionadoras, ou outro sinônimo que lhes deem.

E é neste ponto que eu quero focar, que: "O conceito de Liderança não mudou", eles ainda são os mesmos definidos há muitos anos, como forma de se atingir melhores e maiores resultados, que o estilo "Chefia" não mais conseguiam, e aí abrimos a um questionamento, se o conceito não mudou, por que ainda não conseguimos atingir os resultados que desejamos, na grande maioria das empresas que "adota" este sistema?

Bem, uma das respostas possíveis é que embora tenham sido desenvolvidas e/ou aprimoradas novas ferramentas de trabalho e processos de gestão muito mais eficientes e disponibilizados a todos, nesta era da "informação", muitos destes "líderes" não ousam utilizá-las, ou sequer tomam conhecimento delas, ou ainda, se recusam a fazer o que é básico a qualquer líder que se diz um, "ter coragem para mudar", algo ou a ele mesmo, ou ainda de aprender "o novo", e isto talvez, por acreditar que já sabe tudo, e é aí, neste contexto, que fica muito difícil aprender algo.

Outra possibilidade também, que analiso, é que embora o conceito seja de conhecimento geral e amplo, poucos são os que o utilizam realmente, na sua essência, o que vemos é um mero arranjo aplicado, eles preferem ficar no meio do caminho, numa gestão de "segurança" de líder, na realidade eles ainda acreditam que ser chefe é melhor e mais produtivo e que se obtém o resultado desejado através do bom e velho: "MANDA QUEM PODE E OBEDECE QUEM TEM JUÍZO", do que se atreverem em uma "praia" que não dominam e que sejamos francos, não basta ler e se informar na "internet", falar expressões de "impacto" ou ficar declamando "chavões" que escutam, para conseguir liderar e ser um líder na concepção da palavra.

Entretanto poderia garantir a estes "líderes", que se ao invés de buscarem o caminho mais fácil como o que mencionei acima, eles analisassem melhor o custo que está sendo gerado em sua estrutura, talvez seria melhor que repensassem a estratégia que utilizam para gerirem seu pessoal e passar a se focarem em uma estrutura de Liderança em sua real concepção, pois é inquestionável que os resultados obtidos daquela forma ficam muito aquém dos obtidos quando se estabelece e se aplica uma "Gestão por Liderança".

E que custos seriam estes, que muitas vezes inviabilizam gestões e até mesmo empresas? Bom, normalmente são custos intangíveis, mas que ao final reduzem sua rentabilidade, senão vejamos, sem nos estendermos muito, poderemos encontrar alguns itens como os enumerados abaixo, e que com certeza não se fecham em si:

Dentre muitos outros, que afetam diretamente os resultados tanto pessoais quanto profissionais e financeiros, tanto da empresa quanto dos colaboradores e acreditem, do próprio "líder".

- Menos rendimento no processo;
- Menor responsabilidade para com objetivos;
- Maior estresse, tanto do líder quanto da equipe;
- Maior rotatividade;
- Mais retrabalho;
- Falta de criatividade e inovação;
- Baixa motivação;
- Falta de entusiasmo;
- Alto índice de absenteísmo;
- Baixo comprometimento de sua equipe;
- Baixo nível de comunicação;
- Falta de foco;
- Falta de autonomia;
- Falta de assunção de responsabilidades;
- Falta de delegação;
- Baixa Autoestima, autoconfiança e autoimagem;
- Problemas de relacionamento.

Bem, e se sabemos disso, por que continuam a ocorrer? Acredito que é devido à outra máxima que existe: "SE VOCÊ QUER CONHECER UMA PESSOA, DÊ-LHE PODER", e como sabemos, o poder inebria e traz nossas mais íntimas atitudes e valores, que nos impulsionaram até aqui, mas de uma forma oculta, pois muitas vezes para conseguirmos algo, nos fazemos de líderes, e passamos a ser meros "declamadores" de liderança, sem termos realmente enraizados, seu real conceito, e por isso "faço" por conveniência, mas é quando realmente "estou lá", que afloram os reais "Valores" que me guiam, e me nortearão para o resto de minha vida profissional.

Quer dizer que então não temos "LÍDERES REAIS", como preconizados pelo conceito de liderança? Não, claro que não quero dizer isto, é claro que temos e continuaremos a ter LÍDERES, sim eles existem e continuarão a existir, essa é uma boa notícia, nem tudo está perdido, estes líderes sejam "Natos" ou "construídos" ainda farão a diferença em nossos, e nos dias futuros. Não são muitos destes que estão, ou estarão em cargos de Chefia/ Liderança, mas com certeza continuarão a fazer a diferença, até porque a liderança não veio como onda, que vai e vem, isso é para líderes-chefe, que já estão com seus dias contados, mais cedo ou mais tarde, será definido um novo patamar de líderes, e estes com certeza não sobreviverão.

Se fossemos fazer uma analogia, poderíamos dizer que a Liderança é como a Lua, ela regula as marés, em todo o Globo, e não se tem como fugir dela, existe e está hoje, amanhã e sempre, e gradativamente com a mudança de conceitos e principalmente de crenças individuais, passaremos a ter uma maioria de forma gradual e consistente de Grandes Líderes nas Empresas.

Leader Coach

Por outro lado, às vezes acontece algo que revoluciona o "Status Quo" de uma estrutura, é como se fosse um Tsunami, e nada será como antes, mas tudo se modela a ele, e passamos a ter algo muito mais bem desenvolvido e de excelentes resultados, foi o que ocorreu depois do desenvolvimento do Processo de *Coaching*, que como sabemos possui uma excelente estruturação para que sejam obtidos maiores e melhores realizações, objetivos e metas.

E é neste contexto que o modelo do "LEADER COACH" está inserido e poderá auxiliar Pessoas e Profissionais obterem resultados diferenciados dos que a grande maioria dos líderes ou líderes chefe, obtém.

Sabemos que, por definição e extensão, para ser um líder no "conceito real", é necessário que esses Líderes possuam algumas características que lhes abrirão as portas para conquistarem seus propósitos e serem grandes Lideranças, e eu diria que algumas das mais importantes, não se fechando nelas é claro, é que esses líderes:

- Sabem Ouvir;
- Estão sempre Abertos ao Novo;
- Delegam;
- Praticam *Feedback* e o *Feedforward*;
- São Sensíveis;
- São Assertivos (não confundir, como tantos, com acertivos ...rsrs);
- Sabem transitar pelos vários estilos de Liderança;
- São excelentes Negociadores;
- Sabem se Comunicar em Todos os Níveis Hierárquicos;
- Conseguem Trabalhar sob Pressão;
- Motivam e influenciam seus liderados;
- Trabalham em Equipe;
- Buscam o autocrescimento, o crescimento dos liderados e o crescimento da equipe;
- Não buscam os holofotes;
- Caso algo não dê certo "eu errei", caso dê tudo certo "a equipe acertou";
- Assumem para si responsabilidades;
- Trabalham com metas e objetivos claros;
- São queridos pelo seu estilo;
- Têm um censo de organização e planejamento muito bom;
- Têm um censo de Empreendedorismo;
- Conhecem sua equipe como ninguém e lutam por ela;
- Sabem Administrar Conflitos;
- Conseguem direcionar os interesses da equipe aos interesses da empresa, e vice-versa;
- São justos;
- Têm Respeito pelas Pessoas.

Dentre outras.

Ferramentas de um Leader Coach

Existe outra característica tão ou mais importante que as demais descritas acima, e que mesmos bons líderes têm dificuldade em desenvolver, em função de sua especificidade, e muitas vezes de não se saber aplicar, trata-se da Liderança Situacional.

É um estilo onde o líder apesar de ter um Comportamento definido e atue preferencialmente por um Estilo inerente a sua personalidade, consegue transitar pelos vários estilos de liderança, adaptando-se conforme o contexto, e esta é a grande sacada do Líder Atual, não ficar engessado, ele se adapta de acordo com as necessidades de seus liderados, da situação e dos compromissos assumidos perante a empresa.

Além desta estrutura, existem inúmeras ferramentas que o líder pode lançar mão para facilitar seu trabalho junto a sua equipe, e a ele mesmo, mas é a capacidade de selecionar e aplicá-las de uma forma correta com as pessoas, e o contexto correto, que irá lhe trazer os resultados que ele necessita e está buscando.

Sim, este é outro papel que se espera de um líder, que ele seja capaz de "influenciar" seus liderados para um objetivo desejado, "motivando-os" a irem em sua direção, fazendo com que eles se sintam comprometidos e responsáveis pelos resultados a serem atingidos.

Algumas ferramentas que os Líderes *Coach* podem utilizar como forma de auxiliar seu próprio desenvolvimento e de seus liderados, são de conhecimento geral, mas que não são muito aplicados por eles na prática, por desconhecimento, por não acharem importante ou até mesmo porque nunca lhes foi mencionado para utilizarem, mas que se bem aplicados podem gerar um grande resultado profissional, senão vejamos:

Autoconhecimento e Assessments

• Análise de Perfil Pessoal e Profissional (Quantum, Disc, Alpha-analisis); 360; *Burnout*.

Autocontrole

• Níveis do Pensar; Raciocínio Lógico

Ensaio Mental

O ensaio mental é uma técnica que permite vivenciar mentalmente as possíveis situações que poderão acontecer para um determinado problema, é utilizada como forma de agilizar o processo por que passa seu cérebro para se adaptar a mesma, apresenta uma grande e valiosa colaboração na execução de tarefas, para o ensaio mental será necessário que se domine a técnica de utilização das Formas de Imagens da PNL.

Feedback

É uma forma de se aumentar a consciência e a percepção do outro, melhorando o relacionamento e o desempenho conjunto, continuamente, normalmente utiliza-se dois tipos:

• *Feedback* Positivo ou de Melhoria; *Feedback* Corretivo ou Pontual.

Feedforward

A base do *feedforward*, é a utilização de perguntas diferenciadas e focadas, que levam a pessoa a repensar seu posicionamento e sua maneira de pensar e agir, trazendo-a para um novo patamar de questionamentos interno e um novo nível de pensamentos, e consequentemente novas soluções. É uma postura "Adulto", de constante reflexão e pensamento proposital, e utiliza:

• Perguntas Abertas; Perguntas Fechadas; Perguntas para obter escolhas; Perguntas temporais; Perguntas para eliciar valores e crenças; Perguntas para Desafiarem o "status quo"

Técnicas de Comunicação

• Mensagem "EU', Mensagem "VOCÊ"; Escuta Ativa; Resolução de Conflitos; *Rapport*;
• Sistemas Representacionais da PNL (Pistas de Acesso Verbal, Visual e Geral);
• Transações nas Comunicações.

Construção de Equipes de Alta Performance

• Estágios de Tuckman

Resolução de Problemas

• PDCA em oito Passos; Árvore dos Porquês; Seis Chapéus.

Técnicas de Criatividade

• Hierarquia de Ideias; *Mind Map*; Técnica do Absurdo.

Tomada de Decisão

• Modelo Racional; Ganhos e Perdas.

Leaser Coaching

• O *Leaser Coaching* é uma técnica utilizada pelo *Leader Coach*, para trazer o liderado a seu nível máximo de reflexão quanto a metas e performance.
• É uma conversa informal, rápida de no máximo 3 minutos, onde o liderado é levado a focar em uma determinada meta que o Líder quer trazer a tona, fazendo com que sem sentir, de uma forma muito rápida, ele busque focar na resolução de problemas e tomada de alguma decisão necessária e se posicionando para sua execução.

Propósito, Objetivos e Valores para Leader Coach

Ser líder não é somente comandar, impor vontades ou objetivos próprios, ser líder é saber exatamente o momento de calar, de ouvir, de agir, de participar, de ajudar, de contribuir, de se preparar melhor, é estar sempre em busca de melhores formas para se obter algo, é querer ajudar alguém a obter um resultado, e além de tudo, precisa saber "Ensinar" Liderança.

Sim, um líder precisará formar líderes, ser um Educador, pois um líder nunca vai querer ficar no mesmo posto o resto da vida, isto não faz parte da natureza de um Líder, um verdadeiro líder sabe que seus dias estão contados em sua função, no dia que chega a ela, e portanto, precisará preparar seu substituto, para que, tanto ele quanto seus liderados, cresçam em seus caminhos, ele sabe que a cada dia é um dia -1, para sua subida de posto dentro da empresa ou até mesmo em outra empresa, se for seu objetivo profissional ou até mesmo pessoal, isto sim é liderança.

Para isso, o líder necessita ter claro quais são: sua Missão (Propósito), seus "Objetivos" e os "Valores" pelos quais seus caminhos são guiados, assim ele precisa "Conhecer" realmente quais são seus "Valores Pessoais", para poder prosseguir seu caminho, aqui abro um parêntesis e pergunto: E você, tem esse conhecimento? Será que você consegue transitar completamente entre a Lealdade, a Sinceridade, a Transparência, a Honestidade e o Respeito para consigo mesmo, com sua equipe e para com os outros que lhe são afetos direta ou indiretamente?

Caso você ainda não tenha uma resposta "sincera", para estas perguntas, não tem nada de errado com isto, você não as tem, por que não pensou liderança sob este foco ainda, e para isto, é só você se preparar e buscar um autoconhecimento e formação a respeito destas questões e agir, mas o que não pode é ficar sem elas.

Considerações Finais

Portanto para ser Líder é necessário estar em outro nível de pensamentos, atitudes e ações, mas principalmente por apresentar resultados, já que um líder sempre será medido não só pelo Comprometimento, Responsabilidade, e pelo Caráter, mas também e principalmente pela sua Capacidade de Entregar o que lhe foi confiado.

Portanto deixo no ar uma questão, caso você, se enquadre no que foi mencionado anteriormente, excelente só tenho a dizer que deve manter este foco nesta sua jornada, e continue a se aprimorar cada vez mais, como tem feito até agora, seus liderados o merecem.

Entretanto, caso não disponha ainda desta estrutura de liderança apresentada, exorto a que você se posicione melhor dentro de um contexto maior, conhecendo melhor suas Forças e "Pontos de Melhoria", seus Limites, e seus medos, "aqueles mesmos que você acha que não tem", ou que talvez nem saiba que tenha, mas existem e estão te prejudicando a ponto de fazer você ficar continuamente estagnado em sua função, sem sair do lugar, sem saber o porquê, ...no seu emprego, ...pessoalmente, ...na sua vida.

Mas lembre-se, os Profissionais que não optarem por este "novo" estilo de gestão, não irão sobreviver neste cenário em que estamos inseridos.

Conquiste seu espaço no mundo de hoje, como um "LEADER COACH", amanhã... talvez seja tarde demais.

31

Liderança transformadora – potencializando resultados através do *coaching*

Quais os segredos dos grandes líderes? O que é preciso fazer para exercer uma liderança diferenciada? Como influenciar pessoas e alcançar resultados verdadeiramente extraordinários? São questões que precisamos responder quando almejamos nos desenvolver e melhorar nossas competências enquanto líderes visando estabelecer e alcançar melhores resultados em nossa vida pessoal e profissional. Com o propósito de promover o desenvolvimento dos líderes, tornando-os aptos a desenvolver suas equipes, sendo multiplicadores de um desempenho de alta performance, é que apresentamos o *coaching* como proposta efetiva de desenvolvimento de pessoas, organizações e transformação de vidas

Gilzirene Simone Oliveira

Gilzirene Simone Oliveira

Administradora, Consultora, *Coach*, Empresária e Professora Universitária. Com pós-graduação em Gestão Estratégica pela Universidade Estadual de Montes Claros - UNIMONTES e Mestrado em Ciência da Informação pela Universidade Federal de Minas Gerais - UFMG. Certificada *"Professional Coach"* pela Academia Brasileira de Coaching - *Behavioral Coaching Institute*. Especialista em PNL – Programação Neurolinguística. Proprietária da G&M Soluções em Desenvolvimento de Pessoas e Negócios. Consultora parceira do SEBRAE na Implementação da Lei Geral da Micro e Pequena Empresa e da Gestão consultoria na Formação de Lideranças em Hospitais Municipais. Cofundadora do IDEHN – Instituto de Desenvolvimento Humano e Negócios. Sócia de uma unidade franqueada da Showcolate *Fondue Express*. Professora de graduação e pós-graduação, atualmente atuando na FACIT – Faculdade de Ciência e Tecnologia de Montes Claros onde também coordenou o Desafio SEBRAE 2012. Experiência anterior por doze anos em gestão de organizações do terceiro setor e por mais de cinco anos com desenvolvimento de software.

Contatos:
www.gilzeoliveira.com.br
gilzeoliveira@gilzeoliveira.com.br

Gilzirene Simone Oliveira

"Para ser líder é preciso comunicar com a mente, o coração e as 'mãos' das pessoas". (Blaine Lee)

Quais os segredos dos grandes líderes? O que é preciso fazer para exercer uma liderança diferenciada? Como influenciar pessoas e alcançar resultados verdadeiramente extraordinários? Como maximar a *performance* dos líderes e liderados? Como ser uma liderança transformadora?

Ansiamos por estas e outras respostas, almejando nos desenvolver e melhorar nossas competências enquanto líderes visando estabelecer e alcançar melhores resultados em nossa vida pessoal e profissional.

Muito já se falou e se escreveu sobre liderança, sua importância e em como se desenvolver enquanto líder. Sabemos o quanto lideranças diferenciadas podem contribuir com o crescimento de suas equipes, organizações e de todo um país. O poder de transformação de um líder verdadeiramente eficaz e eficiente é inquestionável e desejado por todos que querem fazer a diferença.

O *Coaching* vem colaborar com esta formação, se apresentando como um instrumento capaz de promover o aprendizado e a mudança necessários para potencializar resultados de líderes e suas equipes no mundo todo. É visto como resposta aos recursos necessários para o estabelecimento de lideranças transformadoras.

E o que é esta liderança diferenciada? Dentre outros conceitos, entendemos que esta liderança de alta *performance* é aquela onde o líder cria condições para que seus liderados aprendam e desenvolvam a si mesmos e às suas equipes, maximizando iniciativa, criatividade e inovação, bem como atingindo o máximo de aproveitamento e resultados extraordinários.

A liderança transformadora mobiliza, motiva e impulsiona sua equipe rumo aos resultados almejados, superando expectativas. Ensina sua equipe a aprender e a ensinar. É um líder educador e orientador. Provoca mudanças, antecipa o futuro, faz as coisas acontecerem, encoraja os demais, influencia, motiva, estimula, provoca, educa, eleva. Proporciona melhoria contínua e contribui para uma organização eficaz.

Gerir pessoas é grande o desafio das organizações. Maior desafio é construir uma equipe de líderes que consiga transformar o capital humano no verdadeiro e duradouro mecanismo impulsionador do sucesso organizacional.

Com o propósito de promover o desenvolvimento dos líderes, tornando-os aptos a desenvolver suas equipes, sendo multiplicadores de um desempenho de alta *performance*, é que apresentamos o *coaching* como proposta efetiva de desenvolvimento de pessoas, organizações e transformação de vidas.

Nosso objetivo é provocar reflexões que gerem ações práticas que contribuam com a melhoria de desempenho dos líderes, buscando a transformação necessária para uma atuação mais efetiva com resultados formidáveis.

Seja Líder de si mesmo

"Aquele que conhece os outros é sábio. Aquele que conhece a si mesmo é iluminado. Aquele que vence os outros é forte. Aquele que vence a si mesmo é poderoso." (Lao Tse)

"Conheça-te a ti mesmo...". Esta inscrição encontrada na antiga Grécia era a base das crenças de Sócrates. O autoconhecimento é o princípio básico para uma liderança transformadora. Devemos primeiramente nos ocupar conosco. Buscar as respostas onde elas verdadeiramente estão: dentro de nós.

"O *Coach* tem as perguntas e o *coachee* (cliente) tem as respostas". Este princípio do *coaching* é premissa para o processo de autoconhecimento que o *coaching* provoca. É com perguntas que o *coach* possibilita ao se conhecer e se desenvolver. Sócrates estava certo quando dizia que a sabedoria estava dentro de nós.

Para liderar de forma transformadora e diferenciada é preciso saber quem somos, conhecer nossas potencialidades, nossas necessidades de melhoria, nossa realidade, nossos medos, nossos anseios, nossas metas e objetivos, nossas competências, nossos comportamentos, nossas limitações, nossas motivações.

É preciso antes liderar a si mesmo. Conseguir estabelecer suas próprias metas e agir em prol da consecução dos seus objetivos. É preciso olhar para dentro de si mesmo para encontrar as alternativas necessárias para a melhoria do desempenho de cada pessoa.

O grande desafio é o autoconhecimento, o autodomínio, a autoliderança. Saber como gerir o que há de melhor em si mesmo para potencializar seus resultados e consequentemente sua influência positiva nos outros. Saber como administrar os seus pontos de melhoria para transformá-los em propulsores do desenvolvimento do próprio líder e dos seus liderados.

E como você pode se conhecer melhor? O que você pode fazer hoje para se conhecer melhor? Reflita! Quem é você? Qual a sua história? O que você já fez de relevante? Quais seus pontos fortes e fracos? Quais são seus planos para o futuro? Qual é o seu sonho?

"'Preciso fazer algo' resolve mais do que 'algo precisa ser feito'" (Henry Kissinger). Assuma as "rédeas" das situações. Seja você o provocador de mudanças. Seja você aquele que busca as respostas, que faz as perguntas certas, que questiona, que assume responsabilidades, que pensa alternativas, que propõe soluções, que dá o primeiro passo. Assumir as responsabilidades na sua vida e se tornar o guia de sua própria "carruagem" sendo responsável por sua própria condução, com o ônus e o bônus destas escolhas: isto é ser líder de si mesmo.

Também é de Sócrates a célebre frase "Só sei que nada sei". Esvaziar nossa "xícara" do conhecimento para receber novos conhecimentos e desenvolver novas competências e comportamentos. Estar aberto a mudanças, buscar aprender todos os dias e, sempre, ter humildade para ouvir e apreender, reconhecer no outro a oportunidade de contribuir com seu desenvolvimento. Para liderar a si mesmo é preciso ter sabedoria e discernimento que só se adquire com humildade e quando se assume que sempre podemos e devemos aprender mais e mais.

Siga o exemplo de liderança de Jesus

"A maior habilidade de um líder é desenvolver habilidades extraordinárias em pessoas comuns." (Abraham Lincoln)

Falar de liderança transformadora é falar do exemplo de liderança deixado por Jesus Cristo. Ele é um dos maiores exemplos de liderança que já existiu. Criou condições para que seus liderados aprendessem e se desenvolvessem. Mobilizou, motivou, impulsionou. Ensinou sua equipe a aprender e a ensinar. Foi um líder educador e orientador. Proporcionou melhoria contínua e superou expectativas. Atingiu resultados extraordinários.

Ele provocou mudanças, antecipou o futuro, fez as coisas acontecerem, encorajou, influenciou, motivou, estimulou, provocou, educou, elevou. Deu exemplo. Transformou "pecadores" em pescadores de homem, em multiplicadores dos seus ensinamentos, em líderes de alta *performance*.

Jesus não tinha a melhor equipe, nem todos os recursos. Enfrentou muitos desafios. Precisou superar muitos obstáculos. Mas transformou tudo isto em vantagem competitiva. Capacitou os que escolheu para com Ele cumprir sua missão. Conseguiu enxergar além do que cada um era em sua essência. Ele acreditou, inspirou, motivou!

A especialidade de um líder é converter energia negativa em uso positivo. Jesus fez isto brilhantemente. Soube como ninguém promover desenvolvimento de sua equipe e transformá-la em líderes de alta performance. Seus ensinamentos sobrevivem e se multiplicam.

Jesus exerceu a liderança servidora. Sabia como fazer, fazia, dava o exemplo, arrebanhava. Sabia que no servir estava o segredo do sucesso de um grande líder. Ele estava a serviço do outro em prol de uma missão maior. E todos que o seguiam compartilhavam do mesmo propósito.

E o que podemos aprender com o exemplo de Jesus? Como fazermos nos dias de hoje ações tão impactantes como as que Jesus Cristo praticou e nos ensinou? O que mudar no nosso comportamento hoje para alcançar os resultados que Jesus alcançou? Mire-se no exemplo Dele e faça a diferença na vida das pessoas.

Faça do *Coaching* o instrumento de promoção de melhoria do seu desempenho

"Não poderás ajudar aos homens de maneira permanente se fizeres por eles aquilo que eles podem e devem fazer por si próprios" (Abraham Lincoln)

Com o *coaching* é possível desenvolver diversas habilidades e promover uma real mudança de comportamento através de um profundo processo de autoconhecimento e reprogramação de sua atuação. O *coaching* permite enxergar a situação em que o líder se encontra, planejar onde ele gostaria de chegar (estabelecimento de resultados) e programar o que precisa ser feito para que se alcance este patamar de liderança diferenciada. *Coaching* é mudança de comportamento.

O *coaching* contribui para que as pessoas encontrem respostas, desenvolvam novos potenciais, gerem aprendizado, desenvolvam competências. Possibilita aumento de desempenho das pessoas e de resultados positivos. É desenvolvimento humano, focado em ações do *Coachee* (Cliente).

Todos aqueles que desejam uma mudança podem e devem utilizar o *coaching*. Há melhora no alcance de resultados, aumento significativo do desempenho e da produtividade, desenvolvimento de competências, superação de adversidades. É possível contribuir com a resolução de conflitos e a melhoria nos relacionamentos, obter sucesso profissional, realização pessoal, superar desafios e alcançar melhoria da qualidade de vida.

O processo de *coaching* inclui conhecimentos, ferramentas, técnicas e métodos que desafiam o *coachee* a sair de sua zona de conforto visando facilitar o alcance de resultados extraordinários. Sendo as perguntas que nos movem e partindo deste princípio, o processo de *coaching* se baseia na arte de fazer perguntas. O *coach* faz as perguntas certas, na hora certa, e possibilita ao *coachee* encontrar soluções e repostas que o levarão ao alcance de seus objetivos.

Você alcançou alguma meta a que se propôs para este ano? Mudou alguma rotina, hábito ou comportamento que considerava inadequados? Desenvolveu-se enquanto pessoa e profissional? Está avançando rumo aos seus objetivos?

O que você está fazendo de diferente para obter resultados diferentes? O que você precisa parar de fazer para alcançar os resultados que você almeja? E o que você precisa passar a fazer para alcançar estes resultados? O que você tem feito e o que você realmente deveria estar fazendo para alcançar seus objetivos?

Qual a sua missão? E a sua visão? Em que você acredita? Quais os seus valores?

A missão e a visão são orientadoras de nossa vida, fundamentando-se em nossas crenças e valores. São a razão de nossa existência. Nossa missão reflete quem somos e o legado que queremos deixar. Relaciona-se com o que fazemos e o porquê deste comportamento. Qual a razão pela qual você se propõe a fazer o que faz todos os dias? Descubra sua missão, conheça seu propósito e alcance resultados extraordinários.

A visão nos inspira a agir e a tornar nossos sonhos realidade. Ela nos direciona. Estabelece onde queremos chegar e o que queremos ser. É inspiradora. Onde você quer estar daqui a 3, 5, 10 anos? Como você quer estar? Quais seus sonhos? Seus anseios? Suas aspirações? Quais seus objetivos a curto, médio e longo prazo?

Em que você acredita? Quais são os valores que permeiam sua vida? Quais seus princípios inegociáveis? Quais os seus critérios?

Nossas crenças e valores determinam nosso comportamento e nossas ações. Alterando nossas crenças, alteramos nosso comportamento. Podemos ter crenças fortalecedoras, que nos impulsionam a fazer acontecer, e crenças limitantes, que nos restringem a agir em prol dos nossos objetivos.

Quais são suas crenças fortalecedoras e como aproveitá-las? Quais são suas crenças limitantes? Qual a lógica que existe nelas? Que proveito você terá em mantê-las? O que lhe motiva a manter esta crença? Como substituí-la por uma crença fortalecedora? Em que situações você agiu diferente desta crença limitante e obteve sucesso?

O que te impede de mudar? O que te impede de arriscar? Quem você conhece que age da forma como você gostaria de agir? O que esta pessoa estaria fazendo agora em seu lugar? Como ela agiria se fosse você? O que te impede de agir assim? Que conselhos ela te daria? Como você pode aproveitar estes conselhos a partir de agora?

"Se você acreditar que pode ou que não pode fazer algo, em ambos os casos você estará absolutamente correto." Sendo assim, o que você prefere? Confie! Confiança é essencial em nossas vidas. Retome a confiança em si, nas pessoas... Tenha fé! Acredite! E siga em frente!!!

Faça suas escolhas

"O dia está na minha frente esperando para ser o que eu quiser. E aqui estou eu, o escultor que pode dar forma. Tudo depende só de mim." (Charles Chaplin)

Vença a procrastinação! O que você pode fazer imediatamente para se transformar em um líder que transforma vidas? Qual ação você pode executar exatamente agora para chegar mais perto de sua meta?

Uma liderança transformadora exige atitude, rapidez na tomada de decisão, iniciativa, proatividade. Você já tem os conhecimentos e as reflexões necessárias para provocar as mudanças imprescindíveis em sua vida. O que você vai fazer agora?

Decida! Aja Prontamente! Faça enquanto é tempo! Não fique preocupado com o que você não pode fazer. Concentre-se no que você pode fazer! Faça o que tem que ser feito. Vá em frente.

De quem é a responsabilidade pela sua mudança? Quanto você está comprometido com esta mudança? Faça as suas escolhas! E seja hoje uma liderança Transformadora!!!

Referências:

ACLUTTERBUCK, David. Coaching eficaz – como orientar sua equipe de trabalho para potencializar resultados. São Paulo: Editora gente, 2008.

DI STÉFANO, Rhandy. O Líder Coach: Líderes criando líderes. Rio de Janeiro: Qualitymark, 2005.

MAXWELL, John C., O livro de ouro da liderança: o maior treinador de líderes da atualidade apresenta as grandes lições de liderança que aprendeu na vida. Rio de Janeiro: Thomas Nelson Brasil, 2008.

32

Coaching e Motivação – Como acordar o Leão

Não adormeça frente os desafios da vida. Crie fatos novos, descubra o que realmente te faz mover e atinja resultados extraordinários em sua vida, na sua carreira e na sua empresa. Faça a diferença na sua vida e das pessoas que te cercam. Participe e obtenha valor!

Gustavo Rueda

Gustavo Rueda

Diretor Operacional da Net Profit Brasil – Unidade Luhal. *Advanced Coaching Master* certificado pelo CAC (Center of Advanced Coaching), *Executive and Corporate Coaching* da Net Profit Brasil certificado e habilitado internacionalmente pelo CAC (Center of Advanced Coaching). Gestor-*Coach*, certificado internacionalmente pela Corporate Coach U. Também atua como Educador Financeiro e Palestrante do Instituto DSOP de Educação Financeira. Pós-graduado em Gestão Estratégica com ênfase em Tecnologia da Informação pelo IBTA/VERIS, Certificado em *Personal & Professional Coaching* pela SBC (Sociedade Brasileira de Coaching) e certificado *Executive Coaching* e *Business Coaching* pela SBC e BCI (Behavioral Coaching Institute). Possui 18 anos de experiência na área de tecnologia voltada para a gestão de negócios, gestão de processos de negócio, gerenciamento de projetos. É especialista em *Coaching* Executivo com foco em alta performance.

Contatos:
www.netprofitbrasil.com.br
gustavo@netprofitbrasil.com.br
www.facebook.com/gu.rueda
www.facebook.com/netprofitluhal
(11) 3446-4002

Segundo estudiosos e especialistas em nossas gerações, estamos vivendo na Era da Conexão. Já passamos pela Era Industrial, onde a eficiência determinava o sucesso das pessoas, ou seja, fazer mais e mais rápido (processos). Passamos pela Era da Informação, onde a coleta de dados para estabelecer planos, controle e aferições de resultados determinou o PODER das organizações, ou seja, o Poder do Conhecimento. Atualmente, vivemos na Era da Conexão, onde o estudo e interpretação das informações para fazer MAIS (eficiência) e MELHOR (eficácia) determinam o sucesso das pessoas, das empresas e do mundo. Em resumo, estamos numa constante evolução, independente da Era, Época, Fase, ou qualquer nome que queiramos dar. De uma coisa eu tenho plena certeza: O TEMPO PASSA.

Se existe algum recurso que todos os seres possuem em igual quantia é o TEMPO. Eu tenho 24 horas no meu dia, meu pai também, meu vizinho e você. O que cada um faz com as 24 horas é o que determina e seleciona as pessoas vencedoras das que vão continuar competindo.

Eu acredito que vivemos num mundo de DESAFIOS 4M, ou seja, precisamos fazer **M**AIS, **M**ELHOR, **M**AIS RÁPIDO e POR **M**ENOS.

Somos cobrados para fazer MAIS do que fazemos, em todos os papéis da nossa vida. Concordam? Seja como Pai, como Filho, como Empresário, como Amigo, como Mãe, como *Coach*, como Cliente, como Fornecedor.

Precisamos fazer MELHOR do que fazemos. A busca pela qualidade, a excelência, fazer certo, com menos erros e mais acertos é a tônica do nosso dia a dia. No processo de *coaching* com executivos e empresários costumo trabalhar contextos de DIFERENCIAÇÃO da empresa e do próprio executivo. E insisto sempre, qualidade não é diferenciação. Qualidade é requisito mínimo!

Também somos cobrados pela agilidade e para fazermos muito MAIS RÁPIDO do que estamos acostumados a fazer. Querem um exemplo? Há 10 anos, se fossemos encomendar móveis em grandes fábricas e no orçamento que nos propusessem no prazo de entrega de 60 dias, qual seria nossa reação? Nós agradeceríamos pela agilidade e presteza do nosso fornecedor, não é? E hoje, se recebermos um prazo de 60 dias, o que diríamos para nosso amigo fornecedor?

Não podemos esquecer a nossa obrigação em fazer POR MENOS ou COM MENOS. Menos tempo, menos recursos, menos esforços, menos dinheiro. E um detalhe, se não agirmos segundo os 4M´s, alguém age por nós.

Mas, costumo dizer aos meus *COACHEES* que esta é a nossa grande benção e temos que agradecer muito por esta oportunidade em nossas vidas. Viva os desafios!

E como fazemos para superar e agir com foco, disciplina e engajamento diante deste cenário? Precisamos encontrar a nossa MOTIVAÇÃO.

Motivação frente aos desafios

Se você pudesse se dar uma nota, de 0 a 10, com relação a sua motivação, quanto seria? E por quê?

Quando falamos sobre motivação, temos que entender o que realmente nos MOVE e o que nos faz agir. São nossos MOTIVOS para AÇÕES.

Normalmente, encontramos pessoas que terceirizam a responsabilidade de se motivar, ou seja, a "culpa" pela minha desmotivação é da empresa, do meu chefe, do governo, falta de tempo, enfim, normalmente escutamos "Ah! Não aguento mais". Como *coaches*, precisamos ajudar nosso *COACHEE* a entender sua RESPONSABILIDADE na motivação.

Caro amigo, se por alguns segundos você pudesse se lembrar de um momento onde você esteve MUITO motivado, o que vem em sua mente? Qual era este momento? O que você estava ouvindo, falando e sentindo? O que realmente estava te motivando?

Precisamos entender o contexto e a diferença entre MOTIVAÇÃO e MANUTENÇÃO. Se utilizarmos o exemplo de um veículo, quando levamos ao mecânico para uma revisão é para que ele NÃO PARE. Mas o que faz o carro ANDAR é o combustível. Muitas pessoas confundem fatores de manutenção (que não deixam parar) com fatores motivacionais (que fazem andar). O dinheiro é um fator de MANUTENÇÃO e o que ele pode nos proporcionar é MOTIVAÇÃO, por exemplo, viagem com a família, tranquilidade financeira, reconhecimento, conforto, entre outros ganhos.

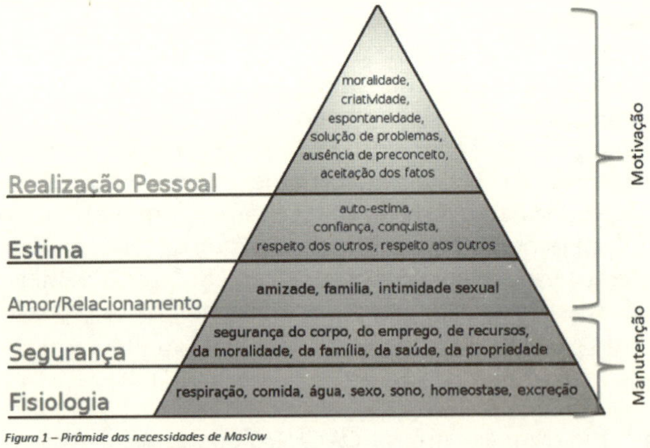

Figura 1 – Pirâmide das necessidades de Maslow

Normalmente, nossos *COACHEES* querem encontrar respostas para a pergunta "por que fazer algo?". Na verdade, a pergunta certa para a motivação é "por quem fazemos este algo?". Não mudamos somente por nós, mudamos pelas pessoas. Mudamos pela emoção que a ação gerará em nós e nas pessoas ao nosso redor, principalmente as mais próximas. Se neste momento estivéssemos juntos numa sala fechada e adentrasse um leão pela porta principal, qual seria sua reação? Qual a força e a potência que você teria para sair desta situação? Agora, se nós estivéssemos no lado de fora da porta e nossos filhos ou entes queridos estivessem dentro da sala e soubéssemos que lá estava um leão, qual seria sua reação? Qual a força e a potência que você teria para ajudá-los? Entende o que é MOTIVO para a AÇÃO? É isso que precisamos despertar em nossos *COACHEES*.

Por isso, lhe convido a pensar por alguns minutos em seus desejos. Se você encontrasse um gênio da lâmpada e tivesse direito de realizar três desejos, o que você pediria?

Mas se você não encontrar o gênio da lâmpada, você não conseguirá realizar estes desejos?

Eu já conheci pessoas que passaram a vida toda desejando, mas realizando muito pouco. Será que elas estavam ou estão aguardando o gênio da lâmpada?

Existe uma grande diferença entre nossos desejos e nossos sonhos. A diferença está na atitude de entrar em ação, criar motivo para a sua conquista. Exercitar o sonho não é muito comum nos adultos, por vários motivos:

- Deixamos a vida no piloto automático
- Falta de tempo
- Falta de dinheiro
- Vivemos para as urgências e não para as importâncias
- Falta de apoio
- Medo

Peça para uma criança falar sobre seus sonhos. É bem provável que você tenha que pedir para ela parar de falar. O adulto adquiriu alguns FILTROS na trajetória de sua vida, gerando dúvidas sobre a possibilidade de se atingir este sonho ou objetivo, seja na carreira, na empresa ou na vida. Se você se encontra neste momento ou possui um *COACHEE* nesta situação o que ele mais precisa neste momento é voltar a acreditar que é POSSÍVEL. A maior ajuda que um *COACH* pode dar ao seu *COACHEE* é ajudá-lo a ter o poder da escolha. Quem não tem escolha não tem opção e sem opção nós paralisamos.

Mas acredito muito que as pessoas são extraordinárias e são capazes de feitos inacreditáveis e magníficos. Inclusive você. Quais são seus momentos de vitória na vida? Quantos troféus você já teve a oportunidade de levantar em sua vida ou na sua carreira? Não importa o tamanho do troféu, o que importa é que é seu e você conquistou. Se você pudesse selecionar somente um destes troféus, ou o mais marcante, quais os desafios que você enfrentou? Foi fácil? Quais as qualidades suas que estiveram realmente presentes e que te ajudaram nesta conquista? Por favor, escreva-as.

Nestes momentos, se pudéssemos nos olhar no espelho, iríamos ver a figura de um LEÃO ou uma LEOA forte, viril, determinado, corajoso e forte. Mesmo que hoje você possa se achar um gatinho indefeso. A boa notícia que tenho para lhe dar é que não somos mais gatinhos! O que pode estar acontecendo é que o LEÃO pode estar dormindo, cansado, com fome, e precisamos acordá-lo.

Se você pudesse reunir todas estas QUALIDADES que você já usou para suas conquistas e as trouxessem novamente para você com toda a força e potência, o que seria possível obter ou alcançar? Liste pelo menos cinco coisas ou situações possíveis.

Podemos chamar esta relação de LISTA DOS SONHOS. Eles te motivam? Além de você, mais alguém poderá se beneficiar com seus SONHOS? Eu costumo dizer que sonhos e objetivos sem ação não são nada mais do que euforia. Por isso, pensando em cada um dos seus sonhos, responda:

- Qual é a meta para os próximos 90 dias? Nos próximos 90 dias, quão perto do sonho você pretende estar?
- Qual a meta para os próximos 30 dias? Nos próximos 30 dias, quão perto do sonho você pretende estar?
- O que você poderá fazer nos próximos 7 dias? Quem mais pode te ajudar?
- E o que você pode fazer nas próximas 24 horas, por menor que possa parecer esta ação?

Monte seu plano de ação para a realização dos seus sonhos. Crie os motivos que te levarão para a ação, pense nas pessoas que também se beneficiarão e torcerão pela sua realização. Crie um painel com imagens que represente esta sua vitória e deixe num local de fácil acesso e principalmente que você veja todos os dias.

Segundo meu grande mestre Hendre D. Coetzee, CEO e fundador do CAC (Center for Advanced Coaching) PARTICIPAÇÃO é igual a VALOR. O valor que geramos para nós e para as pessoas que estão ao nosso redor depende da força e intensidade de nossa participação. Os resultados dos executivos com quem trabalho, depende da sua participação com a empresa. Os resultados que você obtém na relação com as pessoas que você ama estão diretamente ligados à sua participação. E para participar é preciso encontrar a motivação. Como já conversei por várias vezes com meu grande amigo e mestre André Girotto, Diretor da Net Profit Brasil, há seis anos conheci um dos maiores *coaches* da minha vida, meu filho. A partir do momento em que ele nasceu, foi como se eu fechasse um contrato com um grande *coach* por toda a minha vida. Hoje, meu *coach* tem a ajuda da minha esposa e minha segunda filha. É por eles que trabalho, escrevo, treino pessoas, sou *coach* e vivo.

E você? Qual é a sua motivação?

Sucesso e prosperidade, sempre.

33

Relação entre Capital Organizacional e *Coaching* Executivo

As organizações têm metas e estratégias arrojadas e buscam executivos com perfis empreendedores, capazes de inspirar e influenciar positivamente outros para a ação, bem como a eles mesmos. Afinal, as mudanças são constantes e os executivos são postos à prova, sempre! Para tanto, as organizações investem no Capital Humano, Social, Ambiental e Sustentabilidade para valorizar o Capital Organizacional

Helena Ribeiro

Helena Ribeiro

Pós-Graduada em Gestão Estratégia Global de Negócios; Bacharel em Administração de Empresas e Mestrado em andamento na UNICAMP, sobre Indicadores de T&D/RH; Formação em *Coaching* Executivo – Certificado pela ABRACEM - Associação Brasileira de Coaching Executivo e Empresarial. Empresária; Fundadora da Razão Humana Consultoria; Presidente das áreas de Negócios da Consultoria; *Coach* Executivo; Consultora Organizacional; Palestrante e Escritora. Nos últimos 12 anos se tornou especialista na aplicação de treinamentos com a metodologia vivencial e criou o Projeto Especial: Programa VOCÊ, a Água e a Natureza, com diversos módulos vivenciais. Os ótimos resultados das centenas de treinamentos aplicados para milhares de pessoas a motivou a escrever o livro: VOCÊ, a Águia e a Natureza – O Despertar Experiencial do VOCÊ S.A. Lançado na Bienal do livro em 2008 e 2ª edição revisada em 2009, entre diversos artigos publicados.

Contatos:
www.razaohumana.com.br / www.helenaribeiro.com
helenaribeiro@razaohumana.com.br / consultoria@razaohumana.com.br
PABX: (55-xx-19-3231 0491 - 9117 7089)
Skype: razaohumana
Facebook: https://www.facebook.com/RazaoHumana
Linkedin: http://www.linkedin.com/in/helenaribeiro1

As organizações têm metas e estratégias arrojadas e buscam executivos com perfis empreendedores, capazes de inspirar e influenciar positivamente outros para a ação, bem como a eles mesmos. Afinal, as mudanças são constantes e os executivos são postos à prova, sempre!

As empresas almejam profissionais que sejam capazes de agir com qualidade, eficácia, superarem desafios, independente de ambientes turbulentos ou estáveis. Porém, como adquirir experiências e competências para se sobressair em circunstâncias de forte pressão dentro das organizações, família, sociedade, ou seja, na vida? Eis o desafio da humanidade.

Para tanto, as organizações investem no desenvolvimento do Capital Humano, Social, Ambiental e Sustentabilidade Empresarial e esperam como retorno valorizar o Capital Organizacional. Portanto, é meta dos empresários e executivos avaliarem suas estratégias para gerenciar estes capitais minimizando custos e maximizando resultados.

Capital Humano: qual o seu valor no mercado?

O valor do Capital Humano é um dos maiores patrimônios das organizações e mensurá-lo não é simples, pois inclui vários fatores, indicadores de competências do ACHE (Atitude, Conhecimento, Habilidade e Entusiasmo) de seus colaboradores, desenvolvidas ao longo da vida. Portanto, a valorização do Capital Humano é uma excelente estratégia organizacional que contribui para a sustentabilidade dos negócios. Afinal, os seres humanos definem suas relações com o mundo e quando valorizados e reconhecidos pelos seus talentos, o sucesso é consequência. Portanto, empresas com ambientes saudáveis e inovadores que investem na capacitação, desenvolvimento e retenção de talentos, contribuem para um **RH Estratégico e Sustentável.**

Capital Humano: qual o valor dos executivos?

Os empresários valorizam executivos e profissionais com atitudes empreendedoras para que eles gerenciem os negócios como se fossem "donos". Pessoas determinadas, criativas, entusiasmadas, automotivadas, entre outras competências, habilidades e atitudes que compõem o perfil do profissional empreendedor. São pessoas comprometidas com metas profissionais, pessoais e SONHOS. Possuem visão de águia, valorizam seus liderados e investem no Capital Humano.

O executivo empreendedor não tem medo de assumir riscos, sonha, inova e suas atitudes fazem acontecer, sempre! Inclusive este perfil é estimulado com seus liderados, para que eles também sejam empreendedores. Afinal, estamos em processo de mudança cultural nas relações trabalhistas, novas formas são negociadas com funcionários internos, *home office*, terceirizados, sistema *coworking*, parcerias estratégicas, entre outros conceitos que envolvem relações empreendedoras focadas em minimizar custos e maximar resultados.

Capital Social - Ações Sociais

As redes de relacionamentos sociais e profissionais crescem com a evolução da Internet. Novos indicadores intangíveis fazem parte dos valores que compõem o **Capital Social das pessoas,** tais como: ética, humildade, amizade, solidariedade, interação social entre indivíduos, famílias e sociedade.

O Capital Social das pessoas está atrelado ao valor das redes sociais, *networking* com relacionamentos interpessoais desenvolvidos dentro e fora das organizações, potencializado aos acessos às informações globais. Ressalto que falta bom senso para muitas pessoas em como usar a Internet, redes e mídias sociais como valor agregado a performance profissional. Afinal, precisa qualificar informações, respeitar as regras de uso coorporativo, entre outros fatores.

Em suma, as Ações Sociais são um forte elo do Capital Humano, potencializando o ativo intangível mais valioso das organizações: as relações humanas de trabalho e social. Investimentos no desenvolvimento em Ações Sociais geram retornos, além das adesões em trabalhos voluntariados, atitudes de solidariedades em caso de catástrofes, sustentabilidade ambiental, etc. Investimentos que soma na valorização do Capital Humano e Organizacional.

Capital Organizacional

"O Capital Organizacional potencializa a integração, de modo que cada ativo intangível humano, mais os tangíveis físicos e financeiros, se alinhem com as estratégias e se integrem, para alcançarem os objetivos da organização" (KAPLAN; NORTON, 2004). Portanto, a cultura da organização é composta de vários elementos–valores, crenças, cultura, comportamentos, tradições, processos que influenciam e são influenciados pelos estilos de gestão predominantes, fundadores, etc.

A valorização do **Capital Organizacional** é dinâmica e composta por vários fatores, indicadores tangíveis e intangíveis, entre eles, a *performance* dos executivos, que foca em maximizar as competências que os gestores devem possuir para liderar equipes. Afinal, o processo do desenvolvimento humano é a capacidade das pessoas em construir significados sobre o mundo, que abrange as dimensões da experiência humana, tais como: cognitiva, emocional, social e espiritual. A cada estágio da vida, uma nova forma de construir significados da existência humana é desenvolvida, mais ampla e complexa. A relação do ser humano com o mundo modifica-se, repercutindo em suas atitudes e comportamentos ao longo da vida.

As formas com que os empresários, executivos e lideranças conduzem as organizações, refletem nos processos de mudanças e alinhamentos do planejamento estratégico. Potencializar cada vez mais a *performance* dos executivos é investir nas lideranças para que elas sejam agentes de mudanças com estratégias que garantam a valorização e sustentabilidade do Capital Organizacional.

Porém, muitas empresas encontram dificuldades nas melhores estratégias a serem adotadas. A competitividade é ferrenha, as mudanças são voláteis, surgem novas formas de negócios e as organizações continuam ávidas de profissionais cada vez mais qualificados. Mas como agir? Eis os desafios dos empresários, executivos e RH, em recrutar, integrar, investir em treinamento e desenvolvimento, motivar e reter talentos para manter-se competitivo.

Sustentabilidade Empresarial

A valoração do Capital Organizacional estará cada vez mais relacionada ao **Índice de Sustentabilidade Empresarial (ISE),** uma iniciativa pioneira na América Latina, que mensura o desenvolvimento sustentável da sociedade contemporânea e estimula a responsabilidade ética das corporações. O **ISE** é uma ferramenta para análise comparativa da performance das empresas listadas na BM&FBovespa - a nova bolsa, sobre sustentabilidade corporativa, baseada em eficiência econômica, equilíbrio ambiental, justiça social e governança corporativa. Portanto, é responsabilidade dos executivos promover a integração das quatro dimensões do desenvolvimento sustentável: **econômica, capital humano, social e ambiental.**

Soluções Disponíveis

Em nenhum outro momento da história empresarial no Brasil, discutiu-se tanto as estratégias para potencializar o ROI (Taxa de Retorno sobre Investimento), ética, inovação, responsabilidade social, ambiental, *stress* corporativo, e principalmente a performance dos empresários, executivos, lideranças e equipes. Existem diversos programas de treinamentos, consultorias, seminários, palestras, livros, artigos, entre outras soluções que atendem as demandas. Dentre eles o ***Coaching* Executivo Empresarial,** que se destaca como um excelente instrumento à disposição dos empresários, executivos e profissionais liberais, focado em potencializar talentos e maximar resultados. Mas afinal, o que é ***Coaching* Executivo?**

Coaching Executivo: um Diferencial na Alta Performance da Liderança

Existem várias literaturas sobre *Coaching* Executivo, inclusive as referenciadas neste livro pelos demais coautores, que pela sua abrangência e potencialidade não apresentam uma definição padrão. Cito duas que são correlatas e auxilia a compreensão dos objetivos e resultados sobre o processo de *Coaching* Executivo. Segundo Rosa R. Krausz (2007, autora do livro ***COACHING EXECUTIVO*** – A Conquista da Liderança) *Coaching* Executivo é: "uma parceria entre um Coach Executivo e um gestor que se propõe elevar sua performance profissional, da sua equipe e da organização para a qual trabalha".

Em suma, fiz minha Formação e Certificação em ***Coaching* Executivo Empresarial** pela ABRACEM - Associação Brasileira de *Coaching* Executivo e Empresarial, conduzido pela Dra. Rosa Krausz. Durante 10 Módulos (encontros), com os ensinamentos transmitidos, análises de cases, residências dos processos de *Coaching*, avaliamos conceitos de vários autores e criamos a do grupo:

"*Coaching* Executivo é uma parceria profissional, estabelecida com transparência, confiança, ética, objetivos específicos, planejamento e metas a serem alcançadas pelo *Coachee*, que contará com a facilitação do *Coach* para maximizar *performance*. *Coach* (profissional) que conduz um processo de *Coaching*, para facilitar o autodesenvolvimento, novas responsabilidades e descobertas, para que o *Coachee* (profissional ou time de profissionais) atinjam as metas traçadas. Para tanto, tem de haver comprometimento pessoal para a obtenção de resultados. O processo de *Coaching* invariavelmente envolve crescimento e mudanças, sejam elas de perspectivas, atitudes, comportamentos, dentre outras descobertas".

É crescente a contratação de *Coaching* Executivo e a dificuldade dos gestores de RH e executivos, às vezes está em como selecionar um *Coach* com formação em *Coaching* Executivo, pois somente um profissional especializado saberá identificar as necessidades dentro das várias situações onde o processo de *Coaching* é recomendado.

O Processo de *Coaching*

O desenvolvimento do processo de *Coaching* Executivo é um plano personalizado com começo, meio e fim, que se dá por meio de sessões individuais e periódicas. As duas primeiras são mais dedicadas aos levantamentos de informações, expectativas, metas, entre outras informações fundamentais para elaboração do plano. As demais sessões entre sete a dez se realiza o processo de *Coaching*. Após a finalização e avaliação do processo, dependendo das responsabilidades que envolvem o cargo daquele executivo, muitos querem continuar. Porém, neste caso não seria mais *Coaching* e sim Aconselhamento.

Resumidamente, o ***Coaching* Executivo** é um valioso instrumento para aqueles que buscam excelência naquilo que fazem. Otimiza tempo e recursos, potencializa talentos e maximiza resultados. Portanto, convido gestores de T&D/RH, empresários, executivos e profissionais liberais que busquem soluções e resolvam seus "*gaps*" e do time, para potencializar os **ACHE** (Atitude, Conhecimento, Habilidade e Entusiasmo) dos profissionais. Afinal, a valorização do **Capital Humano** nas organizações é meta do RH Estratégico e Sustentável, em conjunto com seus dirigentes.

Os serviços de *Coaching* podem ser contratados por empresas, órgãos públicos, entre outros, inclusive por pessoas físicas das mais variadas profissões que lamentavelmente trabalham em empresas que ainda não investem no desenvolvimento do Capital Humano. Seja qual for seu caso, a Razão Humana Consultoria se coloca à disposição.

Reflexões

Na dúvida, aja, faça, aconteça. Afinal, **VOCÊ** é seu o maior **Capital** e a valorização dele depende de **VOCÊ**.

Com carinho, a águia que habita em mim, saúda a águia que habita em **VOCÊ**.

Obrigada pela sua leitura! Agradeço se tiver comentários e sugestões.

Referências:

RIBEIRO, Helena - VOCÊ, a Águia e a Natureza - O Despertar Experiencial do VOCÊ S.A - Rio de Janeiro - Usina das Letras, 2009.

Krausz, Rosa R. COACHING EXECUTIVO – A Conquista da Liderança, Nobel, São Paulo, 2007.

Manfred F.R. KETS DE VRIES - Experiências e técnicas de coaching na formação de líderes na prática - Bookman, 2009.

Site: Sustentabilidade Empresarial - Índice de Sustentabilidade Empresarial (ISE) https://www.isebvmf.com.br/index.php?r=site/conteudo&id=1

CARMELLO, Eduardo. Resiliência: a transformação como ferramenta para construir empresas de valor. São Paulo: Ed Gente, 2008.

CRAWFORD, Richard. Na Era do Capital Humano. São Paulo: Ed. Atlas, 1994.

BOFF, Leonardo. O despertar da Águia: o dia-bólico e o sim-bólico na construção da realidade. Petrópolis, Vozes, 1998.

34

O Líder Transformador Construindo Equipes de Sucesso

Grandes líderes mudam de estilo para levantar a autoestima de suas equipes. Se as pessoas acreditam nelas mesmas, é impressionante o que elas conseguem realizar

Helio Teixeira

Helio Teixeira

Diretor Executivo da RMP Consultoria de Negócios, empresa de consultoria e treinamento em negócios que tem como compromisso transformar conhecimento em comportamento responsável e resultado sustentável. Consultor de negócios com *expertise* no desenvolvimento de projetos para melhoria da produtividade (processos e procedimentos) e aprimoramento de competências e habilidades (abordagem técnica e comportamental) para as áreas de Vendas; Suprimentos e Gestão de Pessoas. Palestrante, já realizou mais de 200 palestras em todo o Brasil, levando mensagem positiva e inspiradora para empresas de diferentes segmentos, com comunicação que inspira para o pensamento empreendedor e atitude transformadora. Consultor *advisor* para América Latina na Gerson Lherman Group - USA. Instrutor e consultor para a ACSP - Associação Comercial de São Paulo orientando e contribuindo com pequenas e médias empresas no desenvolvimento de competências para realizar e implantar Planejamento Estratégico. Palestrante para FUNENSEG - Escola Nacional de Seguro atuando em todas as unidades sediadas no Brasil contribuindo com profissionais do segmento de seguros no desenvolvimento de habilidades para melhorar o Atendimento ao Cliente; Planejamento e Gestão de Negócios.

Helio Teixeira

Nos últimos tempos muito se tem escrito e falado sobre como ser um líder de sucesso! Grandes líderes como Nelson Mandella, Abraham Lincoln, Henry Ford, Jack Welch, para citar alguns, serviram como âncora para identificar estilos de liderança, sendo estes estilos descritos em livros que venderam milhões de cópias.

Profissionais no campo da Liderança defendem a importância da realização de treinamentos e programas que desenvolvam habilidades e competências do líder, mas orientam que a eficiência destes programas e treinamentos é relativa, pois depende de cada indivíduo.

O fato é que o ambiente corporativo e social tem produzido e continua a produzir líderes que realizam grandes feitos na sociedade, nas empresas, na indústria e no comércio, conduzindo pessoas a alcançar objetivos que a primeira vista parecem quase impossíveis de serem alcançados.

Após dez anos de trabalho com executivos nas áreas de vendas e suprimentos posso afirmar que existem duas categorias de líder: o líder natural e o líder formado. O que os diferencia então? Como confrontam os desafios e os obstáculos em um ambiente de constante mudança? Se você já é um líder a pergunta é: como se tornar um líder ainda melhor?

As mudanças que estamos vivenciando tanto no ambiente social como no corporativo são enormes. Globalização, tecnologia e inovação, a introdução do conceito da sustentabilidade e impacto ao meio ambiente, crescimento da população global, em um ambiente onde a mobilidade, a agilidade e a facilidade de acesso à comunicação e a informação estão criando um estilo que defino como "pessoas de retorno imediato". O que quero dizer é, seja na sociedade, na indústria ou no comércio o desejo do ser humano de obter retorno praticamente imediato de suas inciativas está cada vez mais acentuado e este estilo de comportamento certamente tem influência nos relacionamentos.

Quando olhamos o ambiente corporativo é certo que estas mudanças provocam impacto no ambiente estratégico e operacional nas organizações. Esta realidade traz ao líder grandes desafios que precisam ser confrontados e superados. Se em algum momento o papel do líder era importante, posso dizer que no momento atual e nos próximos dez anos onde grandes transformações acontecerão a atuação do líder será fundamental.

"A liderança é a arte de conseguir que outro faça alguma coisa que você quer feita porque ele quer fazê-la."
(Dwight D. Eisenhower)

A evolução do Líder ao longo do tempo

Se olharmos para trás veremos grandes líderes, Alexandre o Grande que não imaginava liderar seu exército senão a sua frente combatendo o inimigo frente a frente e mostrando o caminho para a vitória. Ou então o Duque de Wellington que liderava seu exército assumindo posição atrás da linha de combate, não se envolvendo no combate direto, mas orientando e passando informações de forma rápida aos seus comandados e assim derrotando o temido exército de Napoleão Bonaparte. Outro exemplo de liderança é o General Dwight Eisenhower que liderou conjuntamente com outros militares de diferentes nações ação contra o Reich de Adolph Hitler e saiu vitorioso após a implantação da operação Overlord.

Não existem evidências claras que permitam afirmar que o líder de hoje é totalmente diferente dos líderes do passado. Fazendo uma analogia com o ambiente militar posso afirmar que quando analisamos o ambiente corporativo a realidade é que o "campo de batalha" mudou.

A evolução da tecnologia alterou a equação nas organizações, a comunicação interna está mais ágil nos diferentes níveis, sendo que as mensagens podem ser transmitidas imediatamente tornando as organizações mais horizontais e muito mais dinâmicas. As mensagens são invariavelmente acompanhadas de gráficos, *links*, *websites* para consultas complementares. Isto significa dizer que a informação ganha importante papel tornando as organizações mais transparentes, acessíveis. Qual o resultado desta mudança? Já não é mais necessário que o líder seja carismático, arrastando seguidores por onde passa. O líder neste novo ambiente organizacional deve ser autêntico, apoiador, humilde o bastante para entender que neste ambiente de rápida evolução nunca se sabe o bastante. Portanto, o líder deve estar preparado para aprender a aprender. Podemos então concluir que o líder deve possuir a habilidade de coletar informações, traduzi-las no formato que a equipe, as áreas e departamentos, enfim a organização como um todo consiga formar uma mesma visão, estabelecer senso comum, unindo esforços para realizar o que deve ser feito.

O papel do Líder

O trabalho de um líder nunca foi tão desafiador como é agora! Não apenas deve definir destino e curso da organização, mas certificar que as equipes estejam alinhadas em torno dos objetivos e assegurar que os valores e princípios sejam compreendidos e seguidos, tudo isto em tempo real com todos os desafios e obstáculos do ambiente corporativo.

De acordo com trabalhos e estudos realizados pela RMP Consultoria de Negócios tomando como base princípios e orientações de renomados profissionais como o professor Warren Bennis da Universidade da Califórnia o líder não pode liderar "do lado de fora", não pode ser indiferente ao processo. Deve direcionar as pessoas para ação ao estabelecer uma conexão que transcende o aspecto profissional, com orientação para objetivos e resultados, interagindo e estabelecendo uma conexão no nível humano considerando aspectos técnicos (habilidade de fazer) e aspectos comportamentais (habilidade de sentir e transformar).

O líder de sucesso deve ser genuíno e autêntico, deve se preocupar e entender o ser humano. Esta tarefa não é fácil! A comunicação tem sido um dos grandes desafios do líder. A comunicação para ser efetiva tem dois aspectos fundamentais: saber ouvir e saber aprender com o que está ouvindo. A falta desta habilidade impede que o líder exerça na sua plenitude seu papel, impedindo que o ser humano não alcance seu objetivo e consequentemente a organização.

O papel do líder é entregar resultados extraordinários mesmo em tempos de incertezas, trabalhando junto com a equipe, enfrentando os desafios que se apresentam, obtendo de cada profissional o seu melhor, contribuindo para a equipe como um todo. Embora o tema liderança não seja novo alguns aspectos da atuação de um líder devem ser identificados e trabalhados:

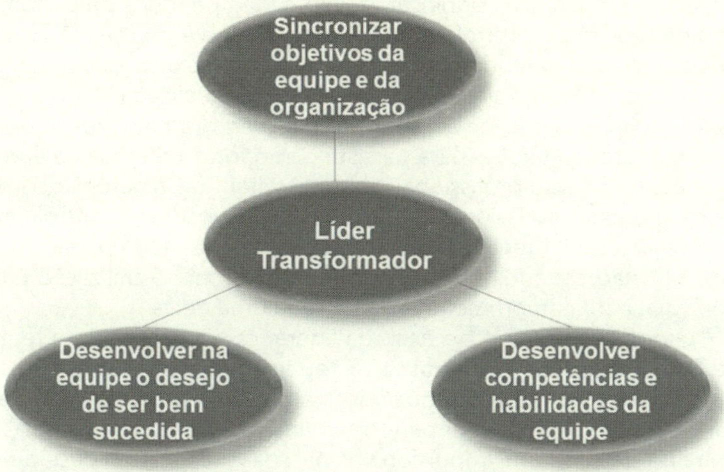

O líder deve assegurar sincronia entre objetivos da organização e dos seus colaboradores. Deve assegurar que a equipe seja adequada para enfrentar os desafios presentes, mas continuadamente desenvolvendo novas habilidades e competências para os desafios futuros sem perder foco nos objetivos da equipe e da organização. Tem como missão desenvolver em cada indivíduo a certeza de que ele pode e vai ser bem-sucedido em suas atividades não importa quão difícil e desafiador elas sejam.

O líder é como o capitão de uma embarcação que deve traçar o curso e manter-se firme, conhecer os detalhes e funcionamento da embarcação, interagir com a tripulação - fazendo com que ela realize o que deve ser feito, alcance os objetivos e, por fim, traga a tripulação de volta sã e salva. Não importa quão bravo seja o mar, o líder ajusta o curso, mas não permite que a embarcação mude seu destino.

A Liderança Transformadora

A liderança transformadora tornou-se crucial no ambiente corporativo e de negócios em movimento que caracteriza o século XXI. Assegurar acesso a recursos financeiros, inovação em tecnologia, definições estratégicas ou acesso a determinados fornecedores já não sustentam a competitividade das organizações. O diferencial competitivo é o jeito de a empresa ser e fazer - é a articulação entre estratégia, processos, estrutura e pessoas, que é sustentada pela cultura organizacional. Este é o papel do líder transformador, articular e movimentar de forma integrada essas diferentes dimensões organizacionais que formarão a cultura da empresa que conduzirá a equipe para cumprir a missão e alcançar a visão organizacional, criando desta forma vantagem competitiva sustentável.

Existem duas principais fontes de energia que movimentam as pessoas: o **medo** e a **aspiração (desejo de realizar).** O medo produz comportamentos e mudanças significativas em curtos períodos de tempo. Nesse tipo de modelo, o controle externo (recompensa e punição) é fundamental para gerar e garantir a ação. Importante mencionar que a garantia da ação não significa garantir a qualidade da ação realizada. Por outro lado, a aspiração impulsiona, gera visões promissoras, grandes expectativas e reúne melhores condições para persistir como fonte contínua de aprendizagem e crescimento profissional. Cabe ressaltar que, a autodisciplina (nível de maturidade profissional) é fundamental e substitui o controle externo. No Brasil, o poder tem sido mais frequentemente usado para controlar as pessoas, não criando, portanto, um contexto para a utilização plena do potencial e do comprometimento de cada uma delas.

O poder que orienta a ação da liderança transformadora tem verbo de ação **"eu quero", "eu posso"** e **"eu vou"** iniciar e sustentar as ações que modelam o futuro, traduzindo a ambição estratégica em realidade concreta. Criar significado para o movimento de transformação, para o trabalho de cada um, impulsiona as pessoas, desperta o desejo no indivíduo de modelar o futuro. Adicionalmente, cria espaço para expressão da capacidade de realização, estimula a busca de novas formas de atuar e dá o poder de fazer e participar. Neste modelo não existe espaço para o medo crônico, para o medo de pessoas que detêm mais poder. Práticas gerenciais que ampliam a autoconfiança e as competências do indivíduo aumentam sua sensação de poder e ampliam a efetividade desse poder. O líder transformador contribui fortemente para que as pessoas se desenvolvam, capacitando-as a transcender seus limites.

As sete habilidades do Líder Transformador

"O Líder Transformador cria uma orientação para a transformação produtiva, e ela ocorrerá sempre que houver o desejo pela mudança"

Não existe líder sem liderados voluntários. Portanto, a legitimação da liderança vem dos liderados, representando uma conquista. As pessoas seguem voluntariamente um líder; permitem que ele as lidere quando se identificam com seus conceitos, aspirações e expectativas. A essência da liderança é a capacidade de construir e sustentar esse relacionamento, que é interativo e significa troca, influência e persuasão. Liderar é também a capacidade de mobilizar as pessoas na direção de uma aspiração comum, trazendo significado para a vida delas.

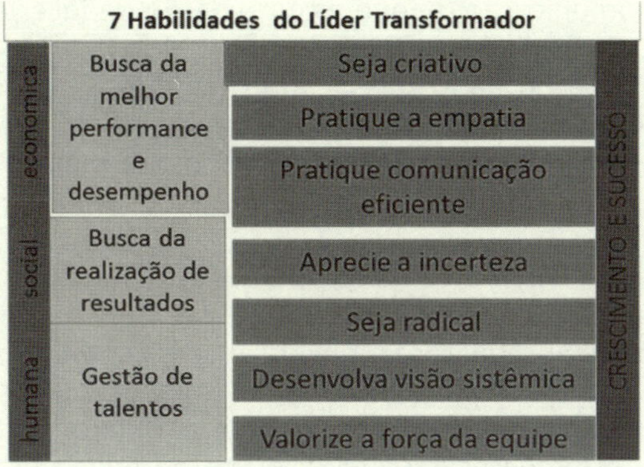

Modelo Liderança Transformadora desenvolvido pela RMP Consultoria de Negócios

Seja Criativo

Desafie continuamente em você e na sua equipe o processo de resolução de problemas e tomadas de decisão.

1. O que não sabemos que não sabemos?
2. O que achamos que sabemos, mas na realidade não sabemos?

Incentive sua equipe a exercitar formas diferentes de resolver problemas. Questione prós e contras de cada forma e de cada decisão tomada. Acompanhe o resultado final. Permita que a equipe expanda sua percepção de realidade e assim tome melhores decisões.

Crie empatia

Desenvolva relacionamento com sua equipe não como executivo, mas como pessoa. Escute cada colaborador, olhe nos seus olhos enquanto conversa, fale com o seu lado mais humano.

Desenvolva a capacidade de lidar com emoções não como uma ameaça ou crítica a você ou a qualquer membro da equipe diretamente, mas como a expressão de sentimentos que podem representar oportunidades de crescimento individual e para a equipe. Evite conflitos na equipe.

Pratique comunicação eficiente

Elimine de sua comunicação com a equipe termos pejorativos, interpretativos, paternalistas ou jargões corporativos que tiram a naturalidade da comunicação. Converse com sua equipe!

Transmita mensagens utilizando histórias ou situações simples, mas que transmitam conteúdo. Conecte-se com sua equipe! Baseia suas histórias, e mensagens, em cocriatividade; evolução pessoal e profissional; desejo de realização, criando espaço para que os membros da equipe possam realizar o seu melhor.

Aprecie a incerteza

Muitas vezes, a incerteza é percebida de forma negativa. O fato é que na incerteza o campo de oportunidades é enorme, pois tudo é possível! Incentive as pessoas a aceitar as coisas como elas são, mesmo quando existirem incertezas, separando fatos das emoções.

Reforce a comunicação de que a combinação de incerteza e desejo cria ambiente para transformação produtiva.

Quando a situação não estiver clara pratique a análise das várias possibilidades e busque conduzir a equipe para a solução mais adequada e alinhada com objetivos aceitos por todos os membros. Obtenha comprometimento da equipe!

Seja radical

Seja radical com membros da equipe quando o assunto for:

Autoconfiança: faça exatamente aquilo que deve ser feito. Se surgirem emoções como insegurança e dúvida encare com naturalidade procure esclarecer os fatos e siga em frente. Responsabilidade: crie e reforce na equipe um modelo de credibilidade. Não permita que sejam criados na equipe comportamentos destrutivos ou desagregadores.

Generosidade: aborde a equipe do ponto de vista de "como posso ajudar?". Dê crédito e reconheça desempenho.

Ter perspectiva do todo: desenvolva na equipe a visão do todo. Mantenha o processo de análise e solução de problemas simples e práticos. Algumas perguntas ajudam a estabelecer foco:

- é bom pra mim?
- é bom para a equipe?
- é bom pra empresa?
- é bom para meus clientes?

Tome a decisão e implemente.

Valorize o espírito de equipe sempre

Acredite e comunique a todos que eles são importantes. As pessoas são fonte de ideias para desenvolver melhoria no processo.

Envolva a equipe em iniciativas, compartilhando evolução do processo e como iniciativas resultaram. Dê autonomia, responsabilidade, cobre resultados e ofereça *feedback*. Deixe-os saber como os integrantes estão evoluindo em seu trabalho, como estão contribuindo.

Inspire os resistentes a transformar sua atitude perante a equipe, convertendo-os em contribuidores e vencedores. Agora, se a resistência continuar, pergunte a elas diretamente onde gostariam de estar e ajude-as a chegar lá!

Existem traços comuns entre verdadeiros líderes. Pesquisas realizadas indicam que as habilidades mencionadas estão presentes em líderes com característica transformacional, enfatizando a "Visão de futuro, capacidade de compartilhar sonhos e de criar significado", inspirado por valores, agindo com justiça e conquistando a confiança da equipe.

Agora, converse francamente com você mesmo e pergunte-se:

Estou desempenhando o papel de líder transformador ou apesar de um discurso moderno e alinhado com essas tendências ainda faço valer, mesmo que de forma disfarçada, o "manda quem pode e obedece quem tem juízo?".
É meu desejo que esta leitura possa contribuir para aprimorar suas habilidades de liderança.

Muito sucesso!

35

Afinal, *Coaching* Funciona?

Neste artigo vamos discutir alguns dos motivos pelos quais a prática de *Coaching* no Brasil ainda não está em nível de excelência, especialmente com foco na oferta enganosa e na qualidade dos profissionais que atuam no mercado

José Aquino

José Aquino

É sócio da Avancorp, empresa focada em transformação humana e desenvolvimento de negócios. Atuou como executivo em empresas dentro e fora do Brasil e nos seus 20 anos de experiência trabalhou e interagiu com pessoas dos mais variados perfis. Com carreira destacada na área de Vendas e grande experiência em liderança de equipes e formação de pessoas, estudou Engenharia na Universidade Federal do Rio Grande do Sul, é *Coach*, Consultor, Palestrante e Instrutor. Certificado como *Life Coach* e *Executive Coach* pela Sociedade Brasileira de Coaching, é *Alpha Analyst* e *Alpha Coach* pela Worth Ethic Corporation, *Master Coach* pelo Center for Advanced Coaching nos Estados Unidos e possui certificações em Neurociência, Psicologia Positiva e diversas áreas do universo de vendas e negócios, muitas delas obtidas fora do Brasil.

Contatos:
www.avancorp.com.br
jose.aquino@avancorp.com.br
(11) 3382-1506

Sempre que começo a escrever um artigo penso no público alvo e no que essas pessoas gostariam de ler. É semelhante ao processo de vendas, todo vendedor precisa entender a necessidade dos seus clientes. Afinal, as pessoas não compram o que o vendedor quer vender, elas compram algo que desejam ou aquilo que satisfaz uma necessidade delas.

Porém, existem situações em que o mercado ainda não sabe exatamente o que comprar e, nesses casos, é preciso que o vendedor auxilie o cliente no processo. Recentemente, o exemplo mais claro que tivemos disso foi Steve Jobs com a Apple, lançando *smartphones* e tablets que as pessoas nem sonhavam serem possíveis e criando um mercado ainda não existente.

Você, caro leitor, deve estar pensando qual a relação disso com escrever um artigo sobre *Coaching*. Eu explico. Ao pensar no que poderia interessar aos leitores, percebi que a probabilidade de oferecer "mais do mesmo" era grande. Isso porque o *Coaching* tem despertado bastante interesse nas pessoas, tanto por parte de quem gostaria de se tornar um profissional, como por parte de quem deseja saber mais sobre o processo.

Esse interesse leva mais profissionais da área a escreverem sobre as características, os modelos de *Coaching*, suas técnicas e resultados. Assim, como este é um livro com a participação de vários autores, como fazer para escrever alguma coisa diferente, a fim de não saturar o leitor?

Refletindo um pouco mais sobre isso, decidi focar em pontos que não são normalmente apresentados. Decidi fazer um contraponto em relação ao que anda sendo publicado em livros, em revistas e na internet.

Com certeza não é uma coisa inédita, mas os temas que vou discutir aqui fogem do padrão. Especialmente porque vou usar esse artigo para questionar os resultados do *Coaching* e a qualidade dos profissionais que temos atualmente.

Coaching funciona?

Em vários casos, a resposta dentro do contexto brasileiro é não.

Quando questionadas, depois de passado algum tempo do processo, pessoas que fizeram *Coaching* informam que gostaram muito do processo em si e que fariam novamente. Em contrapartida, informam que não atingiram os objetivos estipulados e que não se percebem efetivamente mais próximas de alcançá-los.

Por que isso acontece e como resolver essa questão? Além do comprometimento do cliente, outros dois fatores são essenciais para isso:

- Ser realmente um processo de *Coaching*;
- Ser conduzido por um *Coach* competente.

Vamos analisar cada um deles, começando pela questão de ser, ou não, um processo de *Coaching*. O ponto aqui não é entrar nas diferentes definições de *Coaching*, nem dos vários estilos, tais como *Coaching* Comportamental, Sistêmico, Ontológico, entre outros. A questão aqui é mais básica: nem tudo que se vende como *Coaching* é *Coaching*.

O fato é que *Coaching* virou moda. E assim como tantas outras coisas que passaram por isso, há uma tendência de se colocar a "marca" *Coaching* em outras atividades, pegando uma carona no sucesso do processo. Os casos mais comuns estão nas áreas de treinamento e consultoria. Hoje em dia é muito comum vermos instrutores e consultores chamando o que fazem de *Coaching*. Só que um *Coach* jamais fornecerá respostas, desenhará soluções ou ensinará alguma coisa, exatamente o que treinamento e consultoria se propõem a fazer.

E é importante notar que *Coaching* não é melhor que consultoria ou treinamento, são processos distintos e cada um deles é mais adequado dependendo do contexto. Podem, inclusive, ser complementares.

O problema é que por melhor que sejam uma consultoria ou um treinamento, se forem vendidos como *Coaching*, em algum momento no futuro o cliente vai entender como um processo que não funcionou como o esperado.

Se o cliente esperava transformação (propósito do *Coaching*) e recebeu informação, por melhor que essa informação seja e por melhor que tenha sido transferida, mesmo que logo após o processo haja uma percepção do cliente de que tudo foi bem, mais adiante ele terá a sensação de que algo está faltando, de não haver sustentabilidade e desenvolvimento contínuo.

A seguir, vem a questão de o *Coach* ser um profissional competente. E aqui estou falando dos profissionais de *Coaching*, não dos profissionais de outras áreas que oferecem seus mais variados serviços sob o rótulo de *Coaching*.

A verdade é que hoje existe uma carência de *Coaches* qualificados. Talvez seja um reflexo da situação educacional do país, já que é notória a má formação de profissionais em praticamente todas as áreas.

O que vemos atualmente é uma proliferação de treinamentos de *Coaching* que se aproveitam do fato do mercado estar aquecido. Acontece que nem todos possuem instrutores capacitados, metodologia consistente e estrutura adequada.

Muitos treinamentos, inclusive, são criados por pessoas que não conseguiram sucesso atuando como *Coaches* e viram nesse mercado uma alternativa para sobreviver. É o velho ditado: quem sabe faz, quem não sabe, ensina.

É normal vermos situações como turmas com excesso de alunos, cursos de formação com pouquíssimas horas, cursos sem pré-requisito algum para entrar e sem qualquer tipo de verificação de aprendizado ao final.

É evidente que existem boas escolas e que, mesmo em cursos não tão bons, quem faz a formação ter qualidade é o próprio aluno, por meio do seu interesse em se desenvolver. Mas a maioria dos cursos ensina apenas técnicas, ferramentas e roteiros de como se fazer um processo de *Coaching*. E *Coaching* é muito mais do que isso.

Independente do estilo de *Coaching* que vá ser trabalhado, não basta **TER** ferramentas específicas ou **FAZER** um roteiro predeterminado. Um bom *Coach* precisa **SER** um mestre na arte de trabalhar conversas deliberadas, ou seja, conversas intencionais, conversas com propósito.

Coaching nada mais é do que uma conversa intencional, conduzida por um profissional, com o objetivo de criar um ambiente seguro e um contexto propício para que o cliente atinja seus resultados. Um bom *Coach* controla a direção da conversa sem influenciar no que é dito pelo cliente.

O que ocorre é que muitos *Coaches* mal preparados tentam controlar a conversa por meio do uso da informação que possuem. Ou seja, falam sobre *Coaching* com os clientes, ao invés de fazer *Coaching* com eles. Viram instrutores, treinadores.

É natural que uma pessoa aumente a percepção de si mesma ao estudar *Coaching* e queira transferir essa oportunidade para outros. Porém, ao transformar o que deveria ser um processo de *Coaching* em encontros filosóficos sobre conceitos de melhoria e desenvolvimento, qual a contribuição efetiva para os objetivos que o cliente pretendia trabalhar?

O que acontece nesse cenário é que a maioria dos clientes fica com a sensação de que está evoluindo, pois vários *insights* aparecem. A questão é que só informação, sem posterior planejamento e ação, não vai criar desenvolvimento e continuidade. Apenas a transformação faz isso.

No curto prazo, tanto *Coach* como cliente ficam satisfeitos. No futuro, porém, o cliente terá a mesma percepção que teria se ao invés de *Coaching*, tivesse participado de um treinamento, conforme vimos anteriormente.

Para fugir desse processo informativo e tentar controlar a conversa de forma mais eficaz, muitos *Coaches* recorrem a uma técnica muito conhecida e debatida: fazer perguntas. Realmente, fazer perguntas é um dos modos mais eficientes de controlar uma conversa e nesse aspecto as escolas de *Coaching* (assim como as escolas de vendas) são, aparentemente, muito fortes, pois ensinam sobre perguntas abertas e perguntas fechadas, criam categorias e roteiros de perguntas.

Não é ótimo? Basta memorizar algumas dessas perguntas e seu processo de *Coaching* será um sucesso, certo? Na verdade, a questão não é tão simples assim. O que ocorre é que quase todas as escolas pecam em um aspecto: não preparam o *Coach* para fazer a coisa mais importante, que é ouvir, de verdade, as respostas dadas pelo cliente.

Ouvir com atenção e discernimento é muito difícil e *Coaches* mal preparados se perdem no processo. Em geral, começam a fazer perguntas sem objetivo prático, apenas para seguir o manual ou utilizar a lista que estudou.

Ao fazerem isso, aceitam qualquer resposta, permitem que o cliente divague e que a conversa fique cada vez mais longe de ter um propósito. Pode até ser uma conversa agradável e estimulante, mas não vai ser impactante para o objetivo.

O agravante é que muitos *Coaches* percebem que se passarem grande parte do processo fazendo perguntas, atingirão três coisas: sensação de controle, sensação de contribuição e sensação de realização.

Essas sensações levam o *Coach* a se sentir seguro, se sentir ajudando outra pessoa e se sentir bem consigo mesmo. E muitos clientes ficam com a sensação de que algo profundo e poderoso aconteceu, que suas vidas vão se transformar. Ou seja, é a receita para o fracasso do processo.

Novamente, no curto prazo, os dois lados estão satisfeitos. E, mais uma vez, quando questionados após certo tempo, os clientes ficam com a percepção de que os objetivos não foram atingidos. Sentem que passaram por um processo muito bom, recomendariam para outras pessoas, mas não se sentem mais próximos das suas metas.

Vários clientes ainda se culpam por isso, sem perceber que pode apenas ter sido um processo de *Coaching* mal conduzido. Claro que o comprometimento do cliente é fundamental, afinal é ele que vai entrar em ação. Mas se o cliente não estava realmente comprometido, um bom *Coach* não deveria questionar isso e, conforme sua análise da resposta, interromper o processo?

Como resolver?

Não há uma resposta única, não existe uma receita de bolo.

Acredito que com a maturação do mercado teremos uma diminuição no número de profissionais mal qualificados. Clientes aprenderão mais sobre como o processo funciona e como medir resultados, a moda vai passar e os bons Coaches serão reconhecidos.

Provavelmente ainda veremos muitas pessoas que "estão Coaches" por uma circunstância passageira. Muitas delas não possuem experiência em trabalhar com pessoas e imaginam que alguns treinamentos vão prepará-las para atuar de forma profissional nesse mercado. O que não é verdade.

Ocorreu o mesmo com o mercado de consultoria no passado. Pessoas perdiam seus empregos e viravam consultores enquanto não conseguiam outro emprego. Com o tempo, o mercado de consultoria se profissionalizou e hoje não há o mesmo espaço para aventureiros. Até lá, é importante que os bons profissionais não cedam a pressões e não percam de vista seus valores e seus propósitos de vida. E é importante que participem ativamente das discussões sobre o tema, somente assim poderemos criar a necessária consciência sobre o que é *Coaching* e o que não é.

Aos clientes, recomendo que façam o tema de casa e pesquisem sobre o assunto e sobre o profissional que contratam. Contratar um Coach não é diferente de contratar qualquer outro profissional.

O cliente deve questionar e analisar o processo de trabalho que será executado, o valor cobrado, se o perfil do profissional está alinhado com o seu e toda e qualquer variável que faça sentido.

Independente da metodologia de atuação, bons Coaches sabem que o processo deve ser sempre focado no cliente, não importando os seus próprios sentimentos e motivos. Bons Coaches são profundos conhecedores de pessoas e sabem que participar com elas é mais importante do que estarem certos sobre um determinado conceito ou técnica.

Bons Coaches não têm um plano definido e não fazem perguntas apenas para seguir um roteiro. Bons Coaches fazem perguntas para que o cliente escute suas próprias respostas e, com isso, aumente a percepção sobre suas diferentes conversas internas. Conversas que podem ser o grande impeditivo para a sua realização.

Afinal, *Coaching* funciona?

Coaching, quando bem feito e realizado por profissionais competentes, funciona. E traz excelentes resultados. Cabe a nós, profissionais e clientes, trabalharmos para que a resposta a essa pergunta seja cada vez mais positiva.

36

A arte de ouvir na essência

Não existe trabalho de *coaching* se o *coach* não souber extrair todas as possibilidades no processo de comunicação com seu *coachee.* Para isso, saber ouvir é fundamental; nove princípios básicos regem o "saber ouvir na essência"

Luiz Roberto de Paiva Carvalho

Luiz Roberto de Paiva Carvalho

Head Trainer pelo IFT. *Master Coach* pelo IBC. Pós-*Master Practitioner* em PNL pela SBPNL. *Rebirthing* pelo IBRARE. Hipnólogo pela SBPNL. Presidente do Instituto Zeus de Excelência Humana. Administrador pela Universidade de Brasília. MBA em Gestão de Pessoas pela Universidade Gama Filho. Treinador comportamental da Desentupidora Júpiter. Terapeuta – CRT 47.131. E.U. em Psicologia e Saúde Mental pela ESAB. Neurociência pela ECNN.

Contatos:
www.institutozeus.com.br
luizpaivacarvalho@hotmail.com
(11) 99135-5011

Luiz Roberto de Paiva Carvalho

Se, muitas vezes, o processo de *coaching* flui com bastante tranquilidade e com bons resultados logo nas primeiras sessões, em outras se torna, de certa forma, travado, sem grandes avanços e com bastante dificuldade de comunicação junto ao *coachee*.

É evidente que algumas pessoas têm grande facilidade de se expressarem, de exporem seus pensamentos e suas ideias e transmitirem seus sentimentos e onde querem chegar. Isto facilita muito o trabalho do *coach* que canaliza seus esforços para perguntas poderosas sempre bem respondidas e assimiladas por seu *coachee*.

O processo todo se complica quando o *coachee* não consegue se expressar da forma como gostaria; cabe ao *coach*, nestes casos, saber extrair do *coachee* as informações que necessita para poder conduzir o processo com eficiência e eficácia. Perguntas demais, sem um sentido lógico, acabam incomodando o *coachee* e complicando ainda mais o processo.

Para fazer perguntas poderosas, você deve estar totalmente familiarizado com o assunto que está em pauta, com amplo entendimento do pensamento e dos sentimentos do seu *coachee*.

Todo processo de *coaching* envolve mudanças e toda mudança representa deixar nossa zona de conforto rumo ao desconhecido, o que gera estresse e ansiedade; e para que essas mudanças aconteçam com mais rapidez e eficácia, precisamos nos sentir amparados, protegidos e respeitados pela pessoa que está nos guiando.

Mais do que nunca, nestes casos, saber ouvir na essência torna-se uma ferramenta indispensável ao *coach*. Mas, o que inclui completamente esse: "saber ouvir na essência"?

Saber ouvir na essência demanda tempo, muita prática e muita experiência. Podemos definir os nove princípios básicos de saber ouvir na essência:

1 – Ouvir com toda a atenção - no processo de *coaching* devemos estar com toda nossa atenção voltada para aquilo que a pessoa está falando, desde o cumprimento inicial até a despedida, após o encerramento da sessão. Ouvir com toda a atenção é demonstrar interesse real pelo que a pessoa está nos falando. É estar atento aos detalhes de cada situação apresentada, à unicidade de cada problema e suas sutilezas. Só assim haverá interação entre as partes, e a conversa fluirá com desenvoltura. Imagine, por exemplo, que você está contando um caso de sua vida para uma pessoa e essa pessoa olha para o relógio enquanto você fala! Que pensamentos virão em sua mente? Onde está focada a atenção dessa pessoa? Ouvir com toda a atenção é demonstrar respeito, dignidade e interesse pela pessoa que está falando; é ouvir com o coração.

2 – Observar os gestos, o tom da voz e demais detalhes - no processo de comunicação, as palavras representam a menor parte daquilo que a pessoa está transmitindo. Segundo estudo feito por Mehrabian e Ferris, em 1967, nos EUA, as palavras representam 7% do total de uma comunicação; 38% da comunicação é representada pelo tom, pelo ritmo e pela intensidade da voz, restando 55% para postura, gestos e expressões faciais. Isso significa que O QUE a pessoa diz representa 7% e COMO a pessoa diz, representa 93% da comunicação. Tem que haver congruência entre as palavras que a pessoa está pronunciando e aquilo que o seu corpo está comunicando, seja pelo tom, ritmo e intensidade da voz ou pela sua postura, gestos ou expressões faciais. Mantenha atenção a cada detalhe e a cada mudança de comportamento conforme a conversa vai se desenrolando. O que dizem os ombros, as mãos, os olhos, a expressão facial, o tom da voz e outros detalhes observáveis? Questione mudanças observadas, quando conveniente.

O movimento dos olhos diz muito de uma pessoa; de uma forma geral, as pessoas costumam olhar para o lado direito quando estão construindo um pensamento e para o lado esquerdo quando estão buscando lembranças. Olha para o alto quando está buscando imagens, no nível médio está buscando sons e, quando olha para baixo, está buscando sentimentos, odores ou sabores. Observe seu *coachee*, mesmo que ele tenha comportamento diferente do exposto, aos poucos você irá se acostumando com seus movimentos oculares e compreendendo melhor a sua maneira de pensar, pois as pessoas costumam agir sempre da mesma forma. Ouça sempre, olhando nos olhos da pessoa que está falando.

3 – Eliminar o diálogo interno - muitas vezes, uma simples palavra ou frase dita pelo *coachee* nos conduz a pensamentos totalmente diferentes e distantes. Além disso, sempre queremos ter pronta uma resposta, um comentário ou ainda uma pergunta, para que a utilizemos assim que a pessoa termina de falar. Isso intensifica nosso diálogo interno, em tempo paralelo à conclusão do assunto que a pessoa está nos expondo, fazendo com que, muitas vezes, deixemos de ouvir a parte mais importante que a pessoa queria nos transmitir; desperdiçando trechos relevantes de informação. Mesmo que ao final da explanação da pessoa precisemos de algum tempo de meditação para formular o que iremos falar, temos que eliminar nosso diálogo interno e nos atentar para aquilo que a pessoa está falando.

Além disso, um pequeno intervalo entre a pessoa terminar de falar e o início de nossa fala, permite à pessoa que ela complete algum raciocínio que tenha ficado incompleto. Só podemos realmente ouvir outra pessoa se conseguirmos silenciar nosso ruído interno. Numa mente ocupada não cabem novas informações, assim como numa xícara cheia não cabe mais líquido; esvazie sua mente para ouvir.

4 - Ouvir as palavras por trás das palavras - muitas vezes não falamos exatamente aquilo que queremos falar e ficamos mentindo para nós mesmos, tentando nos convencer daquilo que estamos falando; ou fazendo devaneios para não chegar ao ponto que incomoda. Um bom ouvinte saber interpretar a mensagem que está contida por trás das palavras que estão sendo pronunciadas. O *coachee* está realmente pensando e sentindo o que está falando, ou está querendo convencer a si mesmo?

Outra situação normal que acontece no processo de *coaching* é o *coachee* sentir-se deprimido ou depreciado e não conseguir enxergar suas próprias capacidades e habilidades, que acaba expondo entre uma conversa e outra sem perceber. Escutando essas palavras ocultas na explanação do *coachee*, o verdadeiro *coach* consegue destacá-las e evidenciar para seu *coachee* que ele realmente possui tais capacidades, habilidades e potencialidades. Por exemplo: o *coachee* está dizendo que não consegue executar uma determinada tarefa, pois lhe falta capacidade para tal, mas durante a explanação acaba citando uma situação em que consegue realizá-la, mas não se dá conta disto. Cabe ao *coach* destacar o que ela acabou de dizer.

5 – Suspender crenças pessoais - Durante todo o processo de *coaching* devemos nos dissociar de nossas crenças e nossos valores. O que está em discussão e que deverá ser levado em consideração são as crenças e os valores do *coachee*. Muitas vezes, uma crença pessoal bloqueia, em nossa mente, o que o *coachee* está transmitindo e distorce a informação recebida. Outras vezes, por nossas crenças pessoais, acabamos transmitindo por expressões faciais, desaprovação ao que o *coachee* está explanando, causando-lhe um bloqueio ou uma mudança de direção. É muito comum compararmos uma situação da pessoa ao nosso referencial mental. Não estamos no papel de juiz para avaliar o que é certo ou errado; queremos guiar nosso *coachee* para que atinja seu estado desejado. Nossas crenças e valores não estão em questão e não servem de parâmetro para os objetivos desejados pelo *coachee*, dissocie-se delas durante toda a sessão. Devemos ouvir a pessoa aceitando-a como ela é, com suas crenças e valores, suas virtudes e defeitos, sem preconceitos ou prejulgamentos.

6 – Controlar a ansiedade - a ansiedade nos faz antecipar o final de uma explanação ou uma história e já buscamos uma continuidade, baseados naquilo que antevemos. Para quem está falando, é negativo observar que a pessoa que está ouvindo demonstra ansiedade pela conclusão.

Reflita quantas vezes nos dirigimos a uma pessoa para pedir alguma informação e recebemos uma resposta antes mesmo de terminar de formular a pergunta, e a resposta demonstra que a pessoa não nos entendeu? E como nos sentimos quando isso acontece? Nada mais desagradável do que a pessoa que toma a palavra de outra e conclui seu raciocínio, normalmente de forma incorreta.

Deixe a pessoa falar, acompanhe passo a passo o que está sendo dito, não se antecipe e não queira adivinhar o final da história; a ansiedade nos tira a concentração e impede a observação dos demais detalhes que ocorrem em paralelo.

7 – Ter visão sistêmica - ter sempre a visão do TODO e não apenas das PARTES. Com visão sistêmica, sabemos que quando alteramos alguma atitude ou comportamento, essa alteração reflete em outras áreas diferentes e provoca mudanças que nem sempre são as desejadas. Ouvir com visão sistêmica significa compreender o que cada palavra e cada explanação têm a ver com toda a situação presente do *coachee* e com seu estado desejado. Ouvir com visão sistêmica significa buscar congruência entre os objetivos e atitudes do *coachee*. Não basta juntar algumas partes para se obter o todo; muitas vezes precisamos encontrar as peças que faltam para conseguir montar completamente um quebra-cabeça. Ao ouvir seu *coachee* procure analisar a situação toda com todos os aspectos envolvidos, expandindo seu campo de observação.

8 – Compartilhar sentimentos - quando a pessoa com quem estamos conversando não demonstra sentimentos, acaba criando uma barreira que também limita nossa própria explanação de sentimentos. Temos que criar um vínculo efetivo com nosso *coachee* para que seus sentimentos fluam com naturalidade. Temos de sentir desejo de estar com a pessoa e a pessoa sentir desejo de estar conosco. A esta empatia damos o nome de *rapport*, onde criamos um clima de confiança e de harmonia que gera uma energia positiva que libera os sentimentos mais ocultos e mascarados, pois nos sentimos acolhidos e protegidos. Você não deve trazer para si os problemas do *coachee*, mas deve compartilhar seus sentimentos e emoções para criar um campo de energia onde um sente o que o outro sente, dando vazão a uma energia de conexão e exposição. Compartilhando sentimentos, criamos uma conexão que nos permite penetrar profundamente na pessoa e compreender que ela é, o que ela precisa e o que ela deseja.

9 – Confirmar se o que entendeu é o que foi dito - o verdadeiro resultado da comunicação é o que o receptor entendeu, mas nem sempre isto corresponde àquilo que o comunicador quer transmitir. Para que não existam dúvidas sobre o que se quis comunicar e o que foi recebido, devemos repetir alguns raciocínios ditos pelo *coachee* em forma de recapitulação, para que fiquem bem claros os pontos essenciais. Desta forma, repita de forma resumida os fatos principais que foram ditos pelo *coachee*, com ênfase nos pontos que você deseja destacar. Por exemplo: "então você está me dizendo que quer trocar de emprego porque anda descontente, mas tem receio de não se adaptar numa nova empresa?". Recapitulando o que foi dito pelo *coachee*, não restam dúvidas entre o que foi dito e o que foi compreendido.

Respeitados esses nove princípios, podemos nos considerar verdadeiramente como bons ouvintes e teremos grandes possibilidades de excelente aproveitamento das sessões de *coaching*.

No processo de *coaching*, você deve ir para uma sessão com a cabeça e os ouvidos abertos e sem uma solução pronta no bolso, deixe fluir a sessão ouvindo na essência, as perguntas e respostas surgirão automaticamente. Lembre-se que só aprendemos quando ouvimos; ao falar, apenas expomos o que já sabemos.

Todo ser humano deseja e precisa ser ouvido na essência. Muitas vezes, a maior ajuda que podemos dar a uma pessoa é escutando-a atentamente. O simples fato de desabafar traz um alívio imediato ao nosso estado emocional. Quantas pessoas vão a um médico e já se sentem melhor logo após a consulta, antes mesmo de tomar qualquer remédio? Quantas pessoas se consultam com psicólogos apenas para ter alguém que os ouça?

Ouvindo na essência, ajudamos a pessoa a organizar seus sentimentos, superar suas contradições, focar suas metas e atingir seus objetivos.

37

A Linguagem no *Coaching* *História e Importância da linguagem*

A linguagem, como se apresenta nos dias de hoje, é uma arte, lapidada a partir das inúmeras modificações ocorridas ao longo dos anos.
Ela nos permite criar tanto, a ponto de transformá-la em uma ferramenta mágica.
A linguagem usada no processo de *Coaching* é uma linguagem diferenciada, pois tem o poder de extrair do Cliente toda a sua potencialidade. É uma linguagem respeitosa, que parte do princípio de que o Cliente tem todas as respostas. Dá ao Cliente a autonomia para descobrir seu próprio caminho

Madalena Junqueira

Madalena Junqueira

288

Master Coach, Metaforum Internacional (ALE). *Coach*, ICI-Integrated Coaching Institute, certificação internacional reconhecida pelo ICF -International Coaching Federation. *Business Coach*, Metaforum International (ALE). *Professional Coach*, Pro-Fit, com Eliana Dutra (RJ). *Trainer* em PNL, com certificação Internacional, Metaforum (ALE), e institutos IANLP (ALE), DVNLP (ALE), Society of NLP (EUA). *Trainer* e *Master Practitioner* em PNL, formação na Synapsis, São Paulo, atuando na PNL desde 1996. Treinada pessoalmente por renomados profissionais de *Coaching* e de PNL. Formada em Língua Portuguesa (e Linguística) pela Universidade de São Paulo.

Contatos:
www.institutovialux.com.br
madjl@institutovialux.com.br
(11) 5083-3992 / 98181-2603

O ser humano é o único ser vivo que se expressa por meio da linguagem, da forma que a conhecemos nos dias atuais. Será que sempre foi assim?

A linguagem é a mensagem que expressa um pensamento, ou sentimento, por meio de palavras, e desempenha um papel fundamental em todas as manifestações de nossa vida, pois é com a sua utilização que o ser humano transmite suas experiências e sentimentos.

A linguagem foi um fator determinante para a evolução da espécie humana e surgiu nos primórdios de nossa existência. Ela é uma das ferramentas mais importantes que o ser humano conquistou ao longo dos tempos, que o tornou capaz de se desenvolver e aprender sobre si próprio e sobre o mundo ao seu redor.

Não seria possível a organização dos seres humanos em sociedade sem a linguagem e vice-versa. Isso indica que a linguagem e a vida em sociedade devem ter surgido praticamente ao mesmo tempo.

A linguagem humana evoluiu e sofreu modificações ao longo da história, até chegar ao seu estágio atual, e talvez possa vir a ser diferente no futuro, não só pelo avanço da tecnologia, mas também pelas mudanças de hábitos e costumes, pelas inovações do mundo moderno, pelas gírias, regionalismos, neologismos, novas descobertas sobre o mundo e principalmente sobre o próprio ser humano.

A origem da linguagem

Desde quando o homem fala? Talvez nunca possamos saber com certeza. Supõe-se que a linguagem, começou a desenvolver-se por volta de 1,5 milhão de anos atrás, com o Australopiteco, ou "macaco-homem".

O estudo dos fósseis faz supor que esse primeiro hominídeo já se comunicava por meio de sinais sonoros intencionais e não de gritos automáticos, como seus ancestrais zoológicos. Era o primeiro passo para a verbalização da linguagem.

Há 1 milhão de anos teve início uma fase decisiva na elaboração da fala: o Homo Erectus ensaia suas primeiras palavras. Mas é como Homo Sapiens Sapiens que o homem completou, por volta de 40 mil anos atrás, a conquista definitiva da linguagem.

O filósofo Jean-Jacques Rousseau (1712-1778) supôs que a linguagem humana teria evoluído gradualmente, a partir da necessidade de exprimir os sentimentos, até formas mais complexas e abstratas. Para Rousseau, a primeira linguagem do homem foi o "grito da natureza", que era usado pelos primeiros homens para pedir socorro no perigo ou como alívio de dores violentas, mas não era de uso comum.

"A linguagem propriamente dita só teria começado quando as ideias dos homens começaram a estender-se e a multiplicar-se, e se estabeleceu entre eles uma comunicação mais íntima; procuraram sinais mais numerosos e uma língua mais extensa; multiplicaram as inflexões de voz e juntaram-lhes gestos que, por sua natureza, são mais expressivos e cujo sentido depende menos de uma determinação anterior". (Jean Jacques Rousseau, "Discurso sobre a Origem e os Fundamentos da Desigualdade entre os Homens").

Há quem acredite que a linguagem gestual precedeu a linguagem falada. A necessidade de combinarem certos gestos para coordenarem suas ações durante as caçadas ou fugas de outros animais levou os homens a desenvolverem esses gestos comuns.

O poder da linguagem

As palavras têm o poder de evocar imagens, sons e sentimentos, como sabem muito bem os poetas e os publicitários. Podem iniciar ou terminar relacionamentos, aproximar ou separar as pessoas, consertar situações variadas, destruir relações diplomáticas, provocar brigas e guerras, e muito mais.

Cada pessoa vivencia o mundo de uma maneira muito específica. As palavras **não têm um sentido inerente,** como fica claro quando ouvimos uma língua estrangeira que não compreendemos. Damos sentido às palavras por meio de associações ancoradas a objetos e experiências no decorrer da nossa existência. Nem todas as pessoas veem os mesmos objetos ou têm as mesmas experiências.

Como sabemos que compreendemos outra pessoa? Quando damos significado às palavras que ela usa — nosso significado, não o significado dela. E não há garantia de que esses dois significados sejam iguais.

Como damos sentido às palavras que ouvimos? Como escolhemos palavras para nos expressarmos? E como as palavras estruturam nossas experiências? Estamos chegando ao cerne da parte linguística da PNL.

A linguagem não consegue acompanhar a velocidade, a variedade e a sensibilidade de nosso pensamento. Chega, no máximo, a uma aproximação.

Um orador terá uma ideia completa e plena daquilo que deseja dizer — o que os linguistas chamam de **estrutura profunda**, que é inconsciente.

A linguagem existe num nível muito profundo da nossa neurologia, como se houvesse um imenso dicionário interno. Encurtamos essa **estrutura profunda** de maneira a poder falar claramente, e o que dizemos é chamado de **estrutura de superfície**. Se não reduzíssemos essa estrutura profunda, escolhendo as palavras, a conversa seria muito longa e pedante.

Para passar da estrutura profunda à estrutura de superfície, fazemos três coisas inconscientemente: **omissão, distorção e generalização.**

A **omissão** ocorre quando selecionamos apenas parte da informação disponível na estrutura profunda, omitindo parte da informação recebida. É ela que, por exemplo, nos permite prestar atenção no que uma pessoa está dizendo e ignorar todos os demais sons existentes num local de muitos ruídos.

A **distorção** é uma versão simplificada do fato, que inevitavelmente implicará uma distorção do significado. Isso é frequente nos casos de malentendidos, em que uma pessoa disse ou fez uma coisa e a outra pessoa percebeu algo completamente diferente. Ou também nas chamadas "fofocas", em que um fato é aumentado ou deturpado.

A **generalização** consiste no fato de que, ao recebermos uma informação, temos a tendência de generalizá-la para outros contextos. É ela que nos permite aprender, por exemplo, a andar de bicicleta e a partir desta aprendizagem generalizar para outros tipos de bicicleta. Ou dirigir automóveis.

A generalização também acontece nos casos de preconceito. Por exemplo, se uma pessoa teve uma experiência negativa com um indivíduo de determinada raça, religião ou nacionalidade, poderá generalizar achando que todos os indivíduos semelhantes, são iguais.

O Metamodelo de Linguagem

O Metamodelo de linguagem foi criado por Richard Bandler e John Grinder, em meados dos anos 70, e utiliza perguntas para preencher as lacunas das omissões, distorções e generalizações, existentes na comunicação, com a finalidade de revertê-las.

Na medida em que se vai questionando, vai-se modificando o mapa mental da outra pessoa, que é obrigada a completá-lo, a preencher suas lacunas, a atualizá-lo, para ter outro tipo de representação cerebral, que por sua vez levará a um resultado comportamental diferente.

O Metamodelo compreende um conjunto de instrumentos com os quais se pode construir uma comunicação melhor. As perguntas são sobre "o que", "como" e "quem", em resposta à comunicação do emissor.

Alguém experiente no uso do Metamodelo percebe essas lacunas, que o emissor provavelmente não percebe conscientemente.

Um dos elementos chaves do *Coaching* é a CONSCIÊNCIA.

As perguntas são as maiores geradoras de consciência e também de responsabilidade.

Fazer perguntas fechadas impede as pessoas de pensarem, portanto, deve-se fazer perguntas abertas, que as leva a pensarem por si mesmas.

Consciência e responsabilidade aumentam mais quando se pergunta, ao invés de ordenar algo.

A linguagem no *Coaching*

A linguagem, como se apresenta nos dias de hoje é uma arte, lapidada a partir das inúmeras modificações ocorridas ao longo dos anos.

Da forma como ela é atualmente somos capazes de elaborar textos requintados, pensamentos muito bem elaborados, música, poesia, enfim, brincar com as palavras. Ela nos permite criar muito mais do que os nossos ancestrais, a ponto de transformar a linguagem em uma ferramenta mágica, que possibilita descobertas e consequentes mudanças, se for bem usada e aplicada no momento certo.

A linguagem usada no processo de *Coaching* é semelhante ao metamodelo da PNL, que utiliza perguntas abertas. É uma linguagem diferenciada, pois tem o poder de extrair do Cliente toda a sua potencialidade. É uma linguagem respeitosa, que parte do princípio que o Cliente tem todas as respostas, que ele sabe o que quer e que ainda não descobriu essas respostas porque não havia colocado um foco nelas.

Utilizando técnicas de perguntas abertas, o *Coach* conduz o Cliente a um caminho onde as respostas emergem naturalmente e essas perguntas são elaboradas a partir das escolhas do Cliente e das respostas que ele der a cada pergunta feita.

As respostas do Cliente são a orientação que o *Coach* precisa para elaborar a próxima pergunta, sempre respeitando o princípio de que a resposta deve vir do Cliente. As informações que surgem nas respostas, geralmente são inconscientes, isto é, estavam dentro do inconsciente, pois nem mesmo o Cliente tinha conhecimento delas. Ou melhor, conhecimento consciente, pois elas estavam guardadas lá dentro, esperando o momento de saírem.

Perguntas são hipnóticas, pois fazem com que as pessoas, mesmo sem querer responder, busquem as respostas.

Realmente, o *Coach* não sabe o que é bom para o Cliente e nem o que é mais adequado para ele. O *Coach* não conhece toda a vida do Cliente, portanto, não sabe qual deve ser sua escolha. Não é adequado fazer aconselhamento, uma vez que a escolha é sempre o Cliente.

Um *Coach* capacitado e bem treinado raramente sugere ou prescreve soluções.

Caso você, como *Coach*, se sentir tentado a sugerir algo, faça isso de uma maneira sutil e indireta, pois a responsabilidade da escolha do que precisa ser feito deve ser sempre do Cliente.

Ao invés de "cair na tentação" de aconselhar, o *Coach* pode se utilizar de metáforas, histórias, casos, contos, piadas (com cuidado), entre outros.

Aristóteles considerava a metáfora um sinal de genialidade, acreditando que o indivíduo que teve a capacidade de perceber semelhanças entre duas áreas separadas, e vinculá-las, era uma pessoa de dons especiais.

Com o pensamento metafórico, você muda sua estrutura de referência e faz uma conexão entre o problema e algo mais. Usemos como exemplo seu desejo de aumentar a sua produtividade pessoal no trabalho. O problema poderia ser descrito assim: "de que maneira eu poderia me tornar mais produtivo no trabalho? "Que ideias as seguintes perguntas metafóricas trariam para solucionar o problema?

- Que animal é como o seu problema? Por quê?
- Como seria um *iceberg* como uma ideia que pode ajudar a resolver o problema?
- Se o problema fosse uma relva, o que as ervas daninhas seriam? Como você poderia removê-las?
- Como poderia o latido de um cão ajudá-lo a resolver seu problema? De que forma você pode ouvir o problema? O que soa como? O que mais soa assim?

A linguagem usada pelo *Coach* é que vai fazer com o que o Cliente descubra suas respostas e, no momento em que percebe isso ele se sente valorizado, competente, capaz. Além de trazer as respostas certas, esse é um dos resultados mais importantes do processo de *Coaching*. O sentimento gerado no Cliente é fundamental para que ele tenha confiança no *Coach* e no processo do qual está participando.

Esse processo começou quando Timothy Gallwey escreveu o livro "O Jogo Interior de Tênis", em 1974. Neste livro ele diz que existem dois jogadores: o interior e o exterior.

Para que o jogo seja um sucesso é necessário que os dois atuem juntos. O exterior é o consciente, que sabe as regras do jogo. O interior é o inconsciente, que aprende o movimento e depois o executa com precisão.

Segundo Timothy Gallwey, o treinador do jogo de tênis, ao invés de ensinar, deve ajudar o esportista a destravar o seu potencial, suas energias e assim jogar muito melhor.

Fazendo uma analogia entre a maneira inconsciente de jogar, foi criado o estilo de *Coaching*, como conhecemos hoje. Extrair do inconsciente as respostas e deixá-lo executar o trabalho é o espírito do *Coaching* que fazemos hoje. A partir desta descoberta de Gallwey, John Whitmore trouxe essa prática para o mundo corporativo assumindo-a como uma competência para gestores, no livro "Coaching Para Performance", John Whitmore, 1982.

Exemplos de Linguagem usada no *Coaching*:

Patroa e cozinheira

P: - Por favor, prepare o jantar para quatro convidados.
C: - Não temos quase nada na geladeira.
P: - O que temos?
C: - Somente batata e ovos.
P: - O que é possível fazer com batata e ovos?
C: - Pouca coisa, talvez uma maionese ou suflê. Talvez uma torta.
P: - Então já temos três possibilidades. Pode escolher uma delas.

Patrão e secretária

P: - Preciso falar com fulano.
S: - Não consegui encontrá-lo na empresa, nem no celular.
P: - Existe outra maneira de encontrá-lo?
S: - Sim, já liguei até para sua residência.
P: - O que mais você poderia fazer para encontrá-lo?
S: - Não sei. Talvez. Falarei com o pessoal de sua equipe.

Cliente e taxista

T: - Para onde vamos?
C: - Bairro tal.
T: - Quer escolher o caminho?
C: - Sim. Qual é o melhor caminho?
T: - É melhor pelas avenidas; não tem farol e o trânsito flui mais.
C: - Então vamos pelas avenidas.

38

Mudar Vale A Pena

Chegar longe na CARREIRA é uma decisão sua!
Aos atolados, embaçados, enrolados e postergadores anônimos – essa é a chance da conscientização, mudança de hábitos, atitude e, consequentemente, de CLUBE!

Marcela Buttazzi

Marcela Buttazzi

Fundadora e Sócia diretora da MB Coaching, *Coach*, Especialista em Carreira, Analista Quântica e Docente na área de Humanas e cursos de Qualificação Profissional; Estudante de Psicologia, Administradora de Empresas, pós-graduada em Psicologia Geral nas Organizações e MBA em Gestão Empresarial. Atua com Orientação de Carreira/Vocacional, Recolocação Profissional, *Coaching* de Vida e Avaliação Comportamental. Coautora dos livros Manual Completo de Coaching, Ser+ em Gestão de Pessoas, Ser+ com Saúde Emocional e Ser+ com Equipes de Alto Desempenho, todos pela Editora Ser Mais.

Contatos:
www.mbcoaching.com.br
www.mbtvcoaching.blogspot.com
contato@mbcoaching.com.br / coachmbuttazzi@gmail.com
Facebook: MB COACHING
Twitter: @mb_coaching
(11) 4314-3480 / (11) 99201-7997

Quem não quer trazer para sua vida a energia da renovação e do positivismo para conquistar os seus sonhos e planos? Entretanto, mas, contudo, porém é preciso aprender a sair da areia movediça em que se encontra... **Eu sou um atolado anônimo ou conheço alguém com este perfil bem perto de mim?** BEM-VINDO AO CLUBE, mas quero mudar este cenário.

Neste artigo você vai conferir um guia prático e racional de como mudar em três meses, sem precisar mudar de vida ou se tornar outra "pessoa" e, sim, **ser simplesmente VOCÊ!**

Primeiro Mês

1. CONSCIENTIZAÇÃO - Admitir e pontuar o que é preciso. Mudar e angariar as ferramentas para esta decisão. Como você, o restante da humanidade, uma hora ou outra sempre empaca em uma ou outra questão ao longo da vida. PORTANTO, OBSERVE O QUE ESTÁ ACONTECENDO A SUA VOLTA.

2. FOCO - Uma das coisas que nos impedem mudar **é a ideia de que é preciso trocar tudo**. Ex: Trocar o companheiro, se isolar, mudar para outro país, ou seja, "nascer de novo". Eis a questão, você só precisa de conscientização, FOCO e ação para ter uma vida nova, diferente. **Pode ser que mudando uma coisa, sua vida mude muito.** Faça uma lista das pequenas mudanças e tome as providências. E comece AGORA a saborear o gosto das mudanças. Apenas feche os olhos e sonhe com o que deseja...

3. AÇÃO – Tudo vale, do pequeno gesto à mudança de hábito, ao adeus a famosa rotina...Tudo vale para levantar onde a questão incomoda: *Coaching*, terapia cursos livres, iniciar uma faculdade, pós graduação, mestrado, doutorado, trabalhos corporais, aprofundamento no caminho espiritual, curso de idiomas, intercâmbio etc. Cuidar do corpo, do espírito e da mente também é essencial para promover mudanças. Comece a passar para o concreto tudo o que decidiu fazer, com disciplina. Escreva as metas no papel, marque consultas, encontros, faça agenda, pesquise, sonhe e planeje.

4. RESULTADO – Você já fez uma série de conquistas, colocou seus planos no papel e agiu. Se entregue e acredite no que está construindo. Despertar forças internas, superiores e nos conectar a um princípio espiritual pode ser outro passo vital no processo de mudança.

5. MELHORIA CONTÍNUA - "FÉ EM DEUS e PÉ NA TÁBUA", de acordo com Liane Alves na reportagem Mudanças a Caminho, da Revista Simples, publicada em setembro/2012.

Segundo Mês

Antes de gerir outras pessoas na vida pessoal ou no trabalho, é preciso estar bem com "nós mesmos" **e este é o grande desafio do dia a dia para viver com plenitude e compartilhar a felicidade com o próximo.** Por quê? Neste nível de evolução o indivíduo trabalha com prazer, convive em sociedade com respeito e tolerância e viver por um mundo melhor. Consequentemente o dia a dia desta pessoa muda gradualmente, pois atrai coisas, acontecimentos e pessoas boas, ou seja, você VIVE com leveza, otimismo, carisma e **a dose certa de felicidade diária.** Neste momento, entra o conceito de **Leader Coach,** seja líder de você mesmo, viva pelos seus ideais, saiba onde está, aonde quer chegar e tenha o comando da sua vida nas mãos. Reflita sobre a história que está escrevendo... Você está com o botão do piloto automático ligado? Sim, acho que sim... Está deixando tudo para depois...? Por que não incluir seus sonhos dentro da sua rotina?

Viver BEM, sem reclamação e qualquer justificativa é a meta e ponto final. Possível ou impossível? Parece coisa de outro mundo ou leitura de autoajuda, mas garanto que quem já passou por esta mudança de consciência, **encara e administra a vida com uma alegria infinita... Vamos pensar juntos:** Quem da minha família ou do meu círculo de amigos "parece que não tem tempo ruim, ou que tem o casamento perfeito ou nunca está cansado (a)"? Isso mesmo lembre-se desta pessoa, **ela é um exemplo que você pode se tornar com seus próprios ajustes!** "Nossa, mas eu não consigo nem pagar minhas próprias contas? Todo mundo decide o que vou fazer, ou faço o que a maioria escolhe, sou uma pessoa tranquila..." **Maria vai com as outras, até quando?**

Terceiro mês

"Meu gestor é fraco, não aguento meu trabalho, a empresa não investe em mim, o ambiente da empresa é muito competitivo, não nasci para isso, quero um chefe melhor, tenho medo de perder o emprego"... Onde está você dentro da sua CARREIRA? Chegou a hora de MUDAR! **Não espere que as atitudes e fatos aconteçam provenientes dos outros,** inclusive porque a vida produtiva profissional dura em média 20-30 anos, sendo 10 anos de plena ascensão. Para a mudança acontecer, **acredite nela e em você**, como pessoa, profissional, membro da família, do grupo de amigos, da sociedade que faz parte!

Qual é o segredo?

Seja líder todos os dias por cinco minutos, escolha o que tem vontade de comer, vestir, tenha ideias, planeje novos caminhos e assim, consequentemente, logo sentirá que o que desejou está acontecendo... No primeiro momento é uma sensação estranha, chegamos a desconfiar, mas depois que "degusta deste novo jeito de sentir a vida", você não olhará mais para trás e compartilhará desta incrível sensação... **YES!**

Invista em você, tenha disciplina e experimente por 90 dias este conceito!

BEM-VINDO AO NOVO!
SUCESSO SEMPRE!

39

A mudança de paradigmas na liderança moderna

Nos dias de hoje, ninguém é capaz de saber a real dimensão dos desafios que as empresas enfrentarão nas próximas décadas, mas sabem que haverá muitos desafios e que serão necessários líderes e equipes cada vez mais preparados e comprometidos com o sucesso do negócio

Marcelo Andrade

Marcelo Andrade

Especialista em Gestão de Projetos na área de TI e Liderança de Equipes, fundador da Marcello Andrade Coaches Associados, *Coach* com formação pelo IBC - Instituto Brasileiro de Coaching, com quatro Certificações Internacionais (BCI, GCC, IAC e ECA), com ampla experiência em atendimentos de processos de *Life Coaching*, *Professional, Executive e Business Coaching*. *Master Practitioner* em PNL (Programação Neurolinguística), *trainer* e palestrante comportamental e Analista de Perfil Comportamental *Assessment*.

Contatos:
www.marcelloandrade.com.br
coach@marcelloandrade.com.br

Se você tratar as pessoas como elas são faremos elas piores. Se você tratar as pessoas como elas deveriam ser tratadas, você ajudará para que elas se tornem o que elas são capazes de se tornarem.
(Goethe)

A dinâmica do dia a dia no trabalho está cada vez mais competitiva e estressante. Essa competição acelerada deixa menos espaço para as empresas seguirem modelos inflexíveis de gerenciamento e é preciso desafiar seus líderes e colaboradores a se tornarem mais flexíveis e organizados para planejar, controlar, motivar e transformar constantemente o seu estilo de trabalho para alcançarem os resultados esperados.

O nosso conceito cultural sobre liderança foi moldado nas guerras e batalhas militares. Para muitas pessoas, quando se fala em líder, ainda vem à mente a posição do general levando sua tropa a combater o inimigo, fortalecendo o paradigma de "comando e controle", representado pela figura do "chefe".

Imagine esta empresa. Em um departamento, ela tem um chefe que diz para as pessoas o que elas devem fazer e espera que elas obedeçam. Esse chefe não está interessado em seu pessoal, eles são somente um meio para atingir um propósito – obter resultados. Ele não os ajuda a relacionarem o que fazem com a visão da empresa, e não está interessado no que é importante para essas pessoas. O seu lema é "ou é do meu jeito ou não é de jeito nenhum".

Ele tem autoridade, mas, por mais estranho que possa parecer, as pessoas frequentemente parecem encontrar desculpas para não fazerem o que ele manda. As pessoas de seu departamento são infelizes e estão com seus trabalhos atrasados. Quando as coisas ficam atrasadas, ele reage fazendo mais do que já está fazendo.

O chefe ainda existe em organizações que não precisa, ou não querem ser eficientes, normalmente do setor publico ou familiares, onde os privilégios pessoais são mais importantes que projetos de longo prazo, planejamento estratégico, padrões de qualidade e outras baboseiras como estas.

Felizmente, este tipo de comando começa a ser extinguindo muito rapidamente porque seus métodos simplesmente não funcionam.

Em empresas de gestão familiar que atuei, pude perceber na maioria delas é que o "dono" fundou o negócio e o fez prosperar praticamente sozinho e, com o passar dos anos, a empresa cresce e chega a hora de tomar uma nova dimensão de qualidade e eficiência. O executivo tem de começar a delegar responsabilidades a outros colaboradores. É quando geralmente inicia um conflito pautado pela confiança, ou a falta dela.

Como até o momento esse executivo esteve à frente de todas as ações e decisões, ele acredita que ninguém será capaz de fazer tão bem quanto ele, ou pior, estabelece uma crença de que todos tentarão prejudicar os seus negócios ou passá-lo pra trás.

Como defesa, iniciam-se algumas ações de "sabotagem", aonde vai desde omitir informações aos subordinados e imprimir uma cobrança muitas vezes exagerada e desnecessária, até criar situações em que coloca seus colaboradores em uma rota de colisão aos interesses da empresa, reafirmando, assim, sua crença de que só ele tem competência suficiente para executar as tarefas.

Mas o que são crenças? Segundo a Programação Neurolinguística, crenças são significados sobre fatos, pessoas, coisas ou situações que se generalizam como sendo uma verdade para cada um de nós. Um ponto importante é que, sendo grandes generalizações, todas as crenças, por consequência, são limitantes em algum momento, mesmo aquelas que gostamos muito.

É claro que existe uma intenção positiva por trás destes comportamentos, geralmente o executivo quer se sentir útil e faz de tudo para que a última palavra ou ação seja dele. A maioria das pessoas tem dificuldade de reconhecer que existem outras maneiras que não a sua de executar determinadas tarefas. Entendo que seja importante estar a par de tudo que acontece na empresa e se afirmar, afinal, ele apostou alto para que alguém a destrua.

Por outro lado, faz sentido que querer fazer tudo sozinho estará apenas se sobrecarregando e os resultados serão cada vez menores, pois haverá cada vez menos energia e tempo para realizar o que é necessário para o crescimento da empresa?

O processo de *Coaching* oferece inúmeras ferramentas para ajudar as organizações e líderes a enfrentar toda a diversidade de desafio, em todos os níveis, pois seu objetivo final é a constante melhoria do desempenho nos negócios.

Na medida em que o *Coaching* estimula e sensibiliza as pessoas a refletirem e agirem de uma forma mais congruente e consciente, ele é novamente estratégico, ao ajudar a alinhar os valores pessoais com os organizacionais das pessoas que estão dentro dela.

Um processo de *Coaching* de Equipe motiva as pessoas a se unirem, estabelecendo um alicerce de confiança, proporcionando condições para a coesão, para o diálogo e melhoria contínua nos resultados no negócio. Essas equipes se mantêm mais motivadas e unidas mesmo em momentos de crise, apresentando soluções eficazes.

Um negócio apoiado por um *Professional Coach* conseguirá

aproveitar muito mais o potencial e o desempenho dos colaboradores, desenvolver a missão, visão e propósito do negócio, alinhando todos para a mesma direção, desenvolvendo competências, dando prosseguimento aos treinamentos para que, assim, os resultados sejam mais efetivos e eficazes.

E na minha opinião, para que o resultado do processo de *Coaching* seja efetivo e duradouro dentro de uma empresa familiar com o perfil que acabamos de ver, é preciso trabalhar de cima para baixo, ou seja, é preciso transformar a cultura da empresa, transformar o paradigma de quem a criou, transformando a cultura de chefe para líder. Somente dessa forma todos os resultados do processo serão percebidos por todos os envolvidos.

Um dos passos mais importantes trabalhados no processo de *Coaching* Executivo em minha opinião é a questão da liderança de sua equipe.

E o que realmente é liderança?

De uma forma sintética, liderar significa dirigir ou comandar, incentivar e motivar os membros de um grupo de pessoas de forma a criar as condições necessárias para que estes contribuam, voluntariamente e da melhor forma possível para um objetivo comum.

Sendo assim, ser um líder significa inspirar os outros a se unirem a você. Ele conhece seu pessoal como indivíduos e ele sabe e respeita o que é importante para eles. Percebe que o que motiva um indivíduo não necessariamente motiva o outro e assim não tenta impor para todos.

O líder busca constantemente se desenvolver e desenvolver todos de sua equipe, não só aqueles que estão obtendo um baixo desempenho, mas também para aqueles que estão se saindo bem. Isso faz com que as pessoas sintam que estão contribuindo para a empresa e respeitem seu gestor, se inspirando para fazerem tudo o que for possível para que o trabalho seja bem feito. As pessoas seguem um líder porque querem e não porque são obrigadas a seguir. Um líder sem seguidores é como o som de uma única mão batendo palmas.

Outro ponto muito importante sobre liderança é que um líder só consegue inspirar alguém se inspirar a si próprio, pois, partindo do pressuposto de que liderança é exemplo, como um líder pode inspirar outras pessoas a se unirem numa jornada se ele não consegue inspirar a si próprio?

Pare um momento para pensar sobre alguns líderes que você admira. Pessoas com as quais você se identifica. Eles podem estar diversas áreas: de negócios, religiosa, militar ou em qualquer outra área da vida. Eles podem ser pessoas famosas, ou amigos ou membros da família que você conhece bem e que talvez os outros não conheçam. O que essas pessoas têm em comum? Uma coisa que elas devem ter em comum é que elas apelam para algo que é importante para você. Se não apelassem, você não poderia admirá-las. Você reconhece essas pessoas como líderes porque o quê elas fazem e o que elas significam é importante para você.

Os valores destas pessoas se identificam com os seus valores. Valores são simplesmente o que é importante para você. Os valores fornecem a energia para levantarmos da cama de manhã, eles fornecem o combustível para a jornada em direção à nossa meta. Sem valores, a jornada não pode começar.

A liderança baseada em valores pode surgir de qualquer parte na organização. O que é certo é que se as pessoas da alta direção não demonstrarem isso, elas perderão o respeito. Em seguida, elas começarão a trabalhar somente pelo dinheiro, e todas as pesquisas mostram que apesar de ser importante pagar um salário justo para as pessoas, quando isso for obtido, então outros valores serão mais importantes do que o dinheiro, particularmente, desafio, progresso na carreira e respeito. A menos que um gestor lidere seu pessoal tornando o trabalho deles desafiador e recompensador, e os respeitando, eles poderão muito bem trocar de empregos, levando com eles todos aqueles altos conhecimentos e expertise, conquistados a duras penas, para os concorrentes de seus ex-patrões. Dessa maneira, é fácil ver que a liderança baseada em valores não é um ideal abstrato, mas trata-se de cuidar dos próprios interesses e do bom gerenciamento.

Entre as muitas técnicas aplicadas no processo, destaco a que considero de maior importância para o exercício de transformação de chefia para a liderança. Ela é baseada na motivação do líder e de sua equipe.

Mas o que é motivação? Outra palavra abstrata, assim como a palavra "liderança". Ela é algo que colocamos a pessoas que querem fazer algo. Pense nela como uma forma rápida de acessar a energia que está entre o que você é e o que você quer ser. Essa energia pode tanto vir de fora – motivação extrínseca – ou de dentro – motivação intrínseca.

Os líderes extraem sentimentos de energia e paixão das pessoas. Elas sempre irão querer realizar uma tarefa que as leve para mais perto de sua visão. Líderes poderão também oferecer recompensas externas para fazer com que isso valha a pena. Mas afinal, como fazemos para que as pessoas queiram trabalhar?

Uma forma de um líder motivar pessoas a trabalharem é por meio de recompensas. Uma recompensa só pode ser entendida se for valorizada por quem a recebe. Uma recompensa é o que você quer, não necessariamente o que ganha. Dinheiro é um tipo de recompensa, mas não o único, e ele tende a ser usado em excesso. Todos merecem uma recompensa financeira justa e bons salários, mas dar dinheiro para fazer com que as pessoas trabalhem melhor e mais rápido nem sempre funciona bem. Muitas pesquisas mostram que as pessoas colocam o dinheiro como terceiro ou quarto lugar entre as prioridades de sua vida profissional.

Admitir que as pessoas vão trabalhar por dinheiro é assumir que elas são completamente racionais, tudo mais é igual e elas estão na rua para conseguir o máximo de dinheiro que puderem. Muitas pessoas escolhem uma carreira que será mal remunerada, mas estão felizes com ela, ou ficam em um emprego que paga salários mais baixos, mas gostam do pessoal e do ambiente de trabalho.

A empresa que pensa que pode motivar e manter a equipe somente com o incentivo monetário individual, não estará prestando atenção suficiente ao seu meio, aos seus valores e à sua cultura.

Então se não usarmos o dinheiro como uma recompensa, o que fica em seu lugar? Simplesmente atendendo a seus valores.

A liderança tem a ver com a ideia de inspirar pessoas seguindo uma lista comum de valores. Sendo assim, para um líder, é preciso saber o que realmente é importante para a sua equipe. Para descobrir os valores de um colaborador, é preciso fazer perguntas como:

- O que é importante para você nesse trabalho?
- Que benefícios você tem com isto?
- O que você ganha com isso?

Temos uma tendência natural de pensar que as coisas tem a mesma importância para as outras pessoas tanto quanto para nós mesmos. É por isso que damos a elas o mesmo que gostaríamos de receber.

Uma vez que você saiba o que é importante para os outros, você precisa descobrir quais são estes valores. Como eles sabem que seus valores estão sendo atendidos ou violados?

Por exemplo, seu colaborador quer ser reconhecido por sua contribuição. Você pode perguntar: "Como você sabe que está sendo reconhecido?" Ele pode responder: "Serei elogiado e meu trabalho será reconhecido publicamente", então você pergunta: "O que o faria pensar que não está sendo reconhecido? O que aconteceria?" Ele poderia dizer "Faria um bom trabalho e meu chefe levaria o credito".

Ou seja, para essa pessoa, ser elogiado publicamente é importante e ser elogiado individualmente não é suficiente.

Depois de fazer essas perguntas sobre valor a algumas pessoas, talvez você deixe definitivamente de pensar que sabe o que as pessoas valorizam. Perceberá a importância de perguntar e, principalmente, ouvir atentamente e sem julgamentos o que as pessoas têm a dizer. Geralmente elas ficam felizes simplesmente pelo fato de alguém ter achado importante perguntar.

Outro ponto importante de motivação é o quanto seus liderados confiam em você, isso tem a ver com integridade.

Uma pesquisa mostrou que a integridade é o atributo mais importante que deve haver em um líder. Integridade significa agir como um todo, sem duplos sentidos, nem falar uma coisa e fazer outra. A integridade cria a confiança. Você confia em alguém que pode contar.

As empresas costumam classificar seus funcionários como seu maior patrimônio, o "capital humano". Mas o que acontece quando os lucros caem? Geralmente os funcionários são os primeiros a serem cortados. O que eles vão pensar a respeito da empresa? E mais importante: como se sentirão os que ficarem? Valorizados ou Desencantados? Preocupados com quem será o próximo?

Jack Welch, ex-CEO da General Eletric citou: "A confiança é enormemente poderosa numa corporação. As pessoas não farão o melhor que podem a não ser que acreditem que vão ser tratadas com justiça – num ambiente onde não haja privilégios e todos tenham importância".

Concentrar-se nos valores não significa ser muito flexível, dócil ou não competitivo. Mas garante força para lutar, para competir, para ser firme e transparente em relação às decisões, trazendo de volta ao que você e sua equipe acreditam ser importante.

Perceba em qual papel você se identifica hoje, do chefe ou do líder? Após essa reflexão, convido a fazer uma escolha: Manter tudo como está ou transformar paradigmas e ir mais longe.

40

Scripts de Hipnose como coadjuvantes no processo de *Coaching*

O presente artigo traz três scripts de hipnose que podem ser utilizados como ferramentas extras durante o processo de *Coaching*

Marco Barroso

Marco Barroso

Mestrando em Recursos Humanos e Gestão do Conhecimento (Universidade Europeia Miguel de Cervantes), MBA em Gestão de Negócios (Ibmec), Psicopedagogo, Especializações em Pedagogia Empresarial e Docência do Ensino Superior. Possui Altos Estudos (nível Doutorado) em Planejamento Estratégico e MBA em Logística e Mobilização Nacional (Escola Superior de Guerra – Ministério da Defesa). Formação em Creative Problem Solving (State University of New York - EUA). Advanced Coach Senior - Post-Master Coach (Behavioral Coaching Institute – EUA) e Certified Master Coach (Graduate School of Master Coaches – EUA/UK/Australia). Certified Hypnotherapist (American Alliance of Hypnotists - EUA) e Practioner em PNL (American University of NLP - EUA). Certified Reiki Master (Mikao Usui Reiki Healing Center – EUA). É Professor Universitário, Treinador Comportamental e Consultor Empresarial. Coautor nos seguintes títulos da Coleção Ser Mais: Master Coaches, Equipes de Alto Desempenho, Saúde Emocional, Excelência no Atendimento ao Cliente, Manual Completo de Hipnose e Manual das Múltiplas Inteligências.

Contatos:
marcobarroso.com.br
fb.com/mister.treinamento
contato@marcobarroso.com.br

Introdução

O que é um *script*? É a parte central da experiência hipnoterapêutica. É onde a terapia realmente acontece. Se você não tem um *script*, está fazendo qualquer outra coisa, menos hipnose. Você pode até estar hipnotizando seu cliente, mas não está ajudando ninguém. O *script* é a parte da sessão de hipnose durante a qual o hipnoterapeuta sugere a mudança, onde a mensagem é efetivamente entregue na mente inconsciente.

Podem ser utilizados *scripts* para as mais variadas finalidades: atrair a pessoa certa para um romance, melhorar notas escolares, sucesso financeiro, aprimorar a memória, parar de fumar, aumentar a autoconfiança e centenas de outros objetivos.

Nesse artigo, apresentamos especificamente três *scripts*: o primeiro de motivação do cliente para a mudança de comportamento, depois um para eliminar procrastinações e por último um *script* para aumentar a autoestima.

Script 1: Motivação para a Mudança de Comportamento

Enquanto você continua a relaxar, eu quero que você pense sobre o comportamento que você quer mudar. Eu quero que você pense sobre as diferentes maneiras de como isso afeta sua vida. Pense como isso o afeta emocionalmente. Seu comportamento tem um impacto negativo em você. Pense em como isso afeta você fisicamente. Talvez seu corpo não esteja conseguindo lidar com isso.

Veja como isso afeta as pessoas ao seu redor. Seu comportamento está afetando negativamente as pessoas que o cercam. Às vezes aquelas pessoas das quais você mais gosta. Você está pronto para fazer uma grande mudança no seu comportamento e na sua vida.

Para realizar essa mudança, você deve traçar um objetivo e definir exatamente o que você quer mudar. Após definir o objetivo, você traçará as metas de curto e longo prazo. As metas de curto prazo o ajudarão a ver as mudanças ao longo do processo e o manterão motivado a continuar. Você começa devagar na primeira semana ou mês e vai progredindo.

Para que a mudança positiva seja duradoura, você deve começar devagar e cumprir as metas de curto prazo. Essas mudanças podem parecer pequenas num primeiro momento, mas elas logo se tornarão rotina. Logo você estará buscando objetivos maiores.

Você deve ter um sistema de recompensa. Quando você atinge uma meta, deve se recompensar. Isso o manterá motivado ao longo de todo o processo. Perceba os sinais que fazem com que você se comporte dessa forma. Você poderá eliminá-los, sejam eles pessoas, hábitos ou comportamentos indesejáveis, substituindo-os por coisas positivas.

Esses bons sinais vão ajudá-lo a mudar seu comportamento para um novo e bom comportamento que é positivo. Você perceberá que conforme seu comportamento muda ao longo do tempo, você criará novos hábitos e comportamentos.

Você estará motivado a parar com o comportamento antigo e trabalhar no novo. Durante todo o caminho, você terá um sistema de suporte. Você vai se cercar exclusivamente de pessoas que lhe darão apoio e o ajudarão a fazer essas mudanças positivas. Essas pessoas estão lá por você e também o motivarão ao longo do caminho.

Visualize a si mesmo daqui a um ano. Você eliminou completamente o comportamento negativo. Imagine a sensação do dever cumprido que você sente. Você está orgulhoso de si mesmo e realmente deve se sentir assim. Aquele mau comportamento não afeta mais a sua vida e daqueles que o cercam. Você substituiu o comportamento antigo por um muito mais edificante. Você está feliz e as pessoas ao seu redor também estão felizes. Você está mais saudável e produtivo do que jamais esteve em toda a sua vida. Você realmente e verdadeiramente conseguiu uma grande mudança positiva na sua vida.

Script 2: Eliminar Procrastinação

Você está se sentindo leve e relaxado. Pense sobre as razões pelas quais você procrastina. Procrastinação é uma forma de lidar com a ansiedade advinda de uma tarefa a realizar. Procrastinação não é resultado de preguiça. Você tem a capacidade de ser produtivo e para completar as tarefas você tem que aprender a gerenciar sua ansiedade. Gerenciar sua ansiedade vai ajudá-lo a reduzir o *stress* e a culpa que vem com a procrastinação.

Agora, livre-se da maneira antiga de lidar com as coisas. Você terá, a partir de agora, um jeito completamente novo de ser produtivo e de ter motivação para fazer suas atividades. Pense em algumas tarefas que atualmente precisam ser feitas. Pense agora na mais importante delas. Essa tarefa normalmente tem um prazo mais curto ou uma prioridade maior. Visualize a tarefa. Ao invés de enxergá-la como um todo, você a divide em pequenas tarefas. Visualizando o projeto em partes pequenas, permitirá a você a começar mais facilmente e sentir que está realizando as coisas ao longo de todo o processo. Você estabelecerá metas realistas.

Perfeição não é necessária. Você terá metas que caberão no seu cronograma e objetivos que o farão cumprir toda a tarefa. Gerenciamento do tempo é muito importante. Você se conscientizará, enquanto trabalha no projeto, de que consegue facilmente gerenciar seu tempo. Você se torna expert em gerenciamento do tempo. Você olha para trás e vê que já realizou muito.

Você está orgulhoso pelo que conseguiu superar. Você percebe que ficava mais estressado quando evitava a tarefa do que quando mergulhava de cabeça nela. Você se dá conta de que estabelecer metas e objetivos realistas é importante. Buscar a perfeição pode não funcionar para você. Você tem uma grande sensação de dever cumprido até aqui e busca realizar todo o restante do projeto.

Você lembra de que para cada tarefa, existem três opções. Você pode não fazer nada, trabalhar na tarefa menos importante ou trabalhar na tarefa mais importante. Trabalhar na mais importante vai lhe dar maior satisfação. Trabalhar na mais importante evitará que você sinta menos estresse e culpa ao mesmo tempo em que o levará a uma maior produtividade. Você se preocupa completar todas as suas tarefas. Você está trabalhando duro e os outros percebem isso. Você é muito inteligente e capaz.

Agora, visualize a si mesmo, concluindo um projeto muito importante. Imagine o forte senso de realização. Você atingiu um grande objetivo na vida e retirou um enorme peso sobre seus ombros. Você sabe que pode trabalhar em qualquer coisa que surgir na sua vida. Você planeja as etapas e seus projetos são concluídos de forma rápida e eficaz. Se algo o atrapalha, você é forte para seguir em frente. Nada, nem ninguém podem detê-lo.

Script 3: Melhorar Autoestima

Conforme você vai cada vez mais relaxado, você se dá conta de quão poderoso é. Você é uma pessoa poderosa, incrível e maravilhosa. Convido você a se imaginar em refletido em um espelho. Você está parado em frente a um espelho. Dê uma boa olhada em si mesmo. Perceba como você é maravilhoso. Note como você é atraente. Você é muito atraente. A cada dia que passa você percebe mais e mais isso.

Veja como você é inteligente. Você é muito inteligente, esperto e atraente. Olhe para você agora e perceba isso, todas essas qualidades são óbvias para todos a sua volta, todos em sua vida, todos que você conhece e todos que você irá conhecer. Essas pessoas perceberão isso, seu charme e sua inteligência. Você é uma pessoa maravilhosa, positiva e linda.

Convido-o agora a pensar em três coisas que fazem de você uma pessoa única e maravilhosa, três coisas. Talvez, talvez sua perseverança e criatividade. Talvez sua generosidade e grande coração. Apenas três, que fazem de você especial e único. Quero que você saiba que essas qualidades não são segredo para ninguém. São conhecidas por todos.

Na próxima vez que você falar com alguém, entenda que essa pessoa está vendo todas essas qualidades em você claramente. Todas essas qualidades são facilmente identificáveis através das suas palavras e da sua atitude.

Inspire profundamente agora e ao fazê-lo, sinta toda a autoconfiança que está de dentro de você. Expire lentamente, deixando sair todos os pensamentos negativos, pois eles não fazem mais parte de você. Continue respirando suavemente.

Dia após dia sua autoestima aumenta. Você se dá conta de que é uma pessoa poderosa, maravilhosa, incrível, linda e inteligente. Além disso, você possui muitas outras qualidades. Na verdade suas qualidades são infinitas. A cada dia você as percebe e isso faz com que você se sinta bem consigo mesmo. Você está cheio de amor por si mesmo e usa isso de forma produtiva. Você se respeita.

Então você evita situações que o desonrem, pois você merece honra e respeito. Você se coloca apenas em situações que o honrem, evitando assim situações negativas. Agindo assim, você aumenta cada vez mais sua autoestima, pois todos os dias você procura algo bom para fazer por si mesmo, algo maravilhoso. Algo que te mostra o quão fantástico você é. Você faz isso porque se honra, respeita e se cuida. Você se alimenta adequadamente, faz exercícios físicos, se diverte e aproveita a vida. Você faz isso tudo porque se respeita. Você se permite engajar somente em atividades positivas e produtivas porque tem amor próprio. Sua autoestima é elevadíssima. Você é uma pessoa maravilhosa e fantástica.

Conclusão:

Os *scripts* apresentados nesse artigo podem ser utilizados durante as sessões ou através de gravações para o *Coachee* ouvir em casa, preferencialmente à noite e antes de dormir.

41

O papel da Cosmovisão no *Coaching* e *Mentoring*

Desejo trazer para a reflexão do leitor um aspecto importante para o sucesso nas práticas de *Coaching* e *Mentoring*: a Cosmovisão. Ao contrário do que a palavra possa sugerir - uma visão cósmica e transcendente – a Cosmovisão se refere apenas à Visão de Mundo que cada pessoa adota num determinado momento no decorrer dos acontecimentos na vida diária. A Cosmovisão cria o mundo que cada pessoa vive, podendo variar desde percepções aprisionadoras às mais sublimes e libertadoras

Marcos Wunderlich

Marcos Wunderlich

Referência Nacional na Formação e Instrumentação de *Coaches* e Mentores com mentalidade holo-sistêmica e complexa. 28 anos de experiência profissional. Presidente Executivo do Instituto Holos de Qualidade. Pioneiro do *Coaching* Brasileiro, Mentalizador do Sistema ISOR® de *Coaching*, Mentoring & Holomentoring®.

Contatos:
www.holos.org.br
diretoria@holos.org.br
(48) 3235-2009

O Significado da Cosmovisão

Muitos afirmam saber que cada pessoa adota formas de encarar e ver o mundo, mas poucos têm a real consciência e clareza que somos nós mesmos que criamos a nossa própria visão de mundo, ou seja, a cosmovisão.

A cosmovisão é o conjunto de paradigmas, crenças, valores, memórias, pensamentos e opiniões que atuam na mente, nos fazendo ver e interpretar o mundo de maneira única e peculiar.

O entendimento fundamental para um *Coach* refere-se aos seguintes pontos:

1 – O mundo não está pronto. Ele está sendo construído a cada momento a partir de nossa própria cosmovisão. Isso significa que somos os autores e responsáveis pelo nosso modo de viver e atuar no mundo;

2 – O mundo não é como eu o vejo. É apenas a minha mente que constrói e interpreta o mundo da maneira como vejo, ou seja, a realidade é criada por nós a cada momento. Não há uma única realidade sólida e verdadeira, mas muitas realidades simultâneas e todas elas são virtuais, criadas e interpretadas individualmente na mente de cada um.

A importância da Cosmovisão Ampliada em *Coaching* e *Mentoring*

Partindo dos princípios básicos apresentados, todo o processo de *Coaching* se baseia na mudança de realidade, pois a resolução de determinadas questões implicará necessariamente na mudança de cosmovisão. Isso significa que enquanto uma pessoa não mudar sua forma de ver e interpretar o mundo ela continuará a criar as mesmas dificuldades e ter os mesmos problemas. Como observou o cientista Albert Einstein, o pensamento que criou um problema não pode solucioná-lo. Teremos que utilizar um outro raciocínio para encontrar sua solução.

A mudança ou ampliação da visão tornou-se a pedra fundamental do *Coaching*, *Mentoring* e de todo o processo de desenvolvimento humano, pois apenas com a mudança de visão será possível mudar, revolucionar e solucionar as dificuldades. Alterar a visão de mundo é a base para a evolução pessoal e profissional, seja para nós como *Coaches* e também para nossos clientes.

A Consciência da Cosmovisão

Um aspecto importante no *Coaching* e *Mentoring* é ter consciência da existência da cosmovisão que opera incessantemente na mente humana, como se fosse um "software", orientando atitudes, motivações e impulsos. Tudo o que fizemos, fazemos ou faremos tem a presença invisível da cosmovisão. Podemos dizer que cada pessoa tem em si uma coleção de cosmovisões, desde as mais primitivas e aprisionadoras até as mais elevadas e libertadoras.

O Coach como rastreador das diferentes Cosmovisões

O Coach precisa treinar a percepção da cosmovisão e ficar atento às palavras e atitudes do *Coachee* para perceber, entender e decodificar sua cosmovisão. Ela pode ser ampla e livre ou menor e mais aprisionadora. Ao identificar a cosmovisão do cliente é interessante fazer-lhe perguntas que o façam perceber sua própria cosmovisão. Esta tomada de consciência pode provocar o *insight* da sua própria prisão mental e, consequentemente, da necessidade da mudança e ampliação da visão que resultará na promoção de uma nova realidade.

Exemplos de Cosmovisões

A seguir, um fluxograma irá ilustrar diferentes exemplos de cosmovisões ou referenciais mentais. Dos mais simples aos mais complexos, veremos de forma clara e evolutiva os diferentes modelos de cosmovisão. Ao tomar consciência da presença de diversas cosmovisões, nos abrimos para a possibilidade de abandonar o uso de um referencial e substituí-lo por outro, mudando assim a forma de interpretar ou ver o mundo.

Enquanto um *Coachee* relata uma situação ao seu *Coach*, buscamos entender o mundo criado a partir dos seus referenciais mentais. Assim, poderemos compreender suas dificuldades e auxiliá-lo a superá-las mediante a adoção de referenciais mais amplos.

Decodificação dos referenciais mentais

Clichês – São frases prontas e ditos populares como: *Deus ajuda a quem cedo madruga e Em time que está ganhando não se mexe*, etc. Mesmo que ilustrem uma realidade, seu uso indiscriminado gera uma visão muito restrita. No ambiente organizacional, o uso de clichês restringe o desempenho mental e cria uma barreira para bom desempenho profissional. Exemplos claros são: *Manda quem pode e obedece quem te juízo e Você é pago para trabalhar e não para pensar,* que quando utilizados nas organizações criam profissionais ineficientes e medíocres.

Mítico-mágica – É uma visão onde a pessoa se prende a crendices populares como, por exemplo, o azar relacionado a gatos pretos, a passar em baixo de escadas, a influência de mau olhado, entre outras. Este tipo de visão revela pessoas governadas pelo medo psicológico e que carecem de uma postura mais condutora frente à vida.

Apocalíptica – É quando a pessoa teme e dramatiza o fim de algo, passando a ser governada pelo medo psicológico em relação às mudanças ou ao futuro. Existe um total desconhecimento sobre os ciclos de vida e seus períodos de início e término naturais e constantes.

Estática, dogmática – É a visão pronta ou definitiva da vida, que não permite nenhuma mudança. A rigidez mental gera a busca incessante pela estabilidade e revela o medo de mudanças. Este dogma prende as pessoas a uma visão definitiva, eterna e inquestionável sobre algo, tornando-as bitoladas e, muitas vezes, intolerantes.

Repetitiva – É a reprodução constante de um modelo. Por acreditar em algo, a pessoa não pensa em reformular a forma de fazê-lo e não busca o aperfeiçoamento. Esta visão impede a transformação e a percepção de novas realidades.

Ideologizante – É a pessoa que se prende a uma ideologia, seja política, religiosa ou filosófica, e a defende incondicionalmente, buscando convencer os outros a adotar o seu sistema de ideias. Embora possam ensinar bons princípios e dar bases de boa conduta, as ideologias são visões unilaterais, impositivas e geram cegueira aos seus seguidores.

Salvador – O salvadorista geralmente é também um ideologizado, e se vê como o dono da única verdade existente e se esforça para que todos sigam seu modelo padrão. Não consegue perceber que existem muitas formas e diferentes níveis de entendimento do mundo e considera como errado qualquer um que não siga o seu modelo ou crença. É a visão predominante em algumas correntes religiosas ou políticas que buscam instalar a sua verdade a qualquer preço.

Dicotomia – Surge quando há uma visão dividida e excludente: certo / errado, bom / mau, nós / eles, produção / vendas, funcionário / gerente, etc. Muitas dificuldades e conflitos surgem desta visão, que divide tudo em duas polaridades antagônicas. Na visão dicotômica, o profissional da área de produção vê a área de vendas como algo separado e sem ligação alguma. Este raciocínio é muito comum e surge quase que automaticamente, sem ao menos percebermos, e passamos a operar sob a força da dicotomia. Para superá-la é preciso focar na complementaridade e interdependência, afinal, a área de vendas depende da produção e vice-versa - nenhuma é inferior ou superior à outra, mas devem caminhar juntas.

Tecnicista ou Mecanicista – É quando a visão analítica, científica e lógica se sobressai, desejando que tudo seja comprovado e explicado. Embora este pensamento sirva para questões técnicas e materiais, torna-se limitado para compreender a dinâmica dos relacionamentos, gerenciamento e liderança. O pensamento tecnicista/mecanicista faz perder a visão do todo e torna a visão estreita, parcial e linear. O indivíduo passa a buscar fórmulas prontas ou a lógica para resolver todas as questões. Mesmo tendo gerado grande desenvolvimento tecnológico, o pensamento tecnicista também criou a figura do especialista, que leva a uma visão unilateral e parcial. Especialistas são necessários em todas as áreas, mas não devem perder a visão ampla, generalista e integrativa da vida.

Nas organizações, a visão mecanicista e separativa gera a crença de que se cada um cuidar bem do seu setor a empresa funcionará bem. Mas isto não é verdade: todos devem cuidar muito mais do conjunto do que das partes. Um gerente de uma empresa deveria utilizar 80% do seu tempo para cuidar das implicações e relações de sua área com todas as demais áreas e clientes e dedicar cerca de 20% do tempo para as questões internas do seu setor, a fim de criar sinergia e estimular que todos cuidem da empresa no Todo.

Específico – É quando se utiliza os referenciais e visões próprios de uma determinada área de conhecimento. Mesmo que seja a forma específica que os profissionais de uma determinada área utilizem para se comunicar, este modelo pode levá-los a olhar o mundo sob a sua visão restrita. É comum entre profissionais de medicina, engenharia, psicologia, entre outros. Este olhar específico pode ser muito limitante e bitolador, pois não permite a percepção do mundo dinâmico, mutável e interdependente sob um único prisma.

Interdisciplinar – É quando a visão da interdependência é adotada, ou seja, todos trabalham de forma integrada, completando-se. O pensamento interdisciplinar ocorre quando se busca conhecer, compreender e até interagir com outra área de conhecimento. Nas empresas e no convívio humano a interdisciplinaridade gera cooperatividade e colaboração mútua. Para adotar essa postura prestativa é preciso operar sob a visão interdisciplinar.

Multidisciplinar - A visão multidisciplinar surge quando se procura ver um determinado aspecto sob as mais variadas óticas. Um exemplo é quando profissionais de diversas áreas se reúnem para tratar sobre um tema específico, ampliando consideravelmente a capacidade de percepção e entendimento. Hoje em dia, as equipes multidisciplinares estão em alta e são alternativas válidas para a ampliação de visão e resultados.

Transdisciplinar – É quando o propósito é ir além das disciplinas e adentrar no espaço ilimitado do conhecimento e da sabedoria. Neste nível há maior grau de liberdade sem a prisão aos dogmas de cada disciplina como ocorre na visão específica.

Holístico – O termo Holos significa o Todo; é uma visão abrangente e ampliada. Significa ver toda a empresa e não apenas uma parte, toda a cidade e não apenas a sua casa. A visão holística é, em resumo, ver o todo na parte e esta parte ligada ao todo. A visão holística é muito antiga e avançada, e quando compreendida em profundidade, nos faz religar ao Todo e nos torna unos, completos e felizes. Todos desejam algo que seja mais amplo e libertador, isto se pode encontrar na visão holística. Nas organizações é muito importante que os gerentes e dirigentes atuem a partir de uma visão holística para gerar excelência organizacional. A visão holística anda de mãos dadas com a visão sistêmica e é preciso uni-las para atuar no nível holístico-sistêmico.

Sistêmico – A visão sistêmica é a interligação de tudo e representa a interdependência, ou seja, nada existe separadamente e tudo depende de tudo. Para viver é preciso de ar, água, terra, calor, elementos fundamentais para a existência. Uma coisa gera a outra e assim por diante, infinitamente. As empresas só existem devido aos recursos, processos e pessoas que estão lá. Logo, numa folha de papel pode-se ver a árvore, a chuva, o sol, a terra e até mesmo os operadores das máquinas que fizeram o papel.

Um profissional que falta ao trabalho num determinado dia afeta toda a empresa, um radar de aeroporto que deixa de funcionar por algumas horas afeta diversos voos, que por sua vez afetam muitas pessoas em cidades muito distantes do aeroporto onde o radar falhou.

As organizações precisam de ações coordenadas e harmônicas entre as pessoas.

Ter visão sistêmica implica trabalhar em equipe, onde cada membro contribui para a coletividade com aquilo que tem de melhor. Ter visão sistêmica implica em conhecer as variáveis que afetam de forma significativa os resultados. Os sistemas abertos, como as organizações humanas, são dinâmicos e não podem ser tratados como se fossem estáticos. Através da visão sistêmica ficará mais fácil compreender de forma equilibrada as necessidades dos diversos *stakeholders* de uma organização.

42

COACHING INTERCULTURAL

"Cada caminho, cada espaço, cada cultura exigem sandálias próprias."
- A. Cunha Rego

O *Coaching* Intercultural tem seu foco nos modelos de orientações culturais, objetivando ampliar os horizontes individuais e profissionais de executivos que atuam em áreas onde é necessário aprender, compreender e superar as diferentes barreiras culturais

Maria Helena Magalhães Sarmento Afonso

Maria Helena M.S. Afonso

Mestre em Comunicação, pós-graduada em Administração Geral - ênfase em Sucesso Organizacional, Marketing Internacional e cursos de extensão em Marketing e Comércio Exterior na FGV. Graduada em Pedagogia. *Coach* certificada pela Integrated Coaching Institute.

Cursos internacionais:

- International Trade Program ministrado pela CETRA A - China External Trade Development Council - International Trade Institute - Taipei - Taiwan.
- Understanding Thai Culture and How to do Business with Thailand – Department of Export – Bangkok – Thailand.
- Self Managing Leadership – Oxford IPC Worldwide – Uruguay.
- *Coaching* Intercultural – Philippe Rosinski – Londres - UK

Vasta experiência na área internacional em empresas multinacionais e de grande porte. Atua também na área de *Cross Cultural Coaching* e é especializada em organizar missões de negócios para empresários brasileiros na China, Hong Kong, Taiwan, Tailândia e Índia. Diretora da DBI Foreign Trade e professora de pós-graduação na Universidade Mackenzie.

Contatos:
www.dbitrade.com.br
mariahelena@dbitrade.com.br
(11) 99992.9023 / (11) 2507.1952

Maria Helena Magalhães Sarmento Afonso

Em um ambiente altamente mutante e imprevisível, com a globalização da economia, fusões, joint ventures, expatriamentos, repatriamentos, as organizações passaram a lidar cada vez mais com uma múltipla variedade de fatores como pessoas, países, religiões, hábitos e diferenças culturais.

As pessoas e as empresas que reconhecem essa nova diversidade cultural, que compreendem seu papel e conseguem se inserir neste contexto, a fim de obter as melhores sinergias de seus colaboradores internos e otimizar seus recursos externos garantem sua presença no mercado global.

Uma das grandes barreiras para o sucesso dos negócios pode ser o desconhecimento sobre outras culturas.

Pretendo com este capítulo, contribuir para a compreensão da dimensão cultural atrelada ao processo de *coaching*, bem como facilitar as implicações culturais que permeiam as estratégias de gestão e a possibilidade de minimizar seus impactos.

Atualmente diversas abordagens são utilizadas no mundo dos negócios para identificar as diferenças culturais mais importantes e definir a cultura e os valores desejados. A integração cultural pode ser obtida por diferentes caminhos, mas as empresas de sucesso europeias têm utilizado, entre outros fatores, o *coaching* intercultural.

O processo de *coaching* tradicional ajuda o indivíduo a libertar seu potencial e tornar-se uma pessoa melhor. Segundo Rhandy Di Stéfano: "o processo de *coaching* tem a função principal de promover o aprendizado e o desenvolvimento", "*coaching* é contribuir para que o liderado ou a equipe encontre as respostas", "um bom coach ajuda a desenvolver competências".

Outros autores explicam que a essência do *coaching* está no trabalho com as metas do cliente e no desenvolvimento de competências para alcança-las, que o *coaching* visa liberar o potencial de uma pessoa para sua performance e ajudá-la a aprender em vez de ensiná-la.

Leonardo Wolk escreveu um livro, cujo título eu considero brilhante: "*Coaching*, a arte de soprar brasas", aonde ele explica, entre outras definições, que o *coaching* é um processo de aprendizagem transformacional.

De acordo com o Instituto Profissional de Recursos Humanos e Desenvolvimento do Reino Unido, "*coaching* desenvolve as habilidades e o conhecimento de uma pessoa para que melhore seu desempenho profissional, a fim de que sejam alcançados os objetivos da organização. Tem como propósito efetivar um alto nível de atuação e progresso no trabalho, embora também possa ter impacto na vida privada do indivíduo. Geralmente tem curta duração e focaliza habilidades e metas específicas".

O *coaching* sempre se baseou no senso comum, em técnicas de comunicação e em perspectivas psicológicas, mas graças aos desafios que hoje enfrentamos, somente esses requisitos não satisfazem mais a necessidade das empresas ou dos executivos globais. O ensino do *coaching* e seu estudo não aborda o aspecto mundial. Percebeu-se que a cultura, fator importantíssimo nos dias atuais, deveria fazer parte desses estudos e práticas.

Um dos pioneiros em *Coaching* Intercultural foi Philippe Rosinski, Master of Sciences da Universidade de Stanford e o primeiro europeu a tirar o *Master Coaching Certificate* da Federação Internacional de *Coaching*.

Philippe é também o criador do *Workshop Cross Cultural Coaching*, do qual eu participei em Londres. Éramos pessoas dos cinco continentes, trocando informações e experiências, sob o comando de Rosinski e o resultado foi algo enriquecedor e muito interessante.

Temos dentro de nós a "intuição" e muitos, um grande conhecimento de como lidar com outras culturas, mas na realidade esse processo deve ser lapidado e trabalhado, pois mesmo quem viaja muito não tem necessariamente Inteligência Cultural e a sua ausência pode afetar negativamente seus negócios e carreira.

Perguntaram certa vez a um diretor da Asea Brown Boveri de onde vinham os gerentes globais e ele respondeu: "gerentes globais são feitos, não nascem prontos."

Como tornar-se culturalmente inteligente? Uma das formas é ter a capacidade de estar atento de um modo reflexivo e criativo. A essência de ser globalizado é interagir com culturas distintas e, uma das maiores barreiras para interação intercultural é basear nosso comportamento cultural em estereótipos, passando a imagem de que todos os membros de uma determinada cultura são idênticos.

A cultura é algo que se aprende e é permanente, não muda do dia para a noite e é passada por meio de gerações, estando profundamente enraizada dentro de nós.

Devido a programação mental imposta por nossa própria cultura, a de outros povos nos parece muitas vezes estranha e incoerente.

Como ressalta Clifford Geertz em seu livro A interpretação das Culturas, a cultura é produto das interações humanas, que constantemente as elabora e as transforma. A cultura para ele é uma espécie de "teia de significados" ou "sistema entrelaçado de símbolos", um contexto dentro do qual as ações humanas se tornam inteligíveis. Torna-se fundamental para aquele que desenvolve sua Inteligência Cultural adquirir familiaridade com os símbolos daqueles que estuda o que não quer dizer que possa "tornar-se este outro", mas que pode e deve conhecer suas categorias simbólicas e modelos de orientações culturais e então estabelecer um diálogo.

A Inteligência Cultural é a capacidade de interagir efetivamente em qualquer cultura desde que sejam desenvolvidas as competências adequadas.

Entender outra cultura é possível, basta aprender os seus princípios básicos, adotar uma abordagem atenta e preparar-se para agir como uma pessoa culturalmente adaptável, podendo então atuar de forma eficaz em diferentes cenários interculturais.

Ter experiência em culturas estrangeiras não significa desenvolver uma inteligência cultural instantânea. O sintoma de cegueira cognitiva, achar que todos pensam e agem como nós, deve ser evitado com qualquer cultura diferente da nossa.

De acordo com Philippe Rosinski o conceito de cultura não se aplica somente aos "de fora", aos "outros", a pessoas de nações estrangeiras. Os países têm culturas, mas as empresas, as organizações em geral, as profissões, entre outros, também as têm.

Ainda de acordo com Rosinski, no interior dos grupos existem diferenças individuais, diferenças educacionais e de classe, diferenças raciais e étnicas, diferenças de tipo de personalidade e diferenças de gênero. Além disso, os grupos desenvolvem suas próprias culturas.

Se essas diferenças podem ser vistas como culturais, existe a possibilidade de compreender e desenvolver competências para gerir, ou alavancar essas diferenças, transformando essa capacidade em um diferencial competitivo para o executivo ou a empresa.

Quando falamos de *Coaching* Intercultural, ele faz a pessoa tornar-se consciente das suas características culturais e dos demais, aprendendo a decodificar as diferenças e utilizá-las de forma construtiva.

A cultura influencia desde a noção de tempo, hierarquia, os padrões de pensamento e comunicação, forma de aprendizagem, territórios e limites, dentre outros.

Adicionar esses itens ao *coaching* tradicional é o grande diferencial do *Coaching* Intercultural. Realizá-lo permite que o coachee se torne totalmente eficaz em qualquer ambiente organizacional, dentro da empresa ou em suas andanças pelo mundo.

Um ponto interessante quando pensamos em interculturalidade, é o de nos lembrarmos de que interagimos dentro de múltiplos grupos culturais, quer seja geograficamente, regionalmente; sob o aspecto religioso e étnico; profissional; dentro das organizações; na vida social e em gênero e orientação sexual. Isso não quer dizer, contudo, que eu devo mudar como pessoa ou de personalidade, mas que meu comportamento deve se adequar à situação e às pessoas com as quais eu estou interagindo naquele determinado momento.

A busca dessa adaptabilidade é que faz com que os coaches integrem a perspectiva cultural ao seu trabalho.

Aceitar, valorizar e adaptar-se às diferenças culturais, faz com que as pessoas se sobressaiam dentro de um grupo e obtenham uma grande vantagem competitiva.

Nosso trabalho como *coaches* interculturais é o de ajudar o **coachee** a determinar como trabalhará com as diferenças culturais e incentivá-lo a buscar informações constantemente para que transforme esse material em conhecimento, ação e sucesso.

Já escutei de algumas pessoas que a empatia e a observação são o suficiente para se transitar em outras culturas e nisso se resume o *Coaching*

Intercultural. Será que é tão simples assim? Podemos nos considerar aptos interculturalmente sendo somente empáticos? Praticar o conhecimento sobre os modelos de orientações culturais é o grande diferencial em um processo de *Coaching* Intercultural.

Para introduzirmos a cultura no *coaching* temos de pensar em um linguajar próprio. A vastidão cultural, entretanto é tão grande que não conseguimos dominá-la. Para auxiliar nesse quesito, antropólogos, especialistas em comunicação e consultores interculturais, tais como Edward T.Hall, Gert Hofstede e Fons Trompenaars, entre outros, criaram um conjunto de orientações e dimensões culturais.

Uma orientação cultural é uma tendência para pensar, sentir ou agir de uma forma que está determinada culturalmente. Por exemplo, os alemães tendem a se comunicar de forma direta: dizem o que pensam e pensam o que dizem. A mensagem é clara, objetiva, mas muitas vezes percebida como ofensiva por outros povos que não se comunicam assim. Chamamos a esse modo de comunicação de orientação cultural. Já os asiáticos por sua vez, não dizem o que pensam, pois acham que poderão ser mal interpretados e desejam evitar mágoas ou conflitos. Como lidar com essa diferença?

Esse é um dos aspectos abordados no Modelo de Orientações Culturais que trabalhamos no *Coaching* Intercultural.

Este modelo tem diversos usos, tais como: avaliar culturas, descobrir novas escolhas culturais, avaliar diferenças culturais, construir uma ponte entre diferentes culturas e alavancar a diversidade cultural. Ele permite aos coaches trabalharem com diferenças culturais sem efetuar juízos de valor e conseguir enquadrar as pessoas dentro de parâmetros culturais razoáveis para depois desenvolver as competências necessárias para atuar no mundo multicultural.

Trabalhamos sete categorias de dimensões culturais no Modelo de Orientação Cultural:

- sentido de poder e responsabilidade
- abordagens quanto à gestão do tempo
- identidade e propósito
- sistemas organizacionais
- determinação do território psicológico e físico
- padrões de comunicação
- modos de pensamentos (modelos mentais)

O assunto é vasto e fascinante, por isso, aconselho a quem gosta dele que pesquise e pratique muito o ato de se "aculturar", pois além de ser muito prazeroso nos transforma em novos seres multiculturais e abertos para o mundo.

43

COACHING E PSICANÁLISE: para vitalizar e inspirar educadores

Para transformar e se desenvolver é preciso um sentido maior. As pessoas se motivam por um significado. Este significado pode ser encontrado no *Coaching* Inspirador que privilegia a pessoa por inteiro. O *Coachee* – cliente – é quem define o quê e quando fazer para atingir seu propósito. O *Coach* ao *Coachee* leva em conta os seus valores, o seu modelo mental, suas crenças para gerar as mudanças e vitalizar as crenças potencializadoras. Mesmo tendo como recurso principal a palavra, o professor-*coach*, ao aplicar as ferramentas internas e externas, faz adequações que permitem manter a ênfase na aprendizagem do *Coachee*/aluno, levando-o a desafios progressivos, a fim de alcançar os seus objetivos

Maria Inês Assunção

Maria Inês Assunção

Psicanalista clínica, pós-graduada em Teoria Psicanalítica. Escritora e Pedagoga especializada em OE. Palestrante, Executive Coach. Possui 18 anos de experiência profissional. Sócia fundadora da VIP MASTTER RH. Atua como Diretora e formadora de multiplicadores. Autora do livro "Um Olhar Para a Vida, Tratar Emoções para Despertar Talentos" e coautora do livro "Sentido de vida: Educação". Facilitadora do Curso "Encantar para Triplicar Oportunidades".

Contatos:
www.vipmastter@vipmastter.com.br
mariainesassuncao@vipmastter.com.br
(51) 32224522

"A missão dos professores e os resultados do seu trabalho adquirem, hoje em dia, um altíssimo valor estratégico para a sociedade e para a própria pessoa".
Pérez

Escolhemos apresentar e instigar aos mestres da educação uma possibilidade de agregar ao conhecimento didático algumas ferramentas de apoio e contribuição para se apoderarem e gerarem mudanças de alto diferencial ao se tornar um professor coach, em beneficio de si próprio e do aluno.

O *coaching* integra ferramentas de alta performance e envolve outras áreas do conhecimento que chegam para fazer alianças e somar na busca por um sentido maior para o fazer. Ele possibilita à pessoa buscar um sentido de vida, uma vez que seu caráter inspirador vem de sua instância significadora.

Além das ferramentas externas aplicadas na metodologia do *coaching*, as competências mais importantes de um coach são a escuta, o *rapport* e a palavra, com a "associação livre", se unem para gerar um alto nível de eficiência, potencializando o processo de ensinar, pensar e criar, comprometido com a felicidade do *coachee*/aluno.

A contribuição para o âmbito educacional da metodologia e ferramentas do *coaching* objetiva capacitar o Docente para ser um professor inspirador. Os resultados serão de grande valia para aprimorar e aliviar o peso que recai sobre ele. Apesar dos desafios constantes do professor, as ferramentas internas e externas do *coaching* podem tornar o ofício mais gratificante. A docência é uma profissão difícil e de elevadíssima gratificação, mas pode estar sendo um desafio solitário por ser pouco reconhecido. O professor é um líder que precisa ter também habilidades na arte de gestar pessoas. Todo o indivíduo em desenvolvimento passa pelos cuidados e pelo processo de aprendizagem e orientação de um professor.

O que é o *Coaching*?

Coaching é uma metodologia de desenvolvimento para pessoas ou equipes que abrange pensamentos, sentimentos e comportamentos, seja no âmbito pessoal ou profissional. Trata-se de uma técnica de grande relevância e com excelentes ferramentas para atender as seguintes necessidades: atingir metas, desenvolver competências, habilidades e encontrar soluções. *Coach* (treinador) é uma pessoa devidamente preparada que contribui com o desenvolvimento de competência do outro (*Coachee*), que busca ajuda para fortalecer os pontos vulneráveis que o impedem de alcançar os resultados desejados. O *Coach*, sobretudo, é uma pessoa centrada na felicidade do *Coachee*. De acordo com Pérez (2009, p. 96), "a arte do *coaching* consiste em saber como desenvolver os princípios essenciais da natureza humana: a consciência, o respeito por si próprio e a responsabilidade".

Interdisciplinaridade do conhecimento em *coaching*

O caráter interdisciplinar do *coaching* contribui com o leitor, objetivamente, na escolha do foco do processo de desenvolvimento que melhor se adequar ao *upgrade* que ele quer conferir, tanto na vida pessoal como profissional. Cada especialização traz uma contribuição ao se somar na busca do desenvolvimento humano para vitalizar, inspirar e alavancar resultados que floresce da essência e integralidade do ser.

Entre elas estão a PNL que trabalha com o modo como a mente estrutura e armazena a informação, levando em conta uma história. A neurociência baseia-se nos estudos do funcionamento do cérebro humano. Área da medicina que estuda as doenças do sistema nervoso. A neurobiologia é um termo que reúne as disciplinas biológicas que estudam o sistema nervoso, especialmente sua anatomia, fisiologia e evolução.

A tríade psicológica

Estes termos geralmente trazem algumas confusões quanto aos significados e áreas de atuação, quando o assunto se refere aos profissionais ou tratamentos: psicologia, psiquiatria e psicanálise.

Psicologia é ciência que estuda o comportamento das pessoas, os processos mentais abrangendo razão e pensamentos. O campo de atuação do psicólogo pode ser do trabalho, Recursos Humanos, escola, hospitais, clínica, área social, entre outras. Ele não prescreve medicação. A psiquiatria é da área de medicina, sendo o profissional psiquiatra um especialista que opta pelas áreas especificas das doenças mentais, como a esquizofrenia, entre outras. Ele pode prescrever medicação. A psicanálise é um método terapêutico criado por Freud (1972) e continuado por outros inúmeros psicanalistas que prosseguiram esta forma de tratar os sofrimentos pela técnica da "associação livre". Esta técnica consiste na interpretação dos conteúdos Inconscientes, que por meio da palavra, vêm à tona e, baseado nas associações e na transferência, a cura acontece. A pedagogia trata do processo de ensino-aprendizagem, da ação cultural do professor em intervir e de construir, tecnicamente, "o conhecimento". Ser docente não se limita em transmitir informação, mas seu compromisso é educar e até "moldar" o caráter do aluno.

Embora cada uma destas áreas seja diferente existe uma interdependência e interconectividade entre elas que fazem aliança com a metodologia *Coaching*.

O Conflito de uma Educadora

A professora Carmem fez o seguinte comentário: hoje eu entendo que ser complacente, enxergar com os olhos da alma o aluno é ir além do óbvio. Um aluno com diferencial precisa de apoio centrado no seu caso por ser único e diferente de todos os outros. Carmem se referia a João, que foi seu aluno e reprovara no segundo ano do ensino médio. João não continuou os estudos por precisar trabalhar para sustentar a casa. A mãe trabalhava como faxineira e não podia mais continuar por problemas de saúde. A mãe de João relatou que ele chegou muito triste em casa por ter sido reprovado. Lamentou-se por saber que não era falta de esforço, mas porque não conseguia enxergar o conteúdo no quadro. Ele tinha vergonha, não tinha dinheiro para ir ao médico e nem comprar os óculos. A professora disse que João era muito tímido, mas desde a sétima série, quando passou ser meu aluno, se manteve dentro da média esperada. Eu jamais pensei que fosse porque não enxergava. Eu não percebi em nenhum momento que ele apresentava dificuldades de aprendizagem e suas notas estavam baixas por problemas de visão. Cheguei a pensar que estivesse envolvido com drogas como outros da sala. Sinto vergonha.

Para que o educador seja um orientador de alta performance precisa além do domínio e convicção advinda da preparação técnica, um conhecimento profundo de si próprio e de tudo o que o rodeia, para manter um equilíbrio adequado e se vitalizar a cada obstáculo, afim de conseguir uma relação harmoniosa com o ambiente e com o aluno. A superação é um desafio constante, pois o *coach* tem consciência que ajudar o *coachee* dentro do processo de aprendizagem e saber como fazer para apoiá-lo é que vai gerar as mudanças necessárias que o conduzirão ao objetivo a ser alcançado.

De acordo com os estudos de Pérez (2009, p.18-46), o *Coaching* aplicado ao dia a dia do educador engloba três conceitos:

Diálogo entre *coach* (professor) e a pessoa (o *coachee*, no caso, o aluno) em que o *coach* mediante a formulação de perguntas inteligentes e de comentários pertinentes, leva o *coachee* a perceber e tomar consciência sobre os seus pontos em desequilíbrios e consiga ultrapassá-los, alcançando os objetivos propostos. A aprendizagem, porque o *coaching* é a arte de aprender a aprender, mais do que ensinar. E a mudança, porque o *coaching* é a disciplina que trata da mudança, do modo como implantar mudanças e nos próprios, nos nossos comportamentos, atitudes, destrezas, capacidades e competências, e nas dos outros. Sem mudança não há solução.

Como o docente pode lidar com os diferentes problemas dos estudantes

A base que alicerça o conhecimento e sua busca contínua envolve conteúdo emocional construído desde o útero materno. Daí a importância de formar indivíduos com esta base emocional que possibilita prosseguir com segurança para que a continuidade do ser seja, a cada geração, mais saudável e feliz. Este é um compromisso direto dos pais e posteriormente do educador.

O professor e o líder são frutos do modelo de aprendizagem, da família, como primeira instituição social, no processo de evolução e adaptação do ambiente escolar. Tornar-se um professor-coach é desenvolver a capacidade de ver no aprendente um indivíduo capaz de se desenvolver apesar do chamado "destino tendencioso". Enfim, "o papel fundamental do *Coach* é ajudar o *coachee* a buscar respostas para si mesmo" (DI STÉFANO, 2005, p. 96).

Qualidade de um professor-coach

O professor-*coach* não dá solução pronta, porém ajuda o aluno a desenvolver os seus próprios recursos, a tornar-se consciente e responsável por suas próprias escolhas. No campo das aptidões, o professor precisa ter visão e sabedoria. No que diz respeito às competências de personalidades deve agregar humildade, curiosidade, flexibilidade, paciência, segurança em si próprio, coerência, proatividade, entre outras que completam o perfil de um coach. Entre as competências relacionais a inteligência emocional encontra-se em destaque. Para Goleman (1995) estas habilidades, capacidades ou competências se dividem em cinco áreas: O conhecimento das próprias emoções (autoconhecimento), o controle destas, a capacidade de automotivação, o reconhecimento das emoções nos outros e a gestão das relações.

Entre as ferramentas internas do professor-coach destacam-se: a **Calibração** (expressão máxima da observação), a **Escuta Ativa,** a qual permite compreender o ponto de vista do outro, os seus pensamentos e suas emoções, o que preocupa e motiva os medos, os desejos, etc, a Intuição que processa continuamente toda informação que armazenamos no nosso cérebro, consciente e inconsciente. O ***Rapport*** que é a capacidade de escutar com todo o corpo, de se sintonizar com o aluno, proporcionando um meio para criar e manter uma sintonia profunda que permita melhorar a qualidade da relação.

Colocar as perguntas apropriadas e assertivas no momento oportuno pode trazer resultados imediatos na aprendizagem. As perguntas devem objetivar a motivação do aluno e levá-lo a respostas que revelem seus pensamentos e ações. É preciso compreender a forma de funcionamento mental do aluno. Pérez (2009, p.93) faz distinção entre os alunos ativos, teóricos, reflexivos e pragmáticos e cada um teria uma forma de utilizar a informação. Em sala de aula toda aprendizagem teria que iniciar com uma experiência direta e concreta, vivida na primeira pessoa, ou uma experiência abstrata, que é a que temos quando lemos algo ou quando alguém nos conta algo.

Maior sentido de vida por meio do *Coaching* inspirador

O professor-*coach* tem uma missão que gera significado para a sua vida, e seus *coachee*/alunos têm orgulho em segui-lo. Uma razão de ser, e sentir-se "parte" de algo maior, uma mudança cultural. Decidir por atitudes vencedoras é ter razão para acordar todos os dias prontos para os desafios, que a cada etapa nos tornam mais resilientes.

Resolver os conflitos em sala de aula e não levar o evento para casa, alinhar seus desafios com um propósito genuíno. Manter a estratégia de recuperação, assim como a natureza dita: (noite, dia, verão, inverno, sono, vigília). Saber lidar com o paradoxo de prosperidade e crise, conflito e paz. Manter postura protagonista responsável por suas decisões. Colocar algo de si em cada atividade. Ter projetos ativos e por meio de um *self-coaching* com boas perguntas e estratégias dar movimento a vida ao sair de situações que prendem e desperdiçam a energia vital. O importante é inspirar-se com desafios crescentes.

Conclusão

As amostragens da metodologia *coaching* aplicada à educação e apresentadas neste texto não têm a pretensão de levar aos docentes um curso ou especialização, mas apresentar a funcionalidade e viabilidade na prática pedagógica desta ferramenta. Trata-se de fragmentos de estudo investigativo e experimental com o fim de provocar curiosidade e inspirar os professores a buscarem mais ferramentas que contribuam no exercício desta desafiadora missão.

Referências:

DISTÉFANO, Rhandy. O Líder-Coach - Líderes Criando Líderes. Rio de Janeiro: Qualitymark, 2005.

FREUD, Sigmund. Edição Eletrônica Brasileira das Obras Completas de Sigmund Freud. Versão 2.0, Rio de Janeiro: Imago, 2001.

GOLEMAN, Daniel. Inteligência Emocional – A Teoria Revolucionaria Que Redefine O que é Ser Inteligente. 16ª Ed. Rio de Janeiro: Objetiva,1995.

PÉREZ, Bou Fernando Juan. Coaching para docentes: Motivar para o Sucesso. Portugal: Porto Editora, 2009.

44

A excelência humana obtida por meio das mudanças comportamentais

Para sair de um estado negativo ou de uma situação embaraçosa é preciso mudar de atitude e de comportamento. É preciso reorganizar-se, estabelecer metas e obedecer a métodos. Buscar a excelência.

O camaleão sobrevive porque muda de cor e adapta-se ao ambiente. Ele sabe que precisa fazer isso e, principalmente, que depende disso. Os camaleões não são racionais. Os homens, sim!

Narcizo Pieroni

Narcizo Pieroni

Graduado em Administração e Processos Gerenciais. Pós-graduado lato sensu em Comportamento Organizacional e Gestão de Pessoas. MBA em Pedagogia e Psicopedagogia Empresarial. Escritor (Fortaleça a Sua Fé e Transforme a Sua Vida – Editora Gente / Os Segredos da Vitória – Editora Best Book / A Decisão é Sua – Editora Ferrari). Consultor Coach, palestrante, especialista em Administração, Recursos Humanos, Psicopedagogia e Educação, com cursos e formação em outras áreas, como Endomarketing, Rádio e TV, Comunicação e Qualidade em Vendas, além de outros ligados à área de Gestão de Pessoas. Tem como clientes/parceiros dezenas de Empresas, Universidades, Prefeituras, ONGs, Escolas Técnicas e outros grupos, além de atender individualmente a pessoas físicas e/ou grupos especiais. Em fase de revisão estão os próximos livros que serão brevemente lançados: O Poder da Comunicação e O Potencial Humano.

Contatos:
www.narcizopieroni.com.br
narcizo@narcizopieroni.com.br
narcizopieroni@hotmail.com
55 (15) 3283.1757/9702.1534

Os homens adaptam-se tão facilmente às transformações que parecem ser dotados de um mimetismo natural, como se fossem camaleões - que precisam mudar de cor para se camuflar e não serem devorados por seus predadores. O homem, como o camaleão, vive no meio onde busca a sobrevivência e, sistemática e permanentemente, compete para sobreviver. O camaleão foge dos predadores e o homem compete com o homem. E é essa necessidade de adaptação que os motiva, que os incentiva e os impulsiona para o crescimento e aprimoramento constante e permanente. E isso é bom, afinal, se não houver a ameaça, o perigo e a concorrência serão vencidos pelo comodismo. É como o leão e o veado que correm o tempo todo: um para comer e o outro para não virar comida e, desta forma, se mantêm atentos e firmes no propósito de cada um. E, neste sentido, não se pode concordar com o ditado: "se correr o bicho pega e se ficar o bicho come", porque, na verdade, se ficar é que se corre o risco de ser devorado. É preciso correr cada vez com mais força e para mais distante. É preciso sair da rotina e traçar novos planos, novos projetos, novas estratégias e, evidentemente, mudar de atitudes.

Essa mudança do homem fica mais clara a partir da Revolução Industrial (1850), iniciada na Inglaterra, quando os homens passaram a trabalhar de forma diferente por causa das mudanças tecnológicas. Foi a grande mudança comportamental de real impacto nos hábitos e rotinas mantidas até então, onde tudo era produzido artesanalmente. Vivia-se do escambo. Então, um único homem passou a produzir muito mais do que dezenas poderiam fazer juntos. O homem adaptou-se para trabalhar com as máquinas. Logo, surge o conceito de "produção econômica" introduzida por Frederick Taylor (1856-1915), que desejava produzir cada vez mais, com menos custo e menos tempo, motivando os homens a novas adaptações. Pouco depois surge a teoria de Henry Fayol (1841-1925), que, diferente de Taylor, dizia que não bastava produzir de forma maluca se não houvesse disciplina para organizar tudo isso, ou seja, que era preciso manter a ordem nessa produção e, para isso, criou a "teoria de administração", instituindo departamentos, onde cada pessoa passou a ter funções diferentes. Instituía-se um organograma nas empresas. E todas essas transformações obrigavam o homem a se adaptar a essa nova realidade. Com o avanço tecnológico, as pessoas passaram a aprender coisas novas e, por isso, mudaram os comportamentos. Adaptaram-se ao meio. Evoluíram.

Tecnologia x Homem

As mudanças tecnológicas foram sim importantes e motivaram os homens a evoluírem o bastante para, no mínimo, aprenderem a trabalhar com essas máquinas. Mas eis que surge um novo pensamento, um fato novo, uma nova mudança, e esta mais importante para o homem: a preocupação com o próprio homem ao invés da valorização exclusiva das máquinas. Nascia a preocupação com as pessoas em sua relação com o trabalho e com as demais pessoas. Cria-se a "teoria das relações humanas", instituída por Elton Mayo (1880-1949), um sociólogo que revolucionou a visão do mundo em relação ao homem e o ambiente onde ele vive, seja no trabalho ou na sociedade. Mayo propôs a reflexão sobre o lado psicossocial das pessoas. A partir daí, as transformações não pararam e, consequentemente, passaram a exigir cada vez mais das pessoas, seja na capacitação ou na relação interpessoal.

A revolução industrial, em pouco mais de 100 anos, mudou e transformou tudo o que havia até então. Cem anos mudaram os outros 1.850 - que ficaram estáticos, sem qualquer evolução. E, de 1850 a 1950, outras transformações aconteceram, mais importantes e inovadoras do que a própria Revolução Industrial. Na segunda metade do século XX, por volta dos anos 80, surge de forma revolucionária a Internet, que mudou, em apenas 10 anos, tudo o que a revolução industrial demorou 200 anos pra fazer. Na primeira década do século XXI, em apenas 10 anos, a nova tecnologia transforma tudo o que havia de mais moderno na tecnologia digital. E assim é hoje: em apenas 1 ano transformamos tudo o que havia de mais moderno em um monte de sucatas eletrônicas. E se tudo isso acontece com as ferramentas, com os equipamentos, com os instrumentos, com os veículos, com os robôs, é porque o homem evoluiu o bastante para criar e desenvolver essas tecnologias. Ele adaptou-se a essa nova realidade. Ele mudou hábitos e adquiriu novos comportamentos. Mas isso não parou e nem vai parar.

O conflito de gerações nas organizações

O que antes era normal, hoje é ultrapassado, e graças a Deus que é assim. Por muito tempo, durante o processo de evolução, as empresas adaptavam-se lentamente às mudanças: melhorando máquinas e equipamentos, adquirindo computadores, mimeógrafos e depois as máquinas copiadoras, e os funcionários iam aprendendo a trabalhar com as novidades, como trocar a máquina de escrever manual pela elétrica (que baita evolução); substituir as máquinas de somar pelas calculadoras; fazer contabilidade no computador; elaborar planilhas no Excel, etc. Tudo foi introduzido de forma gradual, por isso todos aprenderam e se adaptaram facilmente, mas, de repente, tudo evoluiu muito rápido e, nas empresas, surgem as diversas gerações, cada uma com os seus valores e culturas, deflagrando nos conflitos de gerações, nem sempre positivos.

E o homem precisa adaptar-se rapidamente. Hoje temos nas empresas quatro gerações distintas: 1) Geração S – que classifico como os remanescentes dos que trabalhavam com equipamentos hoje obsoletos e que reaprenderam a trabalhar com máquinas modernas; 2) Geração X – que são os que ingressaram nas organizações aprendendo a trabalhar com tudo o que há de moderno, sem se interessar por equipamentos antigos e, em especial, aplaudiram a chegada da internet e suas benesses; 3) Geração Y – aprenderam a trabalhar com a tecnologia moderna e teriam dificuldade para fazer as tarefas mais rotineiras se lhes fossem tirados os computadores; 4) Geração W – é a que ingressa nas empresas hoje e que vive grudada nos tablets e celulares, aparentando não viver sem esses equipamentos.

E como essas diferentes gerações têm que conviver nas empresas? De forma harmônica, é claro! E como devem agir essas gerações? Esperar que as recentes agissem como as antigas? É claro que não! E isso se explica de forma muito simples: o novo deve ser aprendido e incorporado, sempre. Então, o pertencente da geração W não vai se interessar pelas coisas e ferramentas utilizadas pelos da geração S, mas esses, se quiserem permanecer nas organizações modernas, precisam reaprender permanentemente sobre tudo o que há de novo e, simultaneamente, mudar seus hábitos e costumes sob pena de ficarem excluídos do grupo. A marcha ré só é admitida nos carros, não para as pessoas.

A horizontalização dos organogramas

A compreensão disso é muito simples e, por si, explica a necessidade de mudança. Se antes tínhamos um organograma verticalizado, com diretor disso e daquilo, gerentes pra cá e pra lá, chefes de todos os tipos, hoje vemos outra realidade, onde cada pessoa tem funções bem definidas nas empresas, exigindo pouca (ou quase nenhuma) ingerência, ou seja, as atribuições dos cargos exigem cada vez mais das pessoas e, por causa disso, elas se especializam, se adaptam e se integram à cultura organizacional. É um processo de mudança comportamental permanente

A autogestão

É a continuação do processo de horizontalização dos organogramas nas empresas. Se o cargo exige um profissional altamente capacitado, se ele integra-se perfeitamente na equipe, se cumpre suas obrigações e metas, não precisará ser "fiscalizado" de forma permanente. Ele acaba criando uma forma de "autogestão" do seu trabalho. Organiza as tarefas, prioriza as atividades, administra o tempo e vira o "chefe" de si.

As atribuições são dos cargos, e não das pessoas

Há pouco tempo olhávamos para a formação das pessoas (formação acadêmica, especialização) e, por isso, achávamos que seria interessante tê-las como colaboradoras. Mas hoje isso não é verdade. Hoje traçamos o perfil do cargo (o que ele vai exigir do colaborador) e, a partir daí, buscamos a pessoa que se encaixa nesse perfil. Uma mudança importante na visão da relação entre empregador/empregado. Amadurecemos.

Aprender a desaprender para aprender a aprender

São incontáveis e crescentes as formas e métodos que utilizamos para ajudar as pessoas (PNL), porém, conhecer cada caso, saber de cada desejo, ser empático, dentre outros, são alguns dos instrumentos fundamentais para mostrar ao "paciente" o poder da sua mente. Explicar sobre os níveis de consciência, da subconsciência e da inconsciência são os primeiros passos. Depois mostramos as fases de aprendizado, explicando sobre o I.I. (não saber que não sabe), sobre o C.I. (saber que não sabe), sobre o C.C. (saber que sabe) e I.C. (nem saber que sabe). A compreensão disso ajudará no processo de reaprendizagem e de reprogramação dessa pessoa. É assim que ela irá entender a necessidade de mudança e, obviamente, poderá encontrar os motivos para agir a seu favor. Sem entender essa estrutura: mente x aprendizado, poucos se permitem receber ajuda. Em outras palavras: "se o pedreiro não conhecer a função do cimento, não saberá misturá-lo com areia e com a água na proporção correta".

A anamnese ajuda muito, aliás, é fundamental. E nem sempre devemos nos limitar apenas a ouvir aquele que nos procura, mas (inclusive) algumas das pessoas com as quais ele convive. É importante saber o que os outros pensam, como reagem e como veem esse "paciente".

A visão e pensamentos unilaterais podem distorcer a metodologia utilizada e prejudicar os resultados. Cada pessoa tem uma forma de descrever determinada situação, às vezes desfocada da realidade, afinal, ela precisa e procura por ajuda, por isso a necessidade de mais informações vindas de outras fontes, mas que sejam próximas e confiáveis. O "paciente", por estar entristecido ou sem norte, pode omitir informações importantes ou dar versões surreais daquilo que sente, ou seja, sentindo-se prejudicado ou estando perturbado, ele pode "ver" coisas que não existem ou, pior ainda, omitir aquilo que, de fato, o atrapalha.

A excelência humana

O trabalho do *coach* se resume em intermediar e coordenar as ações mentais do indivíduo com as suas reações comportamentais, ou seja, agimos para ajudar as pessoas a encontrarem os caminhos que as conduzirão ao destino desejado, tirando-as do estado atual, que, normalmente, causa angústia, desânimo, insatisfação e baixa autoestima. Nossa missão é mostrar que ela merece (e pode) sentir-se feliz e realizar-se. Ajudamo-las a estabelecer e a alcançar resultados na vida pessoal e profissional. E isso é maravilhoso. É prazeroso e magnífico. Dá-nos uma satisfação comparável com aquela que vemos estampada nos olhos dos que a judamos nessa realização.

De que forma e em quais casos agimos?

São incontáveis as situações em que podemos ajudar porque as pessoas vivem com a depressão, crise existencial, conflitos diversos, dificuldades de relacionamentos pessoais ou profissionais, perda ou falta de foco, dificuldade para planejar ou estabelecer metas e objetivos, desatenção ou falta de concentração, dificuldade para aprender ou memorizar, sentimento de inutilidade, fobias, isolamento, medos inexplicáveis, dependências diversas, inibição excessiva, aversões a coisas ou pessoas, dificuldade para liderar, reatividade extrema ao invés da proatividade, ciúmes exagerados ou invejas, pensamentos destrutivos ou suicidas, ausência de humor, cooptação, irritação constante e inexplicável, desconfiança generalizada, inflexibilidade, baixa autoestima, etc. É claro que nem sempre fazemos tudo sozinhos, e, em casos mais complexos, contamos com a ajuda de psicólogos, de psicanalistas e de outros especialistas, mas sempre obtemos bons resultados. É praticamente impossível não reverter qualquer dessas situações.

Se você acha que não precisa mudar, então está na hora de mudar de opinião!

45

Coaching e resiliência: intervenções para resultados no esporte

Este trabalho surgiu a partir do interesse em entender as pressões e medos de atletas de alto rendimento em modalidades variadas. Está constatado que a vida do atleta não se resume ao treinamento ou às competições, mas que sua prática produz uma série de ansiedades e conflitos com os quais cada um deles precisa lidar diariamente

Nell Salgado

Nell Salgado

Desenvolvimento de sistemas para apresentar técnicas que permitam melhoria das atividades no processo de *Coaching* com jogadores de futebol, lutadores, judocas e atletas de alta performance na busca pela excelência em resultados. Organização, elaboração e aplicação de cursos e palestras.

Contatos:
http://www.sbcoaching.com.br/ocoach/alessandrasalgado/
alessandra@ascoaching.com.br
nellsalgado@hotmail.com

"O *Coaching* no Esporte pode e deve ajudar a traçar estratégias de enfrentamento para encarar suas tensões de forma a evitar o estresse e o desgaste inerentes desta profissão.

Após avaliação em entrevista individual com atletas, abordamos estes profissionais com ferramentas específicas do *Coaching*, buscando respostas e justificativas para as escolhas de vida e comportamento de cada indivíduo.

A partir dos resultados, podemos estabelecer as relações entre as pressões e os medos mais comuns, ampliando a compreensão de como podem interferir na performance atlética a partir dos conceitos de *coaching*, resiliência e foco em resultados.

Estresse, pressões e medos no esporte de alto rendimento são sensações e sentimentos desencadeados em situação de tensão, que preocupam o ser humano há muito tempo. Os gregos divinizaram DEMOS (temor) e FOBOS (medo), ao perceberem a força destes sentimentos. A vida moderna trouxe a vivência de muitas situações estressantes, gerando efeitos em vários níveis. Certos níveis de estresse são psicologicamente benéficos, porque são motivadores, renovam o interesse pela vida, possibilitam pensamentos mais rápidos e maior produtividade. Ao ultrapassar os níveis aceitáveis, prejudicam o desempenho, esgotando a energia psíquica, intensificando o sentimento de fracasso e fazendo com que o foco nos objetivos seja perdido.

Para este estudo, o "*Coaching*" aborda alguns aspectos do estresse para compreender como alguns de seus efeitos interferem na performance esportiva, especialmente os ligados às pressões e aos medos. A prática do esporte de alto rendimento traz consigo, inevitavelmente, a convivência com sentimentos constantes de pressão, de tensão, de ansiedade, entre outros.

O atleta precisa dar o "Seu Melhor" naquele momento competitivo e ainda enfrentar oponentes com qualidades semelhantes. Precisa enfrentar o insucesso e manter o êxito alcançado. Ou, ainda, superar os resultados obtidos. Muitas vezes, na maioria das modalidades, não há uma segunda chance de performance. Cada detalhe pode comprometer todo o resultado. Administrar todas essas emoções é uma capacidade importante para o atleta, podendo ser decisiva de seu desempenho.

Considerando que o estresse é parte integrante e natural da vida de qualquer indivíduo, e que pode ser qualificado tanto de forma positiva, quanto negativa cada ser humano deve adaptar-se e ajustar-se para sobreviver diante de cada adversidade, e é o ajustamento ou a adaptação ao estresse, que irá assegurar a melhor maneira de encarar essa sobrevivência.

Podemos descrever quatro estágios para o estresse:

- demanda ambiental (física e psicológica);
- percepção da demanda ambiental (ameaça física ou psicológica percebida);
- resposta ao estresse (ativação, ansiedade, tensão muscular, alterações da atenção)
- consequências comportamentais (desempenho e resultado).

Neste sentido, ansiedade, tensão, preocupação, medo, entre outros, podem ser entendidos como sinais do estresse, sinais de "alarme". É uma resposta de adaptação do organismo; porém se a resposta permanece muito tempo, deixa de se adaptar e produz consequências negativas. Ou seja, normalmente o aumento da ansiedade tende a atrapalhar a execução das tarefas, interferindo especialmente na atenção e concentração, podendo ainda acarretar problemas orgânicos como: imunidade diminuída, fadiga crônica, distúrbios de sono, cefaléias e problemas gastrintestinais, entre outros.

Nos esportes de alto rendimento, as pressões, tanto internas quanto externas, estão presentes na prática. Frequentemente os atletas são submetidos a diversos tipos de pressão e o seu rendimento está relacionado com a sua capacidade de superação destas situações.

Podemos identificar as seguintes fontes de estresse em atletas de alto nível:

a) pessoas importantes (problemas com companheiros de equipe, pressão do técnico e dos pais, conduta de árbitros e torcida);
b) autoavaliação e avaliação social (pressão por atingir resultados, bom desempenho, críticas);
c) ansiedade e medo de errar;
d) não se sentir preparado psicologicamente para a competição;
e) características da competição;
f) condições do ambiente;
e) não ter o desempenho esperado na competição.

Percebe-se que as pressões mencionadas são ligadas especialmente às questões de exigências externas e das pressões competitivas.

Além dos fatores já mencionados, a própria situação da modalidade dentro da realidade brasileira também pode ser um fator de pressão, proporcionando ou não condições financeiras de treinamento e viagens, além da estrutura das federações e confederações.

Consideramos ainda a situação do momento vivido pelo atleta, que pode estar sofrendo pressão de ordem pessoal e que pode vir a prejudicá-lo na performance. O medo é definido como um estado emocional desencadeado ante um perigo iminente gerando uma resposta de alerta. **Há três níveis de reações do organismo:**

a) fisiológico, com alterações fisiológicas e bioquímicas;
b) motor, percebido basicamente nas contrações musculares e
c) verbal, presente em mecanismos perceptivos, cognitivos e emocionais que nascem do pensamento e de crenças que comprometem o rendimento a partir da diminuição da autoconfiança.

No esporte, tais reações podem variar em intensidade, motivação, qualidade e não se limita a competições, mas todas as formas de medo têm em comum a incerteza quanto ao resultado da ação ou suas consequências assim como o temor de alcançar o resultado previsto após o sacrifício do treinamento intensivo e de prejudicar o futuro de sua carreira. Assim, toda a ação geradora de medo tenderá a ser evitada pelo atleta, podendo prejudicá-lo em sua evolução.

No entanto, uma das dificuldades seria diferenciar o quanto as alterações fisiológicas são ligadas à própria atividade muscular ou à tensão psicológica que uma competição acarreta. Na verdade, o estresse e seus efeitos são um convite à má performance e às lesões.

Até o momento fica claro que as pressões e os medos vivenciados por estes indivíduos acarretam efeitos incontestáveis em suas performances. O desafio do *Coaching* Esportivo é buscar formas de controlá-las, pois quanto mais recursos o sujeito dispor para enfrentar estas demandas, melhor o seu resultado. É consenso entre os profissionais que a questão não é o tamanho do desafio que o atleta terá de enfrentar, mas os recursos físicos, técnicos e psicológicos que dispõem para tal.

A autoexigência é quase uma condição para permanecer em treinamento

Progressivamente os atletas vão sendo sugestionados pela cultura esportiva e passam a reproduzir resultados do esporte de alto rendimento, não percebendo mais as exigências externas. Este aspecto é percebido também no que se refere à motivação para o esporte de alto rendimento e estes atletas parecem bastante influenciados por motivação intrínseca como os desejos de superação, de chegar e manter-se no topo.

Obviamente, fatores externos interferem, mas não parecem tão significativos quanto aos relacionados à autopressão. Assim, mesmo o desejo de ser convocado para a seleção, por exemplo, é antes um desejo pessoal, observado na iniciação competitiva. Em vista disto, nota-se a importância de perceber como as pressões estão funcionando: como motivadoras ou como inibidoras?

Diante dos dados, se percebemos a importância da avaliação do COACH também sobre o momento de vida de cada atleta, situações de estresse e desgaste, situações específicas em que o acompanhamento e apoio do técnico e/ou do psicólogo podem auxiliar para um dano psicológico ainda maior no Atleta.

O *Coaching* Esportivo é uma estratégia de intervenção determinada a partir das necessidades detectadas e do planejamento conjunto com os clubes, técnicos, procuradores e/ou dirigentes do esporte. O suporte do COACH inspira o trabalho já há alguns anos e passamos a desenvolver um projeto com os departamentos esportivos, visando também à promoção da resiliência. Este conceito é entendido como "a capacidade humana para enfrentar, sobrepor-se e sair fortalecido e transformado por experiências nas adversidades".

O acompanhamento com orientação permanente tem sido prioritário nestes departamentos, considerando o *Coaching* como aquele que assume o compromisso de apoiar alguém a atingir determinadas metas e resultados.

Estimulando atitudes de determinação, foco, motivação, implicando potencializar tais atributos incluindo todos os membros da equipe no desenvolvimento, na aplicação e na avaliação de programas de ação. O uso de uma abordagem positiva, com encorajamentos e *feedback* constantes, estabelecendo metas claras associadas a uma avaliação eficaz, são algumas das estratégias utilizadas que auxiliam na diminuição das pressões e temores dos atletas.

Sabendo que as pressões mais significativas para os atletas estão relacionadas às autopressões e autoexigências,o *Coaching* Esportivo busca, por meio de suas intervenções, dar aparatos aos atletas com técnicas e orientações específicas de modo a ampliar seus recursos de enfrentamento positivos.

Considerações Finais

Atletas dedicados à prática do esporte de alto rendimento vivem sob constante tensão, desgaste e estresse. O modo como enfrentam estas adversidades são determinantes para cada desempenho, pois a relação entre estresse e performance é clara para a Psicologia no Esporte; sendo assim, compreender quais as variáveis ligadas ao estresse que podem interferir no desempenho auxiliam na intervenção na raiz do problema.

É fundamental que, Psicólogos do esporte, *Coaches* e Profissionais da área identifiquem os efeitos das pressões e temores nos atletas, ajudando-os a os reconhecer, analisar e a evitar fatores estressantes a ponto de prejudicar suas performances.

Uma das estratégias mais utilizadas pela Psicologia nesta área é o desenvolvimento do suporte de um *Coaching* (com toda a equipe de profissionais envolvidos) para que ajude esses atletas a atingir suas metas, buscando o desenvolvimento de todo o seu potencial.

Inserida no contexto esportivo a estratégia de um "Coach" poderá contribuir para enfraquecer os efeitos das pressões e medos destes atletas.

Os Profissionais do Esporte e os empresários ligados ao setor deveriam cada vez mais pensar em contratar "Coaches". Estes profissionais podem ajudar técnicos e procuradores a direcionar melhor suas carreiras, conseguir resultados satisfatórios, tirar o melhor de seus profissionais. Podem ajudar atletas a definir prioridades, fazer escolhas, avaliar onde podem chegar e saber o que fazer quando encerrarem suas carreiras.

Se tiverem a oportunidade de trabalhar com um Profissional de *Coach* desde o início da carreira, mais chances terão de obter qualidade de vida não só enquanto Atletas, mas também quando tiverem de se aposentar e partir para outra atividade.

46

Seja Próspero! Seja Feliz!

As pessoas desejam ser realizadas, prósperas, bem-sucedidas e relacionam isso a ter um belo carro, um lar confortável, uma linda casa de praia e todo tipo de tecnologia, além de procurar fazer coisas que dêem mais sentido às suas vidas, como conhecer novos lugares, vivenciar outras culturas e compartilhar momentos especiais em família. Mas essas realizações, por si só, são suficientes para fazer de você uma pessoa melhor? O que apoia os seus objetivos? Qual a contribuição para a sua felicidade?

Nelson Vieira

Nelson Vieira

Nelson Vieira, *Certified Advanced Master Coach Sênior* pela Graduate School of Master Coaches (EUA/UK/Austrália), ICI – International Association of Coaching-Institutes (EUA), ECA – European Coaching Association (Alemanha/Suíça), GCC – Global Coaching Community (Alemanha) e METAFORUM INTERNATIONAL - Academia Mundial de Competências (Itália/Alemanha). *Associed Certified Coach* junto ao ICF – International Coach Federation. Empresário, diretor executivo da Quantum Solutions, Psicólogo Clínico e Organizacional, especializado em Gestão de Pessoas pela FGV, Advanced *Coach* Sênior pelo BCI (Behavioral Coaching Institute) e pela ICC (International Coaching Council), *Master Coach Trainer* do Instituto Brasileiro de Coaching com ampla experiência em RH estratégico. Tem obtido destaque em programas de Desenvolvimento Comportamental em todo o Brasil. Escreve artigos para diversos sites e revistas especializadas e é Coautor do *Manual Completo de Coaching* e do livro *Master Coaches*, ambos pela Editora Ser Mais.

Contatos:
www.nelsonvieira.com.br
contato@nelsonvieira.com.br
(21) 4062-7504/ (11) 4063-7017

Sabemos que o ser humano apresenta necessidades específicas que despertam em cada pessoa, a motivação necessária para supri-las, que podem variar das mais simples até as mais complexas, segundo Maslow. Sendo assim, as pessoas empreendem por motivos diversos, alguns inicialmente buscando suprir suas necessidades mais básicas, outros para realizar seus maiores sonhos, outros ainda para assegurar sua aposentadoria ou simplesmente para obter sua independência financeira, porém, em todos os casos, as pessoas buscam algo que transcende suas necessidades ou desejos particulares, o que realmente as motiva, não são as realizações em si, mas o que elas proporcionam a cada um e tem um significado comum a todos: A felicidade!

Assim, cada qual busca em suas necessidades internas um motivo que lhes dê forças para deixar a sua zona de conforto e entrar em ação levando-as, através da realização de seus desejos mais íntimos, a uma vida mais plena e feliz. Contudo, ao perseguir a sua tão sonhada felicidade, negligenciam o propósito maior da prosperidade, ignorando o sentido de compartilhamento e contribuição com os grupos aos quais pertence, com a sociedade e com a humanidade e focam apenas em resultados rápidos e no lucro imediato. Desse modo, abrem empresas para obter lucro, desenvolvem relacionamentos para formar uma rede de *network*, aderem a novos projetos para manterem-se ocupadas, empregam-se para obter um salário mensal e gozar de benefícios que lhes deem mais segurança e não entendem porque suas empresas quebram, seus relacionamentos são superficiais, conflitos são gerados no contexto familiar e sentem-se infelizes e insatisfeitas com o seu trabalho.

O fato é que por mais que as pessoas tenham um objetivo, embora nem sempre claro, desconhecem o verdadeiro propósito que orienta as suas escolhas e desse modo, apesar de muitas vezes conseguirem realizar seus sonhos e aspirações, sentem-se vazias, perdidas e infelizes simplesmente porque desenvolvem apenas uma relação superficial com o dinheiro sem se dar conta de que o real valor transcende o lucro imediato e isso não é sinônimo de prosperidade.

Como vemos, as pessoas anseiam por serem felizes e prósperas e independentemente dos resultados que venham obtendo, sejam eles bons ou ruins, precisam de um *coach* que as auxilie e compreenda que o objetivo estabelecido com o *coachee* não se encerra nele mesmo, mas ao contrário, é um meio para atingir a sua felicidade, por isso, tem que fazer sentido em sua vida o que só será possível ao se estabelecer o perfeito alinhamento deste com o seu critério de valores. Portanto, convido-os a refletir sobre a prosperidade, que propõe a definição de um propósito maior a partir da integração entre o seu pensar, o sentir e o agir, passando pelos seus valores pessoais, até chegar ao tipo de pessoa em quem deseja tornar-se.

Um Planeta e Dois Mundos: Escassez X Abundância

Imagine que nós vivemos em um planeta cujo código é binário e, portanto, se divide em dois mundos: Um mundo de abundância e outro de escassez.

Para facilitar a nossa compreensão, vamos dividir o **mundo de escassez** em dois grupos: O dos avarentos e o de direitos. Vale ressaltar que não se trata de julgamento, tampouco de rotular as pessoas, mas apenas uma classificação simples para facilitar o nosso entendimento e reflexão acerca da prosperidade. Vejamos:

O grupo dos avarentos é formado por pessoas que só pensam no lucro imediato, acreditam que a riqueza não esteja à disposição de todos e alimentam uma forte convicção de que a qualquer momento ela pode acabar por isso precisam se apoderar do máximo de riqueza que puderem acumular a qualquer custo. O grave dessa situação é que nem sempre essas pessoas mensuram as consequências dos seus atos, nem para si e nem para os que as cercam, o que pode leva-las a terem atitudes egoístas, egocêntricas e tirânicas que ao final as conduzem a uma vida vazia, com o real propósito distorcido e, consequentemente, pela superficialidade de suas escolhas, a uma felicidade ilusória.

Por outro lado, há pessoas neste mesmo mundo, que só se preocupam com seus direitos: Vale-transporte, hora-extra, refeição, repouso remunerado, feriado, enfim, sabemos tratar-se de coisas inerentes a qualquer relação de trabalho e que são importantes para o trabalhador, não estou questionando tais direitos, mas as pessoas que vivem em função deles, aquelas que não abraçam uma causa e fazem o seu trabalho somente por fazer, sem se preocupar em melhorar ou evoluir; aquelas pessoas que poderiam finalizar um trabalho simples, mas se recusam a fazê-lo porque o expediente acabou ou porque estão no "intervalo" do almoço; aquelas pessoas que não fazem o mínimo esforço para contribuir com a sua organização, contam os feriados e ficam ansiosos com os finais de semana e feriados.

Esse segundo grupo não entende, muitas vezes o porquê da vida "sacrificante" que levam e alimentam a pobreza e a miséria, que não são materiais, mas estão entranhadas na sua essência e se refletem nos seus resultados. Em alguns casos, a pessoa até muda a sua condição social, mas se não desenvolve um propósito maior para a sua vida, no máximo passa para o grupo dos avarentos, mas permanece em seu mundo de escassez.

No **mundo de abundância,** há pessoas de causa, que não medem sacrifícios para alcança-las, têm um propósito, acreditam que a riqueza está à disposição de todos, bastando que tenham talento e empenho suficientes para conquistar o que lhes cabe, reconhecem que quanto mais compartilham, mais crescem, focam mais no bem comum do que em interesses particulares e procuram agir com justiça e equidade promovendo uma política desenvolvimentista ao invés de meramente exploratória. Alimentam uma consciência ecológica, preocupando-se com o impacto de suas ações em relação às pessoas próximas, à sociedade, ao meio ambiente e ao planeta. Essas pessoas dão vida e colocam a roda da abundância em movimento.

Girando a Roda da Abundância:

Price nos leva a compreender as quatro fases que geram uma vida plena e abundante, as quais o coach poderá fortalecer com o seu *coachee* por meio da reflexão, são elas:

Declarar:

- O que você declara para o universo?
- Como você se reconhece no mundo?
- De 0 a 10, o quanto você acredita que age de acordo com aquilo que você declara?
- Qual a impressão que as pessoas em geral têm de você?
- Você tem uma visão definida de mundo? Qual a relação da sua visão com a melhor pessoa que você pode ser?
- As pessoas te reconhecem de acordo com a sua visão?
- Existe congruência entre aquilo que você declara para o universo e as suas atitudes?
- Há integridade na maneira como você pensa, sente e age no mundo?

Solicitar:

- Quais são os seus maiores sonhos? O que você solicita a Deus ou ao universo? Ao seu cônjuge e filhos? À você mesmo?
- Você tem metas, planos e prazos bem definidos para realizá-los?
- De 0 a 10, o quanto você acredita ser merecedor de realizar os seus maiores sonhos?

Aliás, o merecimento, tem uma relação direta com a sua ação, nossa próxima etapa:

Agir:

- O quanto de foco e energia você está colocando em direção à realização dos seus maiores sonhos?
- Você tem um objetivo e um plano para alcançá-lo?

- Você está verdadeiramente agindo para gerar a energia necessária para alcançar os seus melhores resultados?

Agradecer:

- Você é grato pelo dom da vida? De que maneira essa gratidão se manifesta?
- O quanto você é grato pelos seus talentos e pela sua força de trabalho? Pela sua casa e pela sua família? Pela sua saúde? Pelos seus amigos? Pela sua felicidade e por todas as coisas que dão sentido maior à sua vida?
- O quanto você é grato pelas suas conquistas?
- Você se perdoa? E o outro? De 0 a 10, o quanto você acredita praticar o perdão em sua vida?

A roda da abundância tem uma fina sintonia com a arte do dar e do receber, assim, as pessoas se comportam de maneira distinta e peculiar diante desta relação, emergindo deste movimento, quatro perfis básicos de pessoas, são eles: Os soberbos, os egoístas, os estéreis e os prósperos.

Assim, é importante compreender que não se trata de rotular as pessoas simplesmente enquadrando-as em apenas um dos perfis aqui apresentados, o ser humano é altamente complexo sendo impossível definir o seu comportamento como se este fosse resultado de uma linha de produção. Acredito verdadeiramente na evolução constante do ser humano e na sua intensa capacidade de transformação. Desse modo, entenda-se que todos nós apresentamos um pouco de todos os perfis, porém, um deles pode nos caracterizar mais pela frequência com que ocorre. Portanto, permita-se baixar o julgamento (em relação a si mesmo e aos outros) e simplesmente reflita sobre cada um dos perfis pessoais decorrentes da roda da abundância apresentados a seguir:

Pessoas Soberbas (Sabem dar, mas têm dificuldades para receber):

Normalmente são classificadas por "esbanjar", em geral coisas materiais, no entanto, há também aquelas pessoas que "esbanjam" generosidade, detalhe: com os outros! São aquelas pessoas que sempre estão prontas a ajudar o outro, se algum amigo ou parente adoece são os primeiros a se fazerem presentes no leito destes, mas quando são elas mesmas que adoecem, o fazem escondidas de todos. Essas pessoas reconhecem o talento e o valor dos demais, no entanto são implacáveis quando se trata de auto-punição e com isso têm dificuldades de reconhecer o próprio valor, concedem muitos elogios levantando a auto-estima dos outros, mas rebate todo tipo de elogio dirigido à sua pessoa, são capazes de presentear todos ao seu redor, porém, não se sentem merecedoras de recebê-los. Nos negócios, encontram uma séria dificuldade em atribuir um valor aos seus produtos/serviços, muitas vezes o fornecendo de graça para fazer o outro "feliz".

Pessoas Egoístas (Não sabem dar, apenas receber):

É o oposto do soberbo, pois só recebem, pedem favores a todos mas quando são acionadas nunca estão disponíveis. São capazes até mesmo de exigir algo ainda que o gesto do outro seja de simples generosidade apenas pelo mero prazer de receber. Fazem parte daquele time que acredita que para ganhar o outro tem que perder, e não se fazem de rogados quando o assunto é tirar vantagem.

Pessoas Estéreis (Não sabem dar e nem receber):

Acreditam que conseguiram tudo o que têm sem contar com a ajuda de ninguém, por isso também, não devem ajudar. Partem do princípio de que, se alguém deseja algo, deve conseguir com o próprio esforço e que ninguém deve ajudar ninguém. Essas pessoas preferem não receber nada dos outros para não ter que dar nada em troca. Em geral, alimentam um sentimento de autossuficiência, que pode torná-los arrogantes, prepotentes e até mesmo tirânicos em relação aos outros.

Pessoas Prósperas (Sabem dar e receber na mesma proporção):

São pessoas generosas consigo mesmas e com os demais, têm um maior senso de propósito, sabem que quanto mais se doam mais o universo lhes retribui. Sabem o momento certo de sair de cena para apreciar o trabalho e o talento alheios, dessa forma, aglutinam forças pelo respeito que dedicam às pessoas e consequentemente têm o seu valor reconhecido. Sabem se valorizar e receber o justo pelo seu trabalho reconhecendo a importância deste para quem o usufrui e para a sociedade. Alimentam um pensamento ecologicamente correto de sustentabilidade, no qual, para ganhar ninguém precisa perder, logo, são sensíveis quanto ao impacto de suas ações em relação aos demais.

Por fim, vale como reflexão: Que resultados você vem obtendo na sua vida atualmente? No que diz respeito aos quatro perfis básicos decorrentes da roda da abundância, onde você se enquadra? Você vive de acordo com aquilo que defende e acredita? Como as pessoas mais próximas a você o reconhecem? Como você reconhece essas pessoas? Tomando como base os perfis anteriormente apresentados, que tipo de pessoa você gostaria de ser?

Talvez, ao encerrar a leitura deste capítulo, você se permita fechar os olhos e pensar sobre o que acabou de ler. Depois, projetando-se para um tempo no futuro, você escreve uma carta para você mesmo refletindo sobre o seu aprendizado acerca da roda da abundância. Estruture-a da seguinte maneira:

1- Imagine um momento qualquer no futuro, como se você já estivesse lá, pode ser seis meses ou quem sabe um ano à frente e olhando para o passado, redija sua carta narrando os fatos como se já tivessem acontecido.

2- Comece relatando o que aprendeu e o resultado de suas reflexões com suas próprias palavras relacionando-o com aspectos da sua vida no momento em que leu o presente texto.

3- Em seguida, narre como você passou a comportar-se desde as suas primeiras reflexões para verdadeiramente ser o tipo de pessoa que desejava ser.

4- Conclua escrevendo os resultados obtidos a partir de sua mudança pessoal, como se os mesmos já tivessem ocorrido, acredite de fato que os alcançou, sinta-os.

5- Descreva a sua experiência vivenciada ao sentir os seus resultados como se estes já tivessem sido alcançados e o quanto valeu a pena fazer esta reflexão para você e para as pessoas que você mais ama no momento presente.

Referências:

- **PRICE**, John Randolph. O livro da abundância. Ed. Vida e Consciência, 1ª ed., 2008.

- **OLIVEIRA**, Soeli de. A Roda da Abundância – Marketing e Business. Disponível em: http://gazetanews.com/colunas/a-roda-da-abundancia-marketing-business/

- **MASLOW**, A. Introdução à psicologia do ser. Rio de Janeiro: Eldorado, 1962

47

Coaching Afetivo

Que pode uma criatura senão,
entre criaturas, amar?
amar e esquecer,
amar e malamar,
amar, desamar, amar?
sempre, e até de olhos vidrados, amar?
AMAR - Carlos Drummond de Andrade

Patrícia Barreto de Camargo

Patrícia Barreto de Camargo

Formada em Administração de Empresas, trabalha com *Coaching* de Vida e é especialista em ***Coaching* Afetivo.** Certificou-se em *Self, Personal & Professional Coaching* pela ICC – Internacional Coaching Community e pela UCCIN – Universidade Corporativa de Coaching Independente. Com o Processo de *Coaching* Afetivo, desenvolve um trabalho visando uma **melhor qualidade nos relacionamentos** para solteiros, casados e separados. É membro do ICF – International Coach Federation, palestrante e colunista de diversos sites, entre eles : Administradores.com, Vila Mulher, Coaching.net, Plena Mulher, Stum e Empretecos World. Faz parte do seleto grupo de Empretecos do Sebrae e é autora do **blog *Coaching* Afetivo.** Realiza atendimentos presenciais em Campinas e Sorocaba e também via Skype para todo o Brasil.

Contatos:
www.coachingafetivo.blogspot.com.br
bom-conselho@hotmail.com / patbar10@hotmail.com
br.linkedin.com/pub/patricia-camargo-coach-pessoal-afetiva/0/364/a53
Skype: bom-conselho
Twitter: @bomconselho1
Facebook: facebook.com/pages/Coach-Pessoal-Afetivo/287000897976819
Google + : plus.google.com/117463604986725826047

Coaching é um Processo que visa o desenvolvimento humano, auxiliando as pessoas a atingirem suas metas e objetivos. Estes objetivos podem ser de ordem profissional ou pessoal. Quando o Processo de *Coaching* envolve o aspecto pessoal, temos o *Coaching* de Vida ou *Coaching* Pessoal.

Existe uma abordagem voltada aos nossos relacionamentos, o *Coaching* de Relacionamento. Quando a meta envolve questões afetivas direcionadas às pessoas merecedoras do nosso afeto, temos o ***Coaching* Afetivo.**

"Nenhum homem é uma ilha, sozinho em si mesmo; cada homem é parte do continente, parte do todo..."

Trecho do texto "Meditações XVII" do poeta inglês John Donne

O homem é um ser coletivo. Nenhum homem vive sozinho. Desde a época das cavernas, os homens se organizam em pequenos grupos. Vivemos em sociedade e o convívio com outras pessoas é parte fundamental e natural em nosso dia a dia, daí a grande importância dos relacionamentos em nossas vidas.

HOMENS E MULHERES : POR QUE SOMOS DIFERENTES ?

Homens e mulheres são diferentes. Desde os primórdios, enquanto os homens eram responsáveis pela obtenção do alimento através da caça, pesca e agricultura, as mulheres eram responsáveis pelo preparo do alimento e pela criação dos filhos. Por isso a mulher é mais intuitiva e o homem é mais racional.

Ao cuidar dos filhos, a mulher desenvolveu uma intuição para compreender o que significava o choro da criança: fome, frio, sono, dor... e ao mesmo tempo, ela desenvolveu uma espécie de radar, pois estava sempre alerta caso algum predador se aproximasse colocando toda sua prole em risco.

O homem, por sua vez, era responsável pelo alimento, o provedor. Ao sair para caçar, precisava identificar e perseguir alvos distantes. Ele tinha uma única e importante missão: prover o alimento. Por isso, é um ser mais racional e menos intuitivo que a mulher.

As diferenças não param por aí, claro. Ao aceitarmos que homens e mulheres são diferentes, compreendemos que ambos possuem qualidades e limitações. Os desentendimentos acontecem porque esquecemos que somos diferentes. As mulheres desejam que os homens pensem como elas e vice e versa, ignorando assim os milhões de anos vividos na pré-história em comparação aos poucos anos vividos na era atual, quando vistos em perspectiva.

COACHING AFETIVO PARA SOLTEIROS

Existe uma máxima que define o casamento da seguinte maneira: "Quem está dentro quer sair... e quem está fora, quer entrar!". O que fundamenta esta premissa ? O desejo de solteiros constituírem uma família e a constatação de que para os casados, o casamento não é nada daquilo que se imaginava.

O fato é que as pessoas se apaixonam, amam e querem viver uma vida a dois, ter um(a) companheiro(a) para esta caminhada chamada Vida. Se existem variações no formato, como cada uma na sua casa, ou se é um relacionamento aberto que permite concessões, são questões particulares de cada casal. As pessoas querem ter uma vida afetiva plena, querem se realizar afetivamente da mesma maneira que buscam uma realização profissional, por exemplo, e o ***Coaching* Afetivo** as ajudam a atingir esse objetivo.

Atendo solteiros que não conseguem vivenciar um namoro duradouro e também solteiros que estão em transição para uma vida a dois.

Para o primeiro caso, algumas questões são bem pertinentes na busca de um relacionamento e as coloco aqui como um ponto de partida para uma reflexão sobre o relacionamento afetivo desejado:

1) Como é o relacionamento afetivo que desejo?

2) Que tipo de contribuição estou disposto(a) a dar para que uma pessoa se interesse por mim?

3) O quanto estou disposto(a) a abrir mão de minha situação atual para obter um relacionamento afetivo que me agrade?

4) Quais são as qualidades indispensáveis que busco num(a) parceiro(a) para minha vida?

5) Quais são as características desagradáveis, porém toleráveis em um(a) parceiro(a)?

6) Quais são as características que meu(minha) parceiro(a) deve ter e que não abro mão de jeito nenhum?

7) O que estou de fato buscando num relacionamento afetivo? Segurança? Estabilidade financeira? Amor? Realização pessoal? Constituição de uma família?

8) Qual é minha marca pessoal ? Que características tenho que me diferenciam das pessoas ao meu redor e me tornam uma pessoa atraente e agradável para uma relação ?

9) Que comportamentos tenho repetido que não têm me trazido bons

resultados para que eu tenha um relacionamento estável duradouro ?

10) Que lugares tenho frequentado ou com quais pessoas tenho convivido que possam me aproximar do ideal de pessoa que desejo ?

Para os solteiros que estão na transição para a vida a dois, as perguntas anteriores também são pertinentes. Porém, como esta transição já pressupõe que o(a) parceiro(a) já foi escolhido(a), cabem ainda mais estas questões :

1) Quais são as características e/ou interesses que mais tenho em comum com meu(minha) parceiro(a) ?

2) Em que pontos mais divergimos ? São pontos importantes para mim ou podem facilmente ser relevados ?

3) Quais são os nossos valores ? São convergentes ou divergentes?

4) Como posso contribuir para o crescimento de meu(minha) parceiro(a) ? Como ele(ela) pode contribuir com meu crescimento ?

5) Tenho admiração pelo meu(minha) parceiro(a) ? Em quais pontos ?

6) Fazendo uma visualização de nosso relacionamento para os próximos 20 anos, consigo perceber que temos interesses em comum? Gostamos de conversar?

7) O que posso fazer na prática para conhecer melhor meu futuro cônjuge?

COACHING AFETIVO PARA CASADOS

Existe um mito que aprendemos desde criança : "...e foram felizes para sempre". Crescemos ouvindo que princesas encontrarão seus príncipes encantados e juntos serão felizes para sempre. As pessoas se casam todos os dias acreditando que o casamento é a meta final, o objetivo conquistado, e se esquecem de que na verdade o casamento é apenas um ponto de partida. E aqui vai um segredo : o "ser feliz para sempre" poderá existir, mas exigirá trabalho, dedicação, flexibilidade, bom humor, paciência, concessões, compreensão, superação, cumplicidade, amizade, prudência, respeito, humildade...em infinitas combinações de todas estas virtudes para que o objetivo seja alcançado.

Num mundo moderno e rápido como o atual, encontramos diversos motivos para o casamento: constituição de uma família, imposição da sociedade, realização pessoal, desejo de maternidade/ paternidade, status, ascensão financeira, entre outros. Raras vezes encontramos pessoas dizendo que o casamento promove crescimento e que é esta a sua motivação para viverem uma vida a dois.

Se as pessoas refletissem sobre isso, acredito que os casamentos seriam muito mais bem-sucedidos do que hoje o são. O número de casamentos aumenta cada vez mais... e o de divórcios também! Nunca se casou – e se separou tanto. Muitos são os fatores que contribuem para estes índices e credito à independência financeira das mulheres uma fatia maior deste bolo chamado divórcio.

Justamente porque se separar ficou, em tese, mais fácil e é naturalmente aceito pela nossa sociedade atual, o casamento hoje parte de uma premissa básica : "Se não der certo, é só partir para a separação". Mas qual de fato é o comprometimento para que o casamento seja bem-sucedido, uma vez que a alternativa mais fácil para os conflitos é a separação ?

Tenho clientes que me procuram com o intuito de verificarem se o casamento ainda pode ser mantido. Outros(as) me procuram já decididos(as) a encerrar a relação. A riqueza do Processo de ***Coaching* Afetivo** advém do fato de que ele não é estático, possibilidades se abrem no decorrer deste Processo e quem desejava salvar o casamento pode concluir que a relação chegou ao seu fim, do mesmo modo que quem estava decidido a encerrar a relação, pode concluir que ainda vale a pena mantê-la.

Em qualquer um dos casos, estas questões visam auxiliar na avaliação de seu casamento :

1) O que este relacionamento representa para mim hoje?
2) Quais eram minhas aspirações quando me casei? O que eu buscava e o que de fato eu consegui?
3) Que ganhos este casamento me traz?
4) Do que me privei para viver esta relação?
5) Como meu(minha) parceiro(a) contribui para meu crescimento?
6) O quanto eu contribuo para o seu crescimento?
7) Que pontos admiro no(a) meu(minha) parceiro(a)? Que pontos ele(ela) admira em mim?
8) Qual de nós mais se sacrificou pela relação ? Olhando com um certo distanciamento, posso dizer que nos empenhamos da mesma forma ? Que conclusões tiro sobre isto?
9) Como contribuo atualmente pelo bem do casamento?
10) Como meu(minha) parceiro(a) contribui atualmente para o bem deste casamento ?
11) Como é a vida que construímos juntos ? Uma vida que me traz orgulho ou arrependimento ?
12) Qual é o meu maior descontentamento em relação ao meu casamento ? O que posso fazer em relação a isto ?

COACHING AFETIVO PARA SEPARADOS

Uma separação representa uma frustração muito grande na vida das pessoas. Independente do que a tenha motivado, sejam questões financeiras, amorosas, sexuais ou de divergência de opiniões, valores, infidelidades, preconceitos ou decepções, o fato é que ao nos separarmos, compreendemos que falhamos em algo.

É importante termos consciência de que feliz ou infelizmente, a vida deverá prosseguir, e que cabe única e exclusivamente a cada um de nós a transformação deste processo doloroso em um processo de aprendizado.

Existem pessoas que vivem bem sozinhas, não sentem falta de um(a) companheiro(a) porque encontraram em si mesmas sua melhor companhia. Podem ser pessoas que se doam para um propósito maior em suas vidas e que ao ampliarem seus horizontes para uma vida mais voltada para o próximo, experimentam uma alegria e um vigor que lhes proporcionarão uma vida plena e feliz numa caminhada aparentemente solitária.

Digo aparentemente solitária, pois me refiro a um cônjuge, mas é possível que vivamos uma vida plena e feliz acompanhados de amigos, familiares ou colegas de trabalho que nos enriquecem como pessoas. Ou também participando de grupos, comunidades, escolas e/ou religiões que nos dão um grande propósito para nossa existência.

Para qualquer uma das situações citadas, a reflexão gerada pelas questões a seguir é de vital importância para a realização pessoal de cada um individualmente:

1) O que este relacionamento representou para mim?

2) Que atitudes me fortalecem em relação à consciência de que meu melhor foi dado antes do término da relação?

3) Quais são as características que mais aprecio em mim que me fazem sentir que sou a melhor companhia para mim?

4) Que atitudes posso evitar numa possível futura relação para que uma nova relação seja mais bem-sucedida?

5) Que padrões de comportamento reconheço em mim que podem ter contribuído para o término da minha relação?

6) Como enxergo a vida após esta experiência?

7) Tenho necessidade de um novo relacionamento? O que ele pode me proporcionar?

8) Alguma coisa ainda me prende a este relacionamento? Se sim, o quê? O que me impede de seguir adiante?

9) O que eu aprendi com esta experiência?

10) O que posso fazer de concreto em relação a esta experiência

vivida? Quais são as expectativas para minha vida daqui por diante?

REFLEXÕES SOBRE OS RELACIONAMENTOS

As reflexões propostas visam crescimento, amadurecimento, geração de "*insights*" e ampliação de consciência para todas as possibilidades afetivas em nossas vidas.

Cada um de nós é um ser único, com suas idiossincrasias, conflitos e valores. Por isso, devemos esperar que nossos relacionamentos em geral sejam fonte constante de crescimento e aprendizado, pois se não há neste mundo ninguém igual a nós, é natural que em algum momento surja um conflito ou uma divergência, e constatar que reside aí uma oportunidade de crescimento e aprimoramento é o grande segredo de relacionamentos bem-sucedidos. Não estou defendendo aqui que o casamento deve ser mantido a qualquer custo. Defendo sim que, ao se estabelecer claramente o que é e o que não é aceitável no relacionamento, se faça o possível para manter esta grande conquista, pois o casamento é uma grande escola e **casamentos melhores fazem uma sociedade melhor.**

Podemos buscar em nossas relações afetivas a realização de questões práticas, como uma melhor condição financeira, ou um cônjuge para ser exibido aos outros por sua beleza, ainda que efêmera. Podemos buscar também em nossas relações um cônjuge que nos valorize por nosso conteúdo, nosso intelecto, nossos valores, nossa cultura. Podemos ainda buscar em nosso cônjuge um companheiro de jornada, que nos proporcionará um crescimento interior, quando almejamos novos valores e novas condutas de vida.

A escolha é dada a cada um de nós. Nesse sentido, aprecio muito a frase de Steve Beckman : "**Você faz suas escolhas e suas escolhas fazem você".**

48

Coaching - Alma minha essência me faz pleno!

Quando me perguntam qual seria meu maior sonho concluo que seria ver o mundo integrado e em paz, e isso inclui as pessoas e sua essência. Como *Coach* minha maior missão é movimentar a Roda da Vida das pessoas e fazer com que elas alcancem seus sonhos, contribuindo para um mundo formado de pessoas mais felizes e plenas. Pode ser desde a busca material, equilíbrio emocional, equilíbrio na vida profissional e/ou encontro com a sua própria Alma numa ressignificação de valores e propósitos

Paulo Henrique Paiva

Paulo Henrique Paiva

370

Personal & Professional Coach | Consultor | Palestrante | Psicanalista. Fundador, consultor diretor da Contexto Gestão Empresarial e criador do projeto Gestor de Almas. Administrador de Empresas com ênfase em Recursos Humanos pelo Instituto de Ensino Superior de Sorocaba, MBA Executivo Gestão de Recursos Humanos pela Escola de Negócios Integração de São Paulo, e MBA em Gestão Estratégica pelo Centro Hermes - FGV em Sorocaba – SP. Especialista em Diagnóstico de Perfil Comportamental pela Etalent – SP. *Personal Professional Coaching* pela Sociedade Brasileira de Coaching, SP. Experiência de 15 anos em empresas nacionais e multinacionais e em Gestão Pública.

Contatos:
www.gestordealmas.com.br | www.contextogestaoempresarial.com.br
paulopaiva@gestordealmas.com.br
paulopaiva@contextogestaoempresarial.com.br
(15) 3342-3606 ou Cel. (15) 9781-4797
www.facebook.com/gestordealmas
br.linkedin.com/pub/paulo-paiva/22/474/b8
paulopaivasorocaba.blogspot.com.br

Alma é um termo que deriva do latim anĭma, que refere-se ao princípio que dá movimento ao que é vivo, o que é animado ou o que faz mover. Os sentimentos são capazes de nos mover ou paralisar. Se conseguirmos baixar nosso julgamento que é inflado pelo próprio "EU" podemos ter novos aprendizados. O "EU" ou "EGO" é aquele que nos deixa em dúvida, que julga que nos limita, que precisa ver para crer, que não nos deixa concluir planos e nem a conquistar nossos sonhos. Mas a Alma é muito mais que o Ego, ela movimenta todos os nossos sentimentos de insegurança, de ansiedade, de perda e nos mobiliza para a realização. Nada mais será igual quando você aprender a se conhecer e buscar a plenitude. Todas as pessoas que se apresentam plenas foram observadas com um grau de alerta e sintonia consciente com tudo que as cercam, tornando-as mais produtivas e satisfeitas consigo e com o mundo. Contudo, é possível também observar que seus valores como gentileza, respeito, empatia, amor próprio e ao próximo fazem parte de seu comportamento no dia a dia, além do aumento da percepção, intuição e assertividade. O despertar é algo interno e intrínseco que pode ser acessado somente com a chave do autoconhecimento, quando nos permitimos vivenciar cada situação proposta em nossas vidas transformamos conhecimento em comportamento.

"A mudança deve ocorrer de dentro para fora e somente praticando a quietude me faz olhar e ouvir com a Alma o inaudível".

Para facilitar o entendimento sobre o processo de *Coaching*, e como tenho trabalhado com meus clientes, utilizo a Janela de Johari - ferramenta conceitual que por meio da comunicação interpessoal, é possível conceituar o processo de percepção de um indivíduo em relação a si mesmo e aos outros; partindo do princípio de que cada um de nós tem (ou pode ter) quatro imagens distintas ao qual o profissional (o *Coach*) utiliza técnicas por meio de uma metodologia e tem por objetivo auxiliar o Cliente (o *Coachee*) a enxergar e aprender a lidar com sua imagem. Janela de Johari é um diagrama que apresenta quatro retângulos (quatro áreas) no formato de janelas que podemos ter a percepção de um indivíduo em relação a si mesmo, entre outros indivíduos, grupos ou organizações. **Veja o diagrama no site: www.gestordealmas.com.br.** Considera-se que cada um de nós possuímos quatro imagens distintas, as quais temos consciência de estar presente em nosso íntimo e outras que acabam sendo despercebidas por nós mesmos. Em seguida, apresento as quatro áreas a qual incluo no meu processo de *Coaching* para auxiliar o cliente em sua autopercepção:

1) **Eu aberto.** Você sabe que é e os outros sabem que você é.
2) **Eu secreto.** Você sabe que é, mas os outros não sabem que você é.
3) **Eu cego.** Você não sabe que é, mas os outros sabem que você é.
4) **Eu desconhecido**. Nem você e nem os outros sabem que você é.

A ignorância é uma prisão que limita nossa alma de alcançar a plenitude em todas as áreas de nossas vidas deixando-as em desarmonia. Nossa vida é constituída por sete áreas que equilibradas nos deixam em harmonia com a plenitude. Qual o nível de satisfação atual com a sua vida? Qual das áreas apresentadas em seguida que, ao dar mais foco, você irá contribuir para criar uma maior harmonia com as demais? **Áreas: Física, Mental, Espiritualidade, Social, Familiar, Financeira ou Profissional**. O ser humano necessita encontrar sua essência e somente assim poderá sentir e compreender sua missão de vida equilibrando sua roda da vida (sete áreas acima). **Veja a Roda da Vida no site: www.gestordealmas.com.br.**

Pessoas plenas constroem famílias estruturadas, grupos construtivistas, uma sociedade mais humana, tolerante mais preparada a lidar com a adversidade e mais resiliente. Considero o *Coaching* um processo técnico comportamental com começo, meio e fim que faz com que possamos melhorar nossos pensamentos e transformá-los em comportamentos e atitudes mais assertivas que tem por objetivo elevar a performance de uma pessoa, de um grupo ou empresa.Para que esse processo resulte em melhorias significativas, é importante considerar que é uma relação de parceria e de empatia entre o Coach (profissional) e o *Coachee* (cliente).

"Coach é uma palavra proveniente do inglês que pode significar: treinador, preparador, professor, técnico como é mais conhecido. Também surge em 1500 na Inglaterra para denominar aquele que conduz a carruagem que transporta pessoas de um lugar para outro e em 1850 a palavra Coach foi utilizada nas universidades da Inglaterra para denominar tutor."

Ser um Coach exige ter domínio técnico da metodologia, mas em minha prática percebo que é necessário mais do que a técnica e sim de uma espiritualidade aguçada para que haja a construção de um processo pleno e não limitador, mas humano. Somente quando somamos nossas competências técnicas, comportamentais e holísticas conseguimos exercitar o diálogo entre o *Coach* e seu *Coachee* com profundidade o suficiente ele (o *Coachee*) ressignificar sua própria vida potencializando seu poder pessoal. Como exemplo de competência técnica podemos observar um Gerente X decidindo com base em indicadores/relatórios o aumento ou diminuição do seu quadro de pessoal. Já como competência comportamental pode-se observar o mesmo Gerente X delegando uma tarefa a seu colaborador e exercitando com ele seu entendimento por meio de *feedback* e demonstrando como fazer.

A competência holística é observar que a decisão do Gerente X é respaldada por sentimentos, valores e crenças pessoais e forte intuição que influenciam seu comportamento e o levam a respeitar o contexto que esse colaborador está inserido. Como foco o *Coach* tem por objetivo o aumento de perfomance, mudança, transformação e ressignificação de antigos comportamentos.

Considero que a profissão do *Coach* seja muito nobre devido a sua dedicação em elevar padrões de comportamento das pessoas onde resumo em uma única palavra RESULTADO naquilo que cada um espera. As necessidades foram surgindo ao longo do tempo pela pressão que vivenciamos frente à sociedade contemporânea e o ambiente de trabalho, assim tendo que aprender a lidar com um ambiente adverso. O papel do professional *coach* tem ajudado a fazer a leitura de cenários e junto com o *Coachee* construindo a possibilidade de mais de uma opção para resolução do problema; assim os deixando mais seguros e decididos para a tomada de decisão.

O Ser Humano é o instrumento de trabalho do *Coach* e isso exige de sua formação aprimoramento contínuo sobre o comportamento humano - há quinze anos tenho estudado e trabalhado o comportamento humano. Tenho utilizado a Psicanálise, que é um método de observação, investigação e conhecimento do conjunto de processos psíquicos do ser humano que auxilia e facilita o processo de *Coaching* por trabalhar o Ser Humano de forma completa, ou seja: corpo, mente e alma. Somente buscando aperfeiçoamento contínuo o *Coach* terá condições de auxiliar seu *Coachee* no processo de superação. O *Coaching* é sustentado por metodologia, processos e pensamento sistêmico e sua efetividade será melhor quando analisamos pessoas de sucesso em nossa volta que são modelos de excelência.

É necessário para o perfil de um bom *Coach* que ele tenha algumas habilidades e competências como planejamento, comunicação, motivação, visão sistêmica e holística, ética e caráter; algumas características como comprometimento, confiança, congruência, generosidade, compaixão, entusiasmo; alguns princípios (não julgamento, futuro X passado X presente, análise e ação). Como *Coach* tenho auxiliado meus clientes a atravessar a ponte e fazer com que observem o que existe do outro lado e o quanto ganham em se permitirem quebrar paradigmas e ousarem em uma nova descoberta e de grande aprendizado. Por exemplo: se o cliente tem dificuldades de relacionamento e entender que isto seja algo a ser trabalhado, irei direcioná-lo a busca de soluções que afetarão sua área social lá da Roda da Vida em um processo de melhoria contínua e o trará mudanças num contexto de mundo (ambiente, prestígio, amizades, empatia), entre outros fatores.

Identificar as Crenças limitantes (são as que trazem emoções negativas, nos paralisam, limitam a realização dos nossos objetivos) e as Crenças fortalecedoras (são aquelas que trazem emoções positivas, nos impulsionam na direção dos nossos objetivos e sonhos) é fundamental para o processo de *Coaching*. Muitas pessoas me procuram para auxiliá-las nas seguintes questões: identificar qual seu objetivo de vida, alcançar sucesso profissional e pessoal, mudança de carreira, equilíbrio financeiro, empreender, qualidade de vida, satisfação em seu relacionamento amoroso, conquistar uma vida mais próspera, abundante e plena. Nas empresas tenho sido chamado para: melhorar a relação entre as diferentes gerações de pessoas, fortalecimento do perfil de liderança, adequação de postura profissional, formação de equipes/times de alta performance, resolução de conflitos em equipes, ampliar a relação interpessoal e comunicação entre os colaboradores e departamentos, apoio a área de Recursos Humanos no que se refere a Gestão de Pessoas, e a busca por um Clima Organizacional mais saudável e respeitoso para se trabalhar.

É muito importante para o *Coach* não emitir juízo de valor para não interferir no processo em qualquer que seja sua atuação com clientes e/ou empresas. Como *Coach* eu necessito entender a história de meu *Coachee* para compreendê-lo, mas é meu papel orientá-lo para o presente, para o momento atual, para que ele possa vir a ter ações imediatas para o alcance de suas metas e resultados para o presente e futuro. O sucesso do *Coach* está ligado ao sucesso do *Coachee* frente às mudanças que tem realizado em sua vida e aos resultados que esta obtendo no dia a dia. É automático o Feedaback que vem do *Coachee* para o *Coach* quanto aos resultados alcançados. Todos os clientes procuram agradecer e dizer o quanto estou auxiliando em sua vida pessoal e profissional; o quanto estão mais equilibrados, o quanto estão tomando melhores atitudes e decidindo melhor o que querem no momento atual de suas vidas. Identificar sonhos e crenças é a melhor forma de sabermos o que motiva o cliente, o que lhe faz feliz e o que lhe dá motivo para querer continuar a busca de seus sonhos.

Um dia desses fiz uma aula de running logo pela manhã. Usei a técnica do Mapa Mental, me projetei no filme "Os Vingadores" e me senti o próprio Capitão América; quanta pretenção. Que nada! Funciona. Se você fosse um super herói quem você seria? O que importa é que você decida o que quer mudar ou melhorar, edite o filme alterando o que você decidir alterar, não há limites, é o seu filme, sua adaptação, entre e se transforme na pessoa e personagem que quiser, crie uma conexão com o futuro ordenando mudanças de comportamentos para seu inconsciente. Gerar um estado de alegria, de motivação, de gratidão, de entusiasmo pela vida e o quanto vale a pena vivê-la com intensidade é papel do *Coach*.

Comportamentos estimulados e praticados de forma positiva tendem a se repetir e ser exemplos para os que estão a sua volta. Ressignificar valores, crenças, sentimentos, faz de comportamentos antigos possibilidades de um novo aprendizado e de uma nova forma de interagir com o mundo. Em diversas pesquisas e revistas o *Coach* ganhou notoriedade e demonstram que o retorno sobre o investimento nos programas de *Coaching* é retorno imediato. Para programas de liderança existem inúmeros benefícios além de auxiliar as diversas gerações como: *Babyboomer*, X, Y e outras que vem surgindo por aí se relacionarem e atingirem resultados em equipe com eficácia, eficiência e efetividade.

No Assessment, ou seja, no *Coaching* de Carreira é evidente o retorno sobre o investimento a curto prazo e para as empresas o quanto auxilia na retenção de talentos. Eu tenho exercido muito o papel de coach em projetos corporativos e de gestão pública, além, é claro, de atender projetos pessoais. Os resultados são amplamente benéficos e de curto prazo. Como *Coach* acredito que tudo o que formulamos em nossa mente se transforma em sentimentos e esses sentimentos em comportamentos. Então, peço a você neste momento que pare e reflita sobre o que tem pensado ultimamente, o que tem ocupado sua mente: bons sentimentos ou maus sentimentos? Creio que o universo conspira a nosso favor e atraímos tudo àquilo que criamos em nossas mentes, isso tem a ver com nossas crenças limitantes ou as nossas crenças fortalecedoras.

Algo fundamental para que o processo de *Coaching* obtenha sucesso é necessário que tenhamos (*Coach* X *Coachee*) empatia e abertura para discutirmos o que for necessário para transpor barreiras. Confiança é um valor importante para a condução do trabalho e temos que ser abertos e honestos sobre o que pensamos e sentimos.

49

Coaching Espiritual e Missão de Vida

Qual seu verdadeiro e específico papel neste planeta? Qual sua missão de vida? Como você gostaria de ser lembrado pelas pessoas? O que "marca" sua presença? Quais os sentimentos que você gostaria de vivenciar e transmitir às pessoas diariamente? O que realmente você está fazendo aqui? Qual o legado que você quer deixar para a humanidade? Quem você quer ser?

Reinaldo Velasquez & Emerson Cartágenes

Reinaldo Velasquez & Emerson Cartágenes

Reinaldo Velasquez: Graduado em Publicidade e Meios Criativos pela Universidade Nacional da Colômbia. Fundador do Método Zero de Controle Emocional. Pesquisador e Facilitador de Curso de *Coaching* Espiritual, Bioenergética, Massoterapia, Integração Humana e Inteligência Espiritual. *Personal e Professional Coaching* pela SBC/SP, com Certificação Internacional como Líder *Coaching* e *Executive Coaching* pelo Behavioral Coaching Institute. Sócio-Diretor da Interview Coaching e representante da Abracoaching na região norte.

Contatos:velásquez@interviewonline.com.br/www.interviewonline.com.br

(91)8336-2460

Emerson Cartágenes: *Trainer Coach* da Academia Brasileira de Coaching. *Master Coach* com Certificação Internacional pelo Behavioral Coaching Institute (BCI). Certificação Internacional de *Leader Coaching e Executive Coaching* pelo BCI (Behavioral Coaching Institute) e *Personal e Professional Coaching* pela SBC/SP. MBA em Gestão de Pessoas, especializado em marketing. Sócio- Diretor da Interview Coaching, primeira empresa especializada em *Coaching* da região norte e representante da Abracoaching nesta região.

Contatos: emerson@interviewonline.com.br/contato@interviewonline.com.br/ww.interviewonline.com.br

(91) 8324-8644

1) O que é COACHING ESPIRITUAL?

Segundo Emerson Cartágenes, *Coaching* é um processo que, por meio de modelos, técnicas e ferramentas, cria ambiente para que a inteligência da pessoa se ative e se expanda, ativando força realizadora, proporcionando maior desempenho e resultados a curto, médio e longo prazo.

Mais especificamente, quando nos referimos ao *COACHING* ESPIRITUAL, podemos definir que é um processo especializado em despertar o Ser para o uso da consciência e inteligência, capaz de alavancar um processo interior de reativação de virtudes, expansão da lucidez interior e facilitar a prática de ações de alta qualidade que os levarão a maior nível de satisfação e realização pessoal, que, consequentemente, vai gerar reflexo em todas as áreas de sua vida.

Um processo de *Coaching* Espiritual autêntico e científico é capaz de promover uma reflexão profunda e criar um ambiente interior para que a potência do Ser se expresse por meio do pensamentos e ações, contribuindo de forma direta para a evolução dinâmica pessoal e a captação da missão de vida de cada um.

Reinaldo Velasquez evidencia que inicialmente o que está em jogo é a palavra espiritualidade, que pode ser confundida com crenças religiosas. *Coaching* Espiritual não está ligado a qualquer ideia religiosa ou conceito espiritual humano. Está relacionado a contribuir para a construção de um caminho seguro que leva a pessoa a assumir a responabilidade pela própria vida e a despertar o indivíduo para entrar em contato com seu proprio Ser, consquistando equilíbrio, plenitude e satisfação interior, que permitirão expandir os resultados para todos a sua volta.

O processo de *Coaching* Espiritual bem conduzido levará o indivíduo a **expressar sabedoria natural por meio de sua presença**, uma vez que tenha alcançado plenamente seus objetivos. Além de promover a integração harmônica do físico-mental-espiritual, e, consequentemente, maior nível de satisfação e felicidade.

A proposta do *Coaching* é facilitar que você defina seus comportamentos benéficos e positivos, e que possa apresentar resultados alinhados a uma visão integradora do ambiente que está inserido. É preciso abrir mão de comportamentos limitadores, tais como: individualismo, prepotência, agressividade, etc. A ideia central é permitir que o cliente possa livremente definir quem ele quer ser e, por meio do processo, torne seu propósito realidade, potencializando seus pontos fortes, minimizando suas tendências limitadoras.

O *Coaching* vai refletir em uma evolução comportamental real, que facilitará a implementação de ações congruentes a partir de uma nova mentalidade que nasce por meio de uma compreensão profunda de si mesmo e dos outros, fazendo uma verdadeira revolução em todas as áreas da vida!

Assim, o processo de *Coaching* Espiritual vai resgatar valores, virtudes, sentimentos fraternos que facilitem a convivência humana. A **base de tudo será gerar pensamentos de qualidade que movimentem ações inteligentes de acordo com o uso de consciência lúcida de forma permanente**, afirma Velasquez.

Após passar por um processo legítimo de *Coaching* Espiritual, a pessoa passa a refletir e definir com mais clareza seus passos em todos os momentos de sua vida, sem depender de modelos ou influências externas. O foco é permitir que você alcance a alta eficácia pessoal por conta própria, ou seja, assumindo a responsabilidade pelo que pensa, sente e faz, sem perder a simplicidade e integração com a pessoas. Ser autêntico em toda as ações, convicto do que deve fazer ou não, e consciente do porquê de cada ação e decisão.

O termo espiritual sugere que as pessoas assumam um comportamento construtivo, que permita a expanção de exemplos vivos para as novas gerações. Obter sabedoria natural e aplicar o melhor que cada um pode desenvolver. Além de promover, como já foi comentado, a integração harmônica dos campos físico-mental-espiritual e, consequentemente, maior nível de satisfação e felicidade.

Imagine o mundo todo sendo *Coach* ou passando por um processo de *Coaching* de qualidade, ou ainda aplicando uma direção similar, onde a igualdade seja respeitada e os valores sejam praticados.

Compreendendo que sempre as crenças geram comportamentos, o *Coaching* Espiritual é um processo que permite ao *Coachee* a revisão de suas crenças, superação de limites, definição de novas dimenções interiores, para que obtenha maior consciência de suas ações e responsabilidade comportamental.

Por meio do *Coaching*, o *Coachee* (cliente) passa a reconhecer e identificar erros e falhas que antes, sem os métodos ou ferramentas, não reconhecia. Passa a ser mais prudente, a respeitar e valorizar a vida, mantendo ao mesmo tempo um pensamento altamente ecológico (ganha-ganha).

Resumidamente, podemos considerar que o ***Coaching Espiritual*** é um processo bem definido que gera como resultados: maior consciência do *Coachee* (cliente) de seu papel na vida; desperta no mesmo maior responsabilidade pela direção da sua vida; alinhamento entre os objetivos pessoais, missão de vida e os valores do cliente. Além de maior nível de realização e felicidade, potencialização dos resultados e equilíbrio de vida.

2) Outros benefícios para quem participa de um processo *Coaching* Espiritual sério:

- Se tornar mais realizador;

- Viver em congruência com seus valores;
- Superar crenças e limitações;
- Conquistar um equilíbrio nas diversas áreas da vida;
- Tornar-se mais tolerante e compreensivo;
- Realizar mudanças consistentes em sua maneira de ver e viver a vida;
- Expandir sua atuação positiva diária;
- Atingir maior nível de tranquilidade e felicidade;
- Desenvolver o sentido da compaixão;
- Viver sem depender de fantasias ou supertições;
- Ampliar flexibilidade e confiança;
- Viver a liberdade com inteligência;
- Aprender a perdoar e viver sem mágoas ou rancores (desprendimento do passado, foco no futuro);
- Assumir a responsabilidade pela própria vida;
- Tornar-se um agente de mudanças e moderação;
- Para quem é um líder de massa, permite ter uma visão clara de para onde suas ações estão lhe conduzindo, facilitando a construção de novas atitudes para que seus resultados sejam lembrados positivamente no futuro;
- Saber claramente qual seu papel nesta vida.

3) Missão e propósito de vida

3.1) Missão

Sem exceção toda pessoa tem e pode cumprir um papel pessoal e social. Muitas pessoas nascem, crescem e partem da vida física sem saber qual o seu papel na vida.

Algumas pessoas passam anos da sua vida limitadas a uma rotina que, quando chegam à terceira idade, percebem o quanto desperdiçaram seu tempo e o quão longe estão de viver aquilo que era seu verdadeiro papel na vida e na existência.

A MISSÃO não é criada em uma sessão de *Coaching*, ela é identificada no decorrer de um processo. A missão não é algo para você alcançar um dia, e sim algo que vc deveria viver dia a dia. É algo que está ligado ao SER por meio da plena consciência de seu motivo de existir.

É incrível como em plena era de avanços, de tecnologias e progresso se deixa de lado o entendimento de que cada um pode resgatar e cumprir esta missão. Qual é essa missão?

Analisando, fazemos muitas coisas inconscientes ou conscientes que podem dar variados resultados, que podem ser "certos ou errados" quando comparados a nosso propósito de existência. Então, porque não definir sua missão? O ideal é, o mais breve possível, assumir sua função na vida! Qual é essa missão? Por meio do processo de *Coaching* Espiritual você poderá captar claramente a sua!

É muito bom ouvir um depoimento quando um cliente nosso passa por um processo de *Coaching* Espiritual na Interview *Coaching*, ou mesmo um aluno de nossos cursos de *Coaching* Espiritual Aplicado, identifica qual é a sua missão. Alguns não tinham nem ideia do que era missão. Depois de descobrir, os olhos mudam, o sorriso profundo aparece, ativa a vitalidade, gera força realizadora. A vida passa a ter um sentido profundo, torna-se mais integrado e integrador. Passa a caminhar consciente de seu papel e ações, com uma visão de futuro clara.

Ao avançar no processo de *Coaching* a pessoa aumenta o nível de entusiasmo, adquire uma imagem ou uma ideia clara de seu papel na vida e a integração deste papel e suas atividades cotidianas, permitindo que o cliente (*coachee*) potencialize seus pontos fortes, reconheça seus talentos e entre em uma ação realizadora de objetivos reais.

Um diferencial das pessoas que passam por um processo sério de *Coaching* Espiritual, é que elas conseguem alinhar seus objetivos com sua missão, valores, ações e atividades cotidianas. O que proporciona um nível de satisfação interior que potencializa os resultados em todas as dimensões: física, mental e espiritual (virtudes em ação).

Cada um de nós é o centro onde nascem as grandes mudanças no mundo. Por isso, é importante o tema em questão, relacionado ao resgate da missão real e natural espiritualidade aliado a virtudes e valores. É importante compreender que é possível alinhar tudo (missão, ação, função e valores). Do nosso comportamento dependem as reais mudanças do planeta.

Todo mundo quer ver resultado lá fora, mas a realidade "é outra". Tudo inicia em nosso centro inteligente, em entrar em ação utilizando nossa inteligência humana e espiritual, assumindo a responsabilidade pelo que geramos, desde a qualidade dos pensamentos que temos e geramos, sentimentos que alimentamos e ações que promovemos.

Para ter sucesso pessoal precisamos utilizar, da melhor forma possível, nossos maiores talentos e qualidades. Para gerar uma evolução, torna-se fundamental o uso da inteligência, que permite gerar transformações reais em nós mesmos a partir do interesse sincero em estudar e se capacitar, praticando o essencial e simples!

4) O que é e o que não é atividade do *Coaching* Espiritual?

a) O cliente quer definir sua missão de vida (função do *Coaching* Espiritual);

b) O cliente quer desenvolver ou despertar bons sentimentos (função do *Coaching* Espiritual);

c) O cliente quer expandir sua ação dentro de um programa religioso ou entidade religiosa (não é *Coaching* Espiritual – é meta de Personal *Coaching* convencional);

d) O cliente quer melhorar seus relacionamentos (pode ser *Coaching* Espiritual ou de relacionamento, dependendo da dimensão de trabalho);

e) O cliente quer ampliar sua capacidade de análise e discernimento (função do *Coaching* Espiritual);

f) O cliente quer agir com base em seus valores de forma mais profunda (função do *Coaching* Espiritual);

g) O cliente quer tornar-se um pessoa mais congruente – alinhar pensamento,

ações e valores (pode ser *Coaching* Espiritual ou *Personal Coaching* convencional);

h) O cliente quer trabalhar para solucionar comportamentos que evocam emoções negativas como: raiva, rancor, etc; **focado na fluidez de suas ações futuras** (função do *Coaching* Espiritual);

i) O cliente quer trabalhar suas creanças limitantes (pode ser *Coaching* Espiritual ou *Personal Coaching* convencional dependendo da dimensão a ser trabalhada);

j) Desenvolver flexibilidade, temperança, neutralidade, desprendimento, concentração, aprender a perdoar e desprender-se (função do *Coaching* Espiritual);

k) O cliente quer ser bom sem dependências externas (*Personal Coaching* convencional);

l) Solucionar irritabilidade, mau humor, rebeldias, ciúme ou de mais comportamentos negativos. (pode ser *Coaching* Espiritual ou *Personal Coaching* focado no controle emocional).

Você consegue descobrir o que é função do *Coaching* Espiritual pelos resultados que serão gerados. O resultado do *Coaching* Espiritual vai gerar um reflexo direto na identidade do SER. Naquilo que em essência quer se tornar, e expandirá em todas as áreas de sua vida de uma forma incorporada ao jeito e estilo de ser e viver.

50

Coaching de Emagrecimento

O objetivo do *Coaching* Intercultural é o de substituir o etnocentrismo atual (atitude que está relacionada e baseada na própria cultura) para um o etnorelativismo (relações tolerantes e respeitosas com outras culturas)

Svenja Kalteich

Svenja Kalteich

Nascida na Alemanha, vive no Brasil há 17 anos. Formada em Etnologia, História da Arte e Arqueologia na LMU, Universidade Ludwig-Maximilian de Munich, Alemanha. Hoje atua como palestrante, *coach* e treinadora. Possui certificações internacionais em *Coaching*: *Professional Life Coaching*, *Business&Executive Coaching*, reconhecidas pelo Instituto Brasileiro de Coaching, ECA (European Coaching Association), ICI (International Associacion of Coaching Institutes), Metaforum (Alemanha) e GCC (Global Coaching Community). Formada como *Master Coach Senior* com certificação internacional reconhecida do BCI (Behavioral Coaching Institute). Pós-graduação em Gestão de Pessoas: "Aumentar a eficiência em equipes multiculturais com *Coaching* Intercultural". Cursou Desenvolvimento Gerencial na FGV, Fundação Getulio Vargas. Treinadora em PNL (Programação Neurolinguística). Trabalha atualmente como *Master Coach Senior* na área de *Coaching* de Vida e *Coaching Business&Executive*, especializada em *Coaching* Intercultural, *Coaching* de Liderança e *Coaching* para Emagrecimento. Parceira e facilitadora do novo treinamento LCT, *Leader Coach Training*, do IBC, Instituto Brasileiro de Coaching. Coembaixadora do grupo InterNations (www.internations.org), que apoia a comunicação, o entendimento e a interação entre culturas.

Contatos:
www.svenjacoachingsolutions.com.br
www.svenjakalteich.wix.com/emagrecer-e-manter
svenjacoachingsolutions@hotmail.com / emagreceremanter@hotmail.com
(19) 8175-1545

Dentre as inúmeras possibilidades de trabalho em *Coaching*, existe um tema interessante e relativamente novo: *Wellness Coaching*, *Coaching* do Bem-Estar. Nos EUA, o conceito de bem-estar tem geralmente um significado holístico, que analisa tanto a saúde física, social, quanto a emocional, intelectual e espiritual. *Wellness Coaching* inclui subáreas: uma dessas é o *Coaching* de Emagrecimento.

As estatísticas mostram que mais e mais pessoas têm problemas em conseguir e manter o peso ideal.

	SOBRE PESO	OBESO
BRASIL		
Adultos	48,5%	15,8%
Crianças	30%	15,0%
FRANÇA		
Adultos	33%	10%
ESTADOS UNIDOS CANADÁ		
Adultos	49%	34%

Sobrepeso é a condição onde a pessoa se encontra acima do peso ideal. Essa condição gera menos malefícios para a saúde do que a obesidade, (excesso de gordura corporal, acima dos níveis de sobrepeso) podendo trazer riscos para a saúde.

Podemos mencionar a nova geração XXL e falar da necessidade urgente de reagir. O que pode ser feito? Convencer as pessoas a comer melhor e fazer mais exercícios?

Estudos Estadunidenses recentes evidenciam uma imagem bastante clara: dieta normal, sem acompanhamento, tem uma taxa de sucesso de 5%. A taxa de sucesso das pessoas que contratavam um *Coach* sobe para 70% (investigações após um período de 24 meses). Isso confirma que o *Coaching* de Emagrecimento apoia as pessoas a atingir esta meta que, sem dúvida, é muito difícil.

- Uma pesquisa na Alemanha mostra que só uma de duzentas pessoas atinge o que quis atingir com a dieta: perder e manter o peso.
- Um estudo de vários anos na Universidade de Stanford sugere que o *Coaching* ajuda as pessoas à manter a dieta e o plano de fitness, tanto a curto quanto a longo prazo, e que os resultados conti-

nuam mesmo após o término do período do processo de *Coaching*.

Podemos resumir que nenhuma dieta sozinha nos apresenta com o peso ideal. Dietas não funcionam, na melhor das hipóteses elas ajudam a perder peso a curto prazo. Não podemos contar com a dieta alimentar como solução do problema (eu chamaria isso uma "mentalidade-dieta"), porque não podemos ignorar o componente mental no processo de emagrecimento e manutenção do peso. Aqui entra o *Coaching* de Emagrecimento, porque existem motivos porque as pessoas comem embora sem fome. Como pessoa obesa, eu me perguntaria: Por que me torturar ainda com métodos poucos eficazes?

Frequentemente o problema de peso está vinculado a muitas causas que não estão necessariamente aos maus hábitos alimentares ou falta de exercícios. Por exemplo, o sobrepeso pode estar vinculado a um trauma, falta de amor próprio, falta de confiança, crenças limitantes, vício ou compulsão.

Não é apenas sobre a motivação para comer menos ou melhor, e fazer mais esporte ou trabalhar mais! Se a causa do comportamento de comer demais não for erradicada pela raiz, as pessoas podem perder peso, mas elas ainda vão lutar com a própria mente e vão sofrer o famoso efeito sanfona para sempre.

Um *Coach* de Emagrecimento trabalha profundamente as causas e para atingir a meta, precisa iniciar mudanças no pensamento e no comportamento do *Coachee* para chegar ao resultado permanente de um peso ideal ou desejado. O peso muitas vezes é apenas o resultado de um outro problema. As técnicas e ferramentas do *Coaching* são capazes de apoiar e criar resultados.

Existem temas significativos no processo do *Coaching* de Emagrecimento:

- a investigação da força e da potencia do pensamento aprendido,
- a famosa pergunta "porque você está acima do peso?",
- as raízes (podem ser familiares) dos sentimentos e comportamentos pessoais no mundo da nutrição,
- a reaprendizagem e o combate das crenças limitantes
- a substituição das velhas configurações (pensamentos sabotadores),
- mudanças significativas da rotina e dos hábitos para ter uma vida melhor.

"O corpo é o tradutor da alma para o visível"
Christian Morgenstern, autor alemão 1871-1914

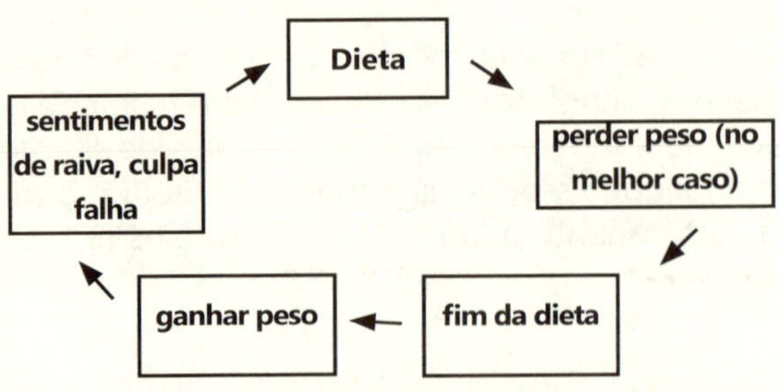

Através da observação deste ciclo e autoanálise o, o *Coachee* enxerga, que o corpo é sua obra própria, e que só ele mesmo tem como decidir o que foi e o que será feito com ele.

Entendendo a total responsabilidade para o próprio pensamento, sentimento e ação, cria a base para mudanças profundas e permanentes. Só aceitando e entendendo que ele mesmo produziu o peso em excesso, vai começar encontrar a força e vontade para reduzir o próprio peso e manter o peso desejado, ganhando saúde e bem-estar. Sobrepeso não apareceu de repente, mas foi acumulado através de uma série de decisões ao curso de um período de tempo, o que o fez comer mais do que o corpo realmente necessitava.

Uma boa parte de nossas características e peculiaridades não são herdadas, mas sim aprendidas.

Durante a vida imitamos nossos pais ou outras pessoas e incorretamente consideramos estas características como unicamente nossas.

Analisando o próprio comportamento, o *coachee* percebe que reagimos sem pensar conscientemente. Achamos que comportamentos e sentimentos são inatos, mas isso nao é verdade. Concluindo: o *coachee* vai entender que muitas reações e comportamentos são aprendidos e assim podem ser desaprendidos também.

Temos a famosa pergunta: Porque você está acima do peso?

O *coachee* descobre, como a comida pode servir como satisfação vicária ou porque ele internalizou falsas regras de comer. Todos tem uma maneira diferente de lidar com a frustração, medo, raiva ou tédio. Algumas pessoas usam álcool ou remédios, outros dormem ou trabalham em excesso. Pessoas com sobre peso escolheram a comida como parte da solução. O problema começa, quando a comida serve como satisfação vicária.

Experimentamos varias situações ao longo da vida, onde a comida serve como um meio de gerar atenção ou mesmo como forma de premiação. Por exemplo quando o bebe ganha comida quando chora ou quando a criança ganha um sorvete quando vai ao dentista ou corta o cabelo, ou mesmo quando o garoto ganha um chocolate da mamãe em um momento que ela não tem tempo para dar atenção a ele. A comida se transforma num meio de consolo e substituição de algo, numa solução para todos as necessidades não satisfeitas. No processo de *Coaching* de Emagrecimento o *coachee* descobre a relação entre sentimentos e comida e como desfazê-las, separar o peso do corpo dos sentimentos, conhecer os próprios sentimentos e lidar de forma diferente com eles. O Coach usa ferramentas para descobrir quando o *coachee* come, o que ele come, como foi a educação alimentar dele como ele ainda está influenciado por antigas regras familiares.

Sabendo que o nosso comportamento é guiado pelos nossos

pensamentos e atitudes, precisamos examinar e trabalhar as razões que existiram no passado para ganharmos peso.

Entre todas as existem duas razões recorrentes:

(1) o *Coachee* não se aceita como ele é,

(2) os outros não aceitam o *Coachee* como ele é.

As táticas empregadas para o emagrecimento, quase todas têm um ponto em comum, elas não funcionam! O *Coachee* ainda arrumar vários motivos para não emagrecer e desistir do regime.

Os motivos para desistir parecem ser mais fortes do que qualquer dieta!

A diferença entre magros e obesos está nos pensamentos e nos comportamentos. Pessoas magras comem quando têm fome, elas comem o que gostam, elas comem com atenção e desfrutando o que realmente apreciam; sempre atentos às reações do próprio corpo, elas param de comer no momento em que a fome acaba. Magros têm quatro chaves do sucesso: não comem quando estão tristes não comem quando têm medo, não comem para agradar os outros socialmente, não usam a comida como prêmio. Eles só têm um motivo para comer: comem quando estão com fome e para desfrutar o prazer do alimento! Eles têm outros mecanismos para lidar com os problemas deles, uma ligação forte com o corpo que ouvem e respeitam. Eles não ficam distraídos por causa da televisão ou da leitura durante a refeição. Uma ferramenta forte para apoiar o *coachee* na transformação de pensar como uma pessoa magra é o "*role-playing*".

Qualquer sessão de *Coaching* tem tarefas, novos comportamentos que precisam ser praticados e aplicados no dia a dia. Eles podem ser: perguntar-se sempre se ele está com fome mesmo, fazer uma comemoração da sua refeição, comer com atenção, aprender a deixar um pouco de comida no prato caso não esteja mais com fome, ou mesmo não aceitar uma sobremesa caso não sinta necessidade dela. Aprender a ter um novo comportamento nas ocasiões sociais (aprender a falar não), interessar-se e importar-se com uma nutrição e vida mais saudáveis, movimentar-se mais, inventar outras atividades agradáveis que podem substituir o ato de comer e muito mais ações individuais, a depender do *coachee*.

Tomar a decisão que leva a pensar e comer como uma pessoa magra é fácil. Colocar isso em prática, mudar a rotina de uma nutrição e estilo de vida errado para uma versão mais saudável, é muito mais difícil. Junto com o *Coach* o *coachee* vai substituir rotinas e atitudes que o bloqueiam e fazem com que ele coma de forma errada.

Com o questionamento das crenças e definição de novos valores, o *Coachee* vai pensar diferente e, assim, conseguir mudar seu comportamento. Sabendo que este processo não vai acontecer de um dia para o outro, o *Coachee* ficará preparado para ter paciência e compreensão com si próprio, e se tornando apto a entender e contornar suas recaídas.

Obstáculos enormes são os pensamentos sabotadores. No processo de *Coaching* de Emagrecimento se trata de: **"eu não consigo", "é muito injusto que outras pessoas podem comer tudo", "na semana que vem vou começar", "o meu corpo precisa comer mais, se não fico fraco", "já tentei tantas vezes, acho que não vai funcionar"**. O *Coachee* vai substituir esses pensamentos sabotadores por pensamentos positivos e saudáveis", questionando velhas atitudes e encontrando novas atitudes úteis. Olhando para a vida como uma peça de teatro, o *coachee* vai perceber que ele é o autor e diretor. Ele pode mudar e criar seu papel, experimentando e testando esse novo papel sempre que necessário. Para se transformar numa pessoa magra, em primeiro lugar, ele precisa mudar os pensamentos, depois automaticamente as ações. Sempre lembrando que não são as outras pessoas ou circunstâncias, mas ele mesmo, que é responsável pelos próprios pensamentos e ações e, assim, para a qualidade de vida que ele quer ter.

O *Coach* de Emagrecimento usa ferramentas para fortalecer a autoaceitação e autoestima, bem como de todos os pontos fortes e trabalha pontos de melhoria, e elimina uma autorrejeição. O *Coachee* vai se aceitar e a se amar mais, desenvolvendo paciência e respeito a si mesmo, aumentando a capacidade de mudança e, consequentemente, sua autoimagem.

Cada pessoa tem um motivo para ter comido em excesso, por isso se amando e se respeitando menos do que deveria. Por isso, cada processo de *Coaching* de Emagrecimento é diferente, pede algumas ferramentas especiais e respeita o tempo de cada um.

"O mais lento, que não tira o olhar da meta, é ainda mais rápido do que alguém que vagueia sem destino."
Gotthold Ephraim Lessing, Poeta Alemão, 1729-1781

Vamos agora falar brevemente sobre a famosa recaída, bem conhecida dos amantes de dietas. Numa dieta a pessoa vai enxergar a recaída no primeiro momento como uma satisfação e autorrecompensa; como um momento de liberdade e puro prazer. Depois chegam os sentimentos menos agradáveis, como o fracasso, a derrota e finalmente a culpa. No *Coaching* o *coachee* experimenta amor e autoaceitação, conseguindo encarar de forma diferente a recaída: aceitando a situação como natural e tentando entender os motivos que o conduziram a voltar a comer de forma compulsiva, usando esses pensamentos como chance de aprendizado.

O *Coaching* de Emagrecimento causa muito mais efeitos do que só atingir e manter o peso ideal, traz autoconhecimento, aumento da autoestima, uma base mais pragmática para uma vida melhor, o que que significa uma vida mais feliz e mais saudável!

Eu tenho certeza de que continuar dizendo insistentemente para as pessoas que elas devem comer menos e se exercitar mais é pura perda de tempo. Já que muitas pessoas, mesmo em risco de vida, continuando comendo em demasia, sabendo que isso poderá causar-lhes a morte.

"Tem sido demonstrado em uma série de análises sistemáticas que dizer às pessoas que elas deveriam se exercitar mais e comer menos, como método de educação alimentar saudável .... é uma forma inútil de abordar o problema".

Professor Philip James, International Obesity Task Force

Dizendo às pessoas o que devem saber, pensar e fazer é muito mais fácil do que a situação em que olhamos o POR QUE as pessoas não fazem o que elas sabem que devem fazer. No *Coaching,* o *Coachee* entende, aceita e usa a aprendizagem para iniciar novas ações e hábitos, que fazem toda diferença e trazem o sucesso de mudança e melhoramento. O *Coaching* fornece excelentes ferramentas para apoiar no emagrecimento com resultado de emagrecer e manter-se magro e, por isso, podemos afirmar que o *Coaching* de Emagrecimento funciona.

51

Coaching: alinhando Valores, Missão e Legado

O Norte para o sucesso. Utilizar o processo de *coaching* como ferramenta para o sucesso pessoal e profissional, por meio da observação, entendimento e alinhamento dos comportamentos e atitudes com os valores, missão e legado do ser humano. Saber quem eu sou e definir para onde quero ir, isso também é *coaching*

Thiago Tavella

Thiago Tavella

Professional & Life Coach formado pelo Instituto Brasileiro de Coaching (IBC); Certificação Internacional de Coaching pela European Coaching Association (ECA), Behavioral Coaching Institute (BCI), International Association of Coaching (IAC), International Coaching Council (ICC), International Association of Coaching Institute (ICI), Metaforum International e Global Coaching Community (GCC). Bacharel em Administração e Marketing; Pós-graduado em Gestão de Vendas e Negociação pela Fundação Armando Álvares Penteado (FAAP – SP) Outubro/12; Experiência de dez anos na área comercial da Indústria Farmacêutica (Merck Serono e Pfizer), sempre com alta performance em vendas. Oferece atendimentos de *Life Coaching*, *Coaching* de Vendas, e *Coaching Assessment* para o mapeamento de comportamento, competências pessoais e perfil profissional.

Contatos:
www.thiagocoach.com
contato@thiagocoach.com
(11) 95436-7797

Meu papel como *Coach* é apoiar meus *Coachees* em busca da realização do resultado que almejam. Penso também que minha maior contribuição no processo está no quanto eu consigo questionar e desafiar meu cliente à ação. Sendo assim, neste exato momento, peço-lhe, caro leitor, a autorização para permitir-se a reflexão durante esta breve leitura. Após, ouse colocar-se em ação.

Estar bem consigo, ter sucesso, alcançar a plenitude em alguma área específica da vida e ser feliz. Provavelmente se questionarmos qualquer pessoa, ou a nós mesmos, sobre o quanto desejamos alcançar um desses estados, é muito provável que a grande maioria responderá que é isso mesmo que buscam diariamente. É comum ouvir que para obter sucesso profissional precisa-se estudar inglês, espanhol, francês, mandarim, etc; trabalhar muito e melhor do que seus pares na empresa, obter e superar os melhores resultados, ampliar o *networking,* compreender o ambiente político e cultural da empresa, estar alinhado com os valores da companhia, ser resiliente, conseguir adaptar-se, equilibrar tudo isso para possibilitar qualidade de vida no trabalho, aprender sempre, e outras infinitas dicas.

Na vida pessoal também conhecemos diversos estilos, padrões, moldes, e caminhos a serem seguidos que direcionam para felicidade plena, exemplo: ter uma família, parceiro(a), sucesso profissional, espiritualidade, amizade, vida social, entre outros.

Vivemos em um mundo globalizado, onde a acessibilidade de informações, conhecimento, produtos/serviços, e pessoas, teoricamente poderiam tornar tudo mais fácil, inclusive o acesso à felicidade.

Nos atendimentos de *Life Coaching* comumente os *Coachees* buscam encontrar a felicidade. Querem ajustar o que não está indo bem e, por consequência, a felicidade deixa de ser percebida. Quando pergunto "o que de fato está atrapalhando ou impossibilitando sua felicidade?", a resposta mais comum é "não sei ao certo". Seria fenomenal se abríssemos uma dessas ferramentas de busca na internet, digitássemos nosso nome completo seguido por "o que falta para a felicidade" e, após um "Enter", aparecesse tudo o que você realmente precisa fazer para ser a melhor pessoa que você pode ser. Como isso não é possível, e "embora ninguém possa voltar atrás e fazer um novo começo, qualquer um pode começar agora e fazer um novo fim" (Chico Xavier), encontrar a felicidade e, por consequência, obter os melhores resultados na vida pessoal. É oportuno observar os seus comportamentos e atitudes em relação aos seus valores como ser humano.

Observamos uma prática cada vez mais assídua no mundo corporativo, o quanto se deve observar os valores que regem uma companhia. Valores corporativos são um dos alicerces para o sucesso no mercado, e servem como base e diretriz para o comportamento do colaborador. Se trouxermos essa prática corporativa para nossa vida pessoal, e realizar uma breve reflexão do nosso Eu, será que conseguimos traduzir quais são nossos valores como ser humano? Além de traduzir esses valores, nossos comportamentos estão alinhados aos valores como ser humano? Será que estamos negociando nossos valores em troca de algo? Em troca do que? Por quê? Para que? O quanto verdadeiramente tem sido válido?

Para uma rápida definição sobre Valores, segundo o Novo Dicionário da Língua Portuguesa, os valores são as normas, princípios ou padrões sociais aceitos ou mantidos por indivíduos, classe ou sociedade. Característica de um indivíduo ou grupo, e que influencia a seleção dos modos, meios e fins da ação.

O processo de *Coaching* é totalmente eficaz para o (re)conhecimento dos fundamentos morais na essência do ser humano. Por meio do *Coaching* você perceberá verdadeiramente o quanto está alinhado com seus valores humanos; o quanto estar alinhado pode ser a chave para uma excelência de resultados na vida pessoal. Perceberá também quais atitudes reforçam seus valores, e quais comportamentos tem negligenciado, conduzindo-o a estados de dúvidas, inseguranças e incertezas.

Vamos juntos identificar e (re)ver quais são nossos valores. Penso ser difícil querer encontrar a felicidade sem ao menos sabermos quem somos, e o que influencia nossos atos e decisões.

Convido-lhe a um breve autoconhecimento a partir do *start* do ser humano. Reserve alguns minutos sem interrupções, e vivencie seus valores preenchendo a tabela abaixo:

05 sentimentos importantes para você	05 qualidades que você admira nas pessoas que convive	05 pessoas que você admira	05 objetivos que você tem na sua vida	Reflita sobre as respostas anteriores. Sintetize em Palavras os seus Valores

Obs: importante você responder mentalmente o porque de cada resposta.

Parabéns! Acredito que após esta prática algumas coisas podem ter passado em seu pensamento, e provavelmente questionamentos quanto a Comportamento X Valores vieram à tona. Agora que você teve a oportunidade de (re)ver seus valores e assumir a sua verdadeira essência como pessoa, permita-se a ir além! Permita-se descrever quais comportamentos você tem negligenciado em relação aos seus valores e qual atitude você passará a vivenciar a partir deste momento. Caso seus comportamentos estejam alinhados com seus valores, descreva as atitudes que devem ser mantidas a fim de renovar diariamente sua essência:

VALORES	COMPORTAMENTO ATUAL (INDESEJADOS OU NÃO)	NOVA ATITUDE (REFORÇO DOS VALORES)

Ao término dessa prática, meus *Coachees* compreendem melhor muitas coisas que acontecem na vida pessoal e profissional. Espero assim, caro leitor/*coachee*, que você tenha encontrado algo agregador para sua vida; que esta (re)visão dos seus valores possa ajudar positivamente sua jornada como ser humano. Pratique as atitudes que se propôs e mantenha fresca a lembrança dos seus valores e comportamentos, tenha a certeza que isso contribuirá muito para excelentes resultados na sua vida.

Por falar em jornada como ser humano, todos nós nascemos para fazer algo neste mundo. Diariamente convivemos com nossos sonhos, objetivos, obrigações e rotinas, sejam elas pessoais e/ou profissionais. Alguma vez você já parou para se perguntar: "para que ou por que faço isso?". A priori, vêm as respostas mais comuns e todas elas relacionadas aos níveis de necessidades humanas, as quais, em *Coaching*, utilizo e trabalho sob a estrutura de Maslow (muito estudada no nível acadêmico). Permita-se ir além. Prontamente você sabe responder às perguntas: "qual a sua missão de vida?". "Qual o motivo da sua existência neste mundo?".

Enunciar sua Missão de Vida, aliado ao pleno conhecimento dos seus valores como ser humano, pode ser o sinônimo da compreensão da nossa existência. Lembro-me muito bem que em atendimento com uma *Coachee* (T.N., 27 anos) conseguimos enunciar sua missão de vida. Vivenciar tamanha alegria transmitida por seus olhos foi um momento único; ficou em êxtase ao ter revelado que suas atitudes e comportamentos estão totalmente alinhados com seus valores e missão de vida, e segundo a própria, estes fatores explicam sua felicidade plena. Naquele instante ela compreendera sua existência e, além disso, tomou posse também da responsabilidade positiva de assumir o quanto é importante na vida das pessoas que a cercam.

Compreender nossa Missão no mundo ajuda-nos a estabelecer um norte em nossa vida. Possibilita a consciência e entendimento se os nossos comportamentos contribuem para nosso objetivo maior, ser o que queremos e podemos ser. Estabelecer a missão de vida favorece alocarmos todos os nossos esforços em busca da realização pessoal e profissional; é saber exatamente o caminho a ser escolhidos; auxilia nas decisões quando as questões são conflitantes; penso que missão e sonhos se alimentam, tornando-se energia multiplicada para nossa caminhada.

Nas práticas de *Coaching*, após o levantamento dos valores e anúncio da missão de vida, é comum relacionarmos comportamentos e atitudes com resultados práticos na vida. Pessoas que estão alinhadas com seus valores e missão de vida, ou seja, os comportamentos atuais refletem essa premissa, tem uma percepção de felicidade melhor do que aquelas que não têm esse alinhamento. Observamos também que atitudes e decisões contrárias aos valores e missão de vida proporcionam felicidade de curto prazo seguidos de estado de arrependimento ou então baixa contribuição para os melhores resultados na vida pessoal e/ou profissional. Quando o *Coachee* traz um fato ou atitude gerada por ele mesmo e que causou um sentimento que necessita de ressignificação, sempre extraímos o que existiu de bom, buscamos intenções positivas no fato e, por fim, relacionamos aos seus valores e missão. Costumo utilizar a seguinte pergunta: "se você pudesse voltar no tempo tendo em mente seus valores e missão de vida, qual teria sido sua atitude?". Caso tenha ficado curioso com a resposta, permita-se fazer essa pergunta a si mesmo em algum momento que realizar algo que não fique totalmente confortável.

A propósito, você conseguiu responder a questão: "qual é a sua missão de vida?". Permita-se a essa verdadeira dádiva de enunciar a si próprio executando os passos abaixo:

- Ser o que (talentos), por meio do que (comportamentos), para alcançar o que (objetivo geral de vida).

____

____

Sintetize com palavras positivas:

____

____

____

Feliz com o reconhecimento da sua missão? Aposto que descrever sua missão o fez ter mais sentido na vida. Você pode alcançar os melhores resultados colocando em prática sua missão e tendo seus valores como pilares desta jornada. Afinal, se você acha que as pessoas estão perdendo seus valores no mundo, imagina o quanto você pode contribuir às pessoas que o cercam sendo exemplo prático?

Valores e missão conduzem a uma jornada de felicidade e realização plena, tanto na vida pessoal quanto na profissional. Você, gozando da plenitude, contagia as pessoas que o cercam, possibilitando que essas também sejam transformadas.

Imagine-se em um estado pleno de alegria e que, neste exato momento, você conheceu alguém, conversou, compartilhou essa alegria, e daqui a dois minutos você jamais verá essa pessoa novamente. Visualizou essa cena? Agora pergunto: "como essa pessoa se lembrará de você? O que você deixou na vida desse ser que passou rapidamente?".

Agora processe isso para sua vida. Pense no que você deixaria de bom para as pessoas e para o mundo, se não conseguisse terminar de ler esta frase... Neste momento, caro amigo, falamos sobre legado. Um dos sinônimos para legado é herança. E qual a herança que você deixará para o mundo? Afinal, a única certeza que temos nesta vida é que partiremos, e detalhe, sem sermos avisados com muita antecedência.

Quando me refiro à herança, não é apenas e simplesmente no âmbito material e financeiro, e sim no que tange comportamento, exemplos, lições e amor. Nestes últimos tempos, infelizmente, tem sido comum minha ida a cemitérios para acompanhar as cerimônias fúnebres de entes queridos, meus e de amigos. No dia do sepultamento a dor é grande e costumamos sempre recordar os feitos bons daquele que deixou de conviver entre nós. Passado semanas e meses, quando a dor da perda está amenizada, qual é a verdadeira lembrança que vem à tona? Se surgem problemas a serem resolvidos, decorrentes dessa morte, resolvemos com grande amor e paciência, pois aquela pessoa sempre foi exemplo positivo? Ou resolvemos reclamando com frases do tipo: "... já dava trabalho vivo, e agora então..." "... nem morto dá sossego...". Pode parecer cômico, mas permita-se ir além. Como seus amigos e familiares resolveriam problemas deixados por você neste mundo? Aliás, você deixará problemas a serem resolvidos por outros? Percebe-se a importância do legado?

Permita-se exercitar sobre seu legado. Preencha abaixo qual o legado que você deixaria neste exato momento:

Permita-se ir além! Descreva abaixo o legado que você deseja e considera ideal que as pessoas recordem de você:

____

____

____

Neste momento, releia seus valores, missão e legado. Existe conexão entre eles?

Tenho uma admiração única por uma frase de Nietzsche sobre felicidade - "os ingredientes para a felicidade: um sim, um não, uma reta e uma meta". Penso que faz todo o sentido com o que tratamos neste rico capítulo sobre Valores, Missão e Legado.

Parabéns por permitir-se ir além. Obrigado pela oportunidade e por investir seu tempo nesta leitura. Ser feliz é o melhor resultado que devemos alcançar. Desfrute da maior riqueza da vida que é ser feliz! Muita luz e sucesso. Um forte abraço!